思想政治理论课

优秀教案选

主　编◎周　玲　赵平略
副主编◎崔道文　沈雪蓓
胡红霞　倪幸媛

西南交通大学出版社
·成　都·

图书在版编目（CIP）数据

思想政治理论课优秀教案选 / 周玲，赵平略主编
. —成都：西南交通大学出版社，2020.12
ISBN 978-7-5643-7717-5

Ⅰ. ①思… Ⅱ. ①周… ②赵… Ⅲ. ①高等学校－思想政治教育－教案（教育）－中国 Ⅳ. ①G641

中国版本图书馆 CIP 数据核字（2020）第 189890 号

Sixiang zhengzhi lilunke youxiu jiaoan xuan
思想政治理论课优秀教案选

主编 周 玲 赵平略

责任编辑 郭发仔
封面设计 何东琳设计工作室

出版发行 西南交通大学出版社
（四川省成都市金牛区二环路北一段 111 号
西南交通大学创新大厦 21 楼）
邮政编码 610031
发行部电话 028-87600564 028-87600533
网址 http://www.xnjdcbs.com
印刷 四川煤田地质制图印刷厂

成品尺寸 185 mm × 260 mm
印张 14.5
字数 359 千
版次 2020 年 12 月第 1 版
印次 2020 年 12 月第 1 次
书号 ISBN 978-7-5643-7717-5
定价 99.00 元

PREFACE

序言

自1983年走上讲台，算来已经27个年头了，教案自然写了不少。最初是手写，偶尔学校会把老师的教案拿出来展览，让大家互相观摩。我的字不好，特别羡慕那些像印刷品一样的教案。但我仍然按照要求，年复一年认真地写着教案，只是教学步骤、教学方法等很多内容都是重复的，不太容易让人提起兴趣。改用电脑后，我正好调到了大学，上的课多了，写的教案就更多了。不过，只要不是新开课，每次就可以在旧的教案上修改。写教案，改教案，都是必要的工作，不再是简单的重复，厌烦之情也就没有了。

我一位同事曾说，他年复一年上同一内容，一节课下来，几乎没有一个字的变化。我很惊讶，年复一年，自己的心情不同，面对的面孔不同，怎么可能重复同样的话语呢？

教案之所以重要，是因为这是一个老师的备课心得、上课计划，但再好的心得、再细致的计划，都需要根据不同的情况变化。如果不顾课堂上的实际变化，自顾自地照着教案讲，甚至照着念，那么教学效果可想而知。

不能一味地照着教案讲，不是说教案不重要。相反，教案写得越充分，备课备得越细致，老师应对课堂变化的能力才越强。

每一份教案都是每位老师对这门课的思考。出版本书，是为了把这些老师的思考贡献给大家，希望能给其他老师一些参考、一些启发。如果能达到这个目的，本书的出版也就很有意义了。

“思政”是我们今天的说法，其实自古以来就存在着思政教育。子曰：“弟子入则孝，出则悌，谨而信，泛爱众，而亲仁，行有余力，则以学文。”出孝入悌，做事认真，讲信用，爱人，亲近君子，而把学习文化知识放在这之后，其实就是要学生把提高道德修养放在第一位，这就是思政教育。

所谓思政课，就是思想政治理论课；所谓课程思政，就是指以构建全员、全程、全课程育人格局的形式，将各类课程与思想政治理论课同向同行，形成协同效应，把“立德树人”作为教育根本任务的一种综合教育理念。2019年3

月 18 日，习近平总书记在北京主持召开学校思想政治理论课教师座谈会并发表重要讲话。2019 年 8 月，中共中央办公厅、国务院办公厅印发了《关于深化新时代学校思想政治理论课改革创新的若干意见》。出版这本教案选，也是我们学习习近平总书记的讲话，学习中共中央办公厅、国务院办公厅文件的实际举措。强调思想政治教育，是为了提高全民族的道德水平，提高全民族素质。

本书由贵阳学院周玲、赵平略主编，负责全书统筹；崔道文编写第一编，沈雪蓓编写第二编，胡红霞编写第三编，倪幸媛编写第四编。本书的编写初衷在于提高大学生思想政治教育效果，希望能给思政教育更好融合到其他课程之中提供借鉴，这也是我们的努力方向。

编　者

2020 年 8 月

CONTENTS

目录

第二编　思想道德修养与法律基础

第三编　形势与政策

第四编　贵州省情

第一编

毛泽东思想和中国特色社会主义理论体系概论

01

第一章　毛泽东思想及其历史地位

<table>
<tr><td>课　　题</td><td colspan="2">第一章　毛泽东思想及其历史地位</td><td>课时</td><td>4 学时</td></tr>
<tr><td>教学目标</td><td colspan="4">通过本章学习，帮助学生全面了解毛泽东思想的形成条件和过程；对毛泽东思想的主要内容和活的灵魂有全面把握；对毛泽东思想的历史地位有清晰准确的认识。</td></tr>
<tr><td>教学重点</td><td colspan="4">1. 毛泽东思想的科学内涵
2. 毛泽东思想的主要内容
3. 毛泽东思想的活的灵魂</td></tr>
<tr><td>教学难点</td><td colspan="4">毛泽东思想的活的灵魂；正确评价毛泽东</td></tr>
<tr><td>课程类型</td><td>理论课、实践课</td><td>教学方法</td><td colspan="2">讲授、视频、讨论等</td></tr>
<tr><td>课前准备</td><td colspan="4">案例内容资料、图片、视频、讨论题目、课件</td></tr>
<tr><td>教学过程及时间分配</td><td colspan="3">主 要 教 学 内 容</td><td>教学方法运用</td></tr>
<tr><td>5 分钟</td><td colspan="3">第一章　毛泽东思想及其历史地位

【课程导入】

本章主要讲授的是毛泽东思想及其历史地位。从内容上来看，本章包括三节。第一节“毛泽东思想的形成和发展”主要回答毛泽东思想产生的思想理论渊源和发展过程，这一节教学的重点是要讲清讲透毛泽东思想形成的时代背景和社会历史条件。第二节“毛泽东思想的主要内容和活的灵魂”，第一目“毛泽东思想的主要内容”主要阐述了毛泽东思想紧紧围绕着中国革命和建设这个</td><td>讲授</td></tr>
</table>

60分钟	主题，构成一个完整的科学思想体系，包含新民主主义革命理论、社会主义革命和社会主义建设理论等内容。第二目“毛泽东思想的活的灵魂”是教学的重点，要讲清楚毛泽东思想活的灵魂是贯穿其中的立场、观点、方法，它们有三个基本方面，即实事求是、群众路线、独立自主。新形势下，我们要坚持和运用好毛泽东思想活的灵魂，把我们党建设好，把中国特色社会主义伟大事业继续推向前进。第三节“毛泽东思想的历史地位”，主要科学地阐述毛泽东同志和毛泽东思想的历史功绩和历史地位，对于正确认识毛泽东同志的历史功过十分重要，也十分必要。需要注意的是，教师要教会学生正确评价历史人物的原则和态度，可以参考习近平总书记在纪念毛泽东同志诞辰120周年座谈会上的讲话来帮助学生弄清楚这个问题。 **第一节　毛泽东思想的形成和发展** **一、什么是毛泽东思想** 1981年6月，中共十一届六中全会通过的《关于建国以来党的若干历史问题的决议》对毛泽东思想的含义作了概括：“以毛泽东同志为主要代表的中国共产党人，根据马克思列宁主义的基本原理，把中国长期革命实践中的一系列独创性经验作了理论概括，形成了适合中国情况的科学的指导思想，这就是马克思列宁主义普遍原理和中国革命具体实践相结合的产物——毛泽东思想。”1982年9月，党的十二大对毛泽东思想的科学含义作了进一步的、更为完整和准确的概括：“毛泽东思想是马克思列宁主义在中国的运用和发展，是被实践证明了的关于中国革命和建设的正确的理论原则和经验总结，是中国共产党集体智慧的结晶。” **二、毛泽东思想形成与发展的社会历史条件** 1. 20世纪上半叶，帝国主义战争和无产阶级革命的时代主题，是毛泽东思想形成的时代背景 1914年，第一次世界大战爆发，引发了经济危机和政治危机，造成革命形势。1917年俄国爆发十月革命，建立了世界上第一个无产阶级专政的社会主义国家，开辟了人类历史的新纪元。在十月革命的影响和推动下，欧洲许多国家接连爆发了无产阶级革命，东方各国的民族解放运动也蓬勃兴起。由于俄国与中国相邻，且地大人多，经济文化落后，沙皇统治时期政治腐朽，其国情与中国有许多相似之处，因而十月革命的胜利对中国人民和中国革命的影响更为深刻。中国的先进分子从中认识到世界历史潮流的变化，得出了“走俄国人的路”的历史结论。中国共产党诞生后，以马克思列宁主义为指导思想，把马克思列宁主义理论与中国实际结合起来。中华人民共和国成立后，又经历了两	讲授

大阵营的对峙，面临着帝国主义的封锁和和平演变。毛泽东思想，正是在这样的时代背景下形成和发展的。

2. 中国共产党领导的革命和建设实践，是毛泽东思想形成的实践基础

革命和建设实践需要革命理论的指导，而革命理论又必须经受实践的检验。中国革命和建设实践，是毛泽东思想赖以形成和发展的沃土。毛泽东思想正是对中国革命和建设经验的科学总结和理论概括；也正是在中国的革命和建设实践中，毛泽东思想得到了党和人民的认同，得到了发展。把马克思列宁主义一般原理运用到中国革命具体实践当中，解决中国革命实践中提出的各种问题，是毛泽东思想产生的直接推动力；对中国革命伟大实践经验的科学总结，是毛泽东思想产生并形成科学体系的最直接的源泉。

三、毛泽东思想的形成和发展过程

毛泽东思想是在我国新民主主义革命、社会主义革命和社会主义建设的实践过程中，在总结我国革命和建设正反两方面历史经验的基础上，逐步形成和发展起来的。

1. 中国共产党成立至土地革命战争前中期，毛泽东思想开始形成

这一时期的主要论著有《中国社会各阶级的分析》和《湖南农民运动考察报告》，提出了反帝反封建的民主革命纲领、无产阶级在民主革命中的领导权问题和农民同盟军等问题，以及中国革命的对象、动力和前途等关于新民主主义革命的基本思想。此后，在《井冈山的斗争》《中国的红色政权为什么能够存在》《星星之火，可以燎原》《反对本本主义》等著作中，又提出了“农村包围城市，武装夺取政权”的有中国特色的民主革命道路理论，初步阐述了作为毛泽东思想的活的灵魂的实事求是、群众路线、独立自主的基本思想。

2. 土地革命战争后期至抗日战争时期，毛泽东思想走向成熟

这一时期的代表性著作有《矛盾论》《实践论》《中国革命战争的战略问题》《论反对日本帝国主义策略》《战争和战略问题》《论持久战》《抗日游击战争的战略问题》《〈共产党人〉发刊词》《中国革命和中国共产党》《新民主主义论》《论联合政府》等。主要思想包括：提出了新民主主义革命的总路线和政治、经济、文化纲领；系统总结了中国革命的历史经验，创造性地提出统一战线、武装斗争、党的建设是中国共产党在中国革命中战胜敌人的三个法宝；完整论述新民主主义革命理论。1945 年，在党的七大上毛泽东思想被确立为党的指导思想。这是毛泽东思想发展史上的一个里程碑。

90分钟	3. 解放战争时期和中华人民共和国成立后，毛泽东思想继续发展 主要著作包括《在中国共产党第七届中央委员会第二次全体会议上的报告》《论人民民主专政》《论十大关系》《关于正确处理人民内部矛盾的问题》《人的正确思想是从哪里来的？》等。其发展主要表现在：关于同美蒋反动派进行斗争的策略方针问题；十大军事原则；中华人民共和国的建国理论和原则；由新民主主义转变为社会主义的理论、人民民主专政的理论；有中国特色的社会主义改造理论和原则；关于社会主义建设的若干理论、方针和政策（主要有：探索中国自己的社会主义建设道路；社会主义社会基本矛盾理论；两类矛盾学说和正确处理人民矛盾的理论；对中国社会主义建设经验的初步总结和理论概括；社会主义现代化目标；把工作重点转移到技术革命和社会主义建设上来的思想；中国工业化道路思想；社会主义经济体制改革的思想；民主政治建设、文化建设、执政党建设的思想；三个世界划分理论）等。其中，社会主义社会基本矛盾理论、两类矛盾学说和正确处理人民矛盾理论的提出，标志着毛泽东思想发展到一个新的高峰。 毛泽东思想形成与发展的历史特点：毛泽东思想是在中国共产党领导的革命斗争实践中形成和发展起来的，是把马列主义普遍真理同中国革命具体实践不断紧密结合的过程中形成和发展起来的，是同党内教条主义和经验主义错误思想作斗争并深刻总结这方面历史经验的过程中形成和发展起来的。 **第二节　毛泽东思想的主要内容和活的灵魂** 一、毛泽东思想的主要内容 1. 新民主主义革命理论，包括“三大法宝”的理论，农村包围城市、武装夺取政权的革命道路理论，等等。需要特别注意的是，毛泽东把中国的资产阶级分为大资产阶级和民族资产阶级，提出要区别对待。 2. 社会主义革命和社会主义建设理论，主要包括社会主义过渡、人民民主专政、正确区分和处理两类不同性质的矛盾、中国的工业化等理论。 3. 革命军队建设和军事战略的理论，主要包括建设新型人民军队、人民战争、战略战术、积极防御的战略思想、十大军事原则等内容。 4. 政策和策略的理论，主要包括原则性与灵活性相结合、分化瓦解敌人、合法斗争与地下斗争相结合、坚持无产阶级在统一战线中的领导权等理论。 5. 思想政治工作和文化工作的理论，主要包括思想政治工作是经济工作和其他一切工作的生命线、“双百方针”、充分重视知识分子的作用等理论。 6. 党的建设理论，主要包括思想上建设党、党的三大优良作风、党内的马克思主义教育等理论。	讲授

25 分钟	二、毛泽东思想的活的灵魂 贯穿于上述理论的立场、观点、方法，就是毛泽东思想的活的灵魂。它包括三个基本方面，即实事求是、群众路线和独立自主。 实事求是，就是一切从实际出发，理论联系实际，把马克思主义普遍原理同中国革命具体实践相结合。 群众路线，就是一切为了群众，一切依靠群众，从群众中来，到群众中去。 独立自主，是从中国实际出发，坚持独立思考，走自己的路，把立足点放到依靠自己力量的基础之上。这是依靠群众进行革命和建设的必然结论。独立自主并不排斥积极争取外援，开展国际经济文化交流，学习借鉴国外的有益经验。 毛泽东思想的活的灵魂的三个方面是有机联系、不可分割的统一整体。“实事求是”是毛泽东思想活的灵魂的根本点，是毛泽东思想的精髓，是群众路线和独立自主的前提。如果违背了实事求是的根本要求，群众路线和独立自主就会成为空话。群众路线是坚持实事求是的基本途径和方法，尊重群众、依靠群众是实事求是的内在要求。独立自主是坚持实事求是的可靠立足点，就是遵循实事求是的根本原则。同时，要坚持独立自主，就必须充分和相信本国人民群众的力量，坚持群众路线；反过来，要真正坚持群众路线，也就必须要坚持独立自主。 这三个方面之所以是毛泽东思想的活的灵魂，是因为它们是毛泽东思想中最本质最核心的东西，集中体现了马克思主义的精神实质，最能体现毛泽东思想的科学性和生命力。没有这些立场、观点、方法，就没有毛泽东思想；背离了它们，也就背离了毛泽东思想。 第三节　毛泽东思想的历史地位 一、毛泽东思想是马克思主义中国化第一次历史性飞跃的理论成果（历史地位） 毛泽东思想是马克思主义在中国的运用和发展，是中国化的马克思主义，是马克思主义中国化的第一个理论形态，实现了马克思主义中国化的第一次历史性飞跃，是马克思主义发展史上承上启下、继往开来的重要阶段。 二、毛泽东思想是中国革命和建设的科学指南（指导意义） 毛泽东思想是夺取中国革命胜利的理论武器；毛泽东思想是社会主义中国立国建国的思想政治基础。	讲授

三、毛泽东思想是中国共产党和中国人民宝贵的精神财富（长期指导意义）

对于毛泽东同志的历史功过，我们党在 1981 年作《关于建国以来党的若干历史问题的决议》（以下简称《历史决议》）的时候作出过明确的回答。但是，由于种种原因，这个问题今天仍然很受关注，还有一些噪声杂音；又由于这个问题事关政治大局，所以迫切需要进一步从理论上进行说明以讲清道理。

讨论

习近平总书记在纪念毛泽东同志诞辰 120 周年座谈会上的讲话直面问题，提出了正确评价历史人物的基本原则和科学态度。

第一，从历史发展的一般规律，从一切正义事业发展的历史逻辑的高度，说明人世间没有一帆风顺的事业，越是伟大的成功其过程越充满艰辛。历史本来就是在曲折中发展的，失败为成功之母。“我们的事业之所以伟大，就在于经历世所罕见的艰难而不断取得成功。”这正是毛泽东同志所说的“人间正道是沧桑”。

第二，毛泽东同志晚年犯错误，有其主观因素和个人责任，也有复杂的国内国际社会历史原因，应该全面、历史、辩证地加以看待和分析。“在中国这样的社会历史条件下建设社会主义，没有先例，犹如攀登一座人迹未至的高山，一切攀登者都要披荆斩棘、开通道路。”我们要注意从这个方面去认识和分析毛泽东同志犯错误的原因，客观公正地、全面正确地认识错误、吸取教训。

第三，评价历史人物应该放在其所处时代和社会历史条件下去分析，做到“六个不能”，即不能离开对历史条件、历史过程的全面认识和对历史规律的科学把握，不能忽略历史必然性和历史偶然性的关系；不能把历史顺境中的成功简单归功于个人，也不能把历史逆境中的挫折简单归咎于个人；不能用今天的时代条件、发展水平、认识水平去衡量和要求前人，不能苛求前人干出只有后人才能干出的业绩来。

第四，革命领袖是人不是神，他们的认识和行动也要受时代条件限制。因此，对待他们所犯的错误，要做到“两个不能”。一个是“不能因为他们伟大就把他们像神那样顶礼膜拜，不容许提出并纠正他们的失误和错误”；另一个是“也不能因为他们有失误和错误就全盘否定、抹杀他们的历史功绩，陷入虚无主义的泥潭”。

第五，一个马克思主义政党对自己的错误所抱的态度是衡量这个党是否真正履行对人民群众所负责任的一个最重要最可靠的尺度。我们党对自己包括领袖人物的失误和错误历来采取郑重态度：“一是敢于承认，二是正确分析，三是坚决纠正，从而使失误和错误连同党的成功经验一起成为宝贵的历史教材。”这是对列宁在《共产主义运动中的“左派”幼稚病》中提出的重要理论观点的进一步阐发。毛泽东同志说，我们党的“主动权来自实事求是”。邓小平同志

	说，我们党之所以是一个好的党，总是能从错误中走出来取得更大成功，一个重要原因就是一贯采取这样的态度。 第六，总结和吸取历史教训，目的是以史为鉴、更好地前进。一个民族的历史是一个民族安身立命的基础。不论发生过什么波折和曲折，不论出现过什么苦难和困难，中华民族 5000 多年的文明史，中国人民近代以来 170 多年的斗争史，中国共产党 90 多年的奋斗史，中华人民共和国 60 多年的发展史，都是人民书写的历史。这就是说，我们要尊重自己的历史、珍惜自己的历史，着眼未来，把我们的全部历史作为向前发展的宝贵财富。 习近平总书记的这些思想观点，讲得系统、深刻、精辟，有说服力。这是根据辩证唯物主义和历史唯物主义的基本原理，从哲学和历史的高度进行的阐述，充分体现了马克思主义的立场、观点、方法，体现了实事求是的精神。讲话提出的基本原则和科学态度，是对《历史决议》有关内容的丰富和发展，是在今天的认识基础上阐述中国共产党自己的历史观。
板书设计	第一章　毛泽东思想及其历史地位 第一节　毛泽东思想的形成和发展 一、什么是毛泽东思想 二、毛泽东思想形成与发展的社会历史条件 三、毛泽东思想的形成和发展过程 第二节　毛泽东思想的主要内容和活的灵魂 一、毛泽东思想的主要内容 二、毛泽东思想的活的灵魂 第三节　毛泽东思想的历史地位 一、毛泽东思想是马克思主义中国化第一次历史性飞跃的理论成果 二、毛泽东思想是中国革命和建设的科学指南 三、毛泽东思想是中国共产党和中国人民宝贵的精神财富
课程小结	毛泽东思想是马克思主义中国化的第一个重大理论成果，是马克思列宁主义在中国的运用和发展，是被实践证明了的关于中国革命和建设的正确理论原则和经验总结，是中国共产党集体智慧的结晶，是党必须长期坚持的指导思想。 毛泽东思想在土地革命战争时期形成，在抗日战争时期走向成熟，并在解放战争时期和中华人民共和国成立后继续发展。 新民主主义革命理论、社会主义革命和社会主义建设理论、革命军队建设和军事战略理论、政策和策略的理论、思想政治工作和文化工作的理论、党的建设理论，这些是毛泽东思想科学体系的主要内容（毛泽东思想体系还包括关于国际战略和外交工作的理论等内容）。 毛泽东思想的活的灵魂：实事求是、群众路线、独立自主。

	《历史决议》指出，毛泽东是伟大的马克思主义者，伟大的无产阶级革命家、战略家和理论家。毛泽东的功绩是第一位的，错误是第二位的。要将毛泽东晚年的错误同经过长期历史检验形成为科学理论的毛泽东思想区别开来。
作业布置	1. 如何认识毛泽东思想形成的主要内容？ 2. 如何把握毛泽东思想的活的灵魂？ 3. 如何认识毛泽东思想的历史地位？

第二章　新民主主义革命理论

<table>
<tr><td colspan="2">课　　题</td><td colspan="2">第二章　新民主主义革命理论</td><td>课时</td><td>8 学时</td></tr>
<tr><td colspan="2">教学目标</td><td colspan="4">通过本章学习，学生了解新民主主义革命的基本情况，理解新民主主义革命理论的形成过程、依据、基本内容和重大意义，理解新民主主义革命的基本经验，深刻把握只有共产党才能救中国的真理性，培养学生热爱中国共产党和祖国的感情。</td></tr>
<tr><td colspan="2">教学重点</td><td colspan="4">新民主主义革命理论的内容和基本经验</td></tr>
<tr><td colspan="2">教学难点</td><td colspan="4">中国特点的新民主主义革命道路必然性、正确性的分析</td></tr>
<tr><td colspan="2">课程类型</td><td>理论课、实践课</td><td>教学方法</td><td colspan="2">讲授、视频、讨论等</td></tr>
<tr><td colspan="2">课前准备</td><td colspan="4">案例内容资料、图片、视频、讨论题目、课件</td></tr>
<tr><td colspan="2">教学过程
及时间分配</td><td colspan="3">主 要 教 学 内 容</td><td>教学
方法
运用</td></tr>
<tr><td colspan="2">5
分钟</td><td colspan="3">第二章　新民主主义革命理论

【课程导入】

本章共包括三节内容。第一节包括两目，主要回答新民主主义革命理论形成的国情条件、时代背景与实践基础。本节第一目首先从分析近代中国的基本国情入手，进而分析了由此所决定的近代中国社会的主要矛盾、中国革命的根本任务；其次，通过分析世界历史的时代变化，揭示了新民主主义革命的时代特征，并进一步阐明了中国革命已经实现了从旧民主主义革命向新民主主义革命的转变。第二目结合新民主主义革命的艰辛探索实践历程，从理论来自实践的角度，说明新民主主义革命理论是对中国革命实践经验的概括与总结。本节教学的重点在于讲清近代中国的基本国情与时代特征。第二节主要分析了在半殖民地半封建的旧中国进行革命，反对谁、依靠谁、团结谁、由谁来领导、革命胜利后的前途问题，形成了党的新民主主义革命的总路线。总路线在政治、经济、文化方面具体化为要达到的目标和达到这一目标的政策，这就是新民主主义革命的基本纲领。第三节共三目，一是讲由近代中国社会政治经济发展不</td><td>讲授</td></tr>
</table>

	平衡所决定，中国革命走出了一条符合中国实际的以农村包围城市、武装夺取政权的革命道路，重点在于讲清中国革命道路的必然性、可能性和基本内涵；二是将新民主主义革命胜利基本经验概括为“三大法宝”，这也是本节的一个重点；三是阐述了新民主主义革命理论形成的伟大历史意义。 **播放纪录片《圆明园》。** 第一节　新民主主义革命理论的形成 一、近代中国国情和中国革命的时代特征	
85 分钟	（一）近代中国的国情 1. 近代中国社会的性质 毛泽东说：“中国现时社会的性质，既然是殖民地、半殖民地、半封建的性质，它就决定了中国革命必须分两个步骤。第一步，改变这个殖民地、半殖民地、半封建的社会形态，使之成为一个独立的民主主义的社会。第二步，使革命向前发展，建立一个社会主义的社会。”	视频
45 分钟	2. 近代中国社会的主要矛盾 毛泽东说：“帝国主义和中华民族的矛盾，封建主义和人民大众的矛盾，是近代中国社会的主要矛盾。而帝国主义和中华民族的矛盾，乃是各种矛盾中最主要的矛盾。”	
	3. 近代中国革命的根本任务 近代中国社会的性质和重要矛盾，决定了近代中国革命的根本任务是推翻帝国主义、封建主义和官僚资本主义的统治，从根本上推翻反动腐朽的政治上层建筑，变革阻碍生产力发展的生产关系，为建设富强民主的国家、改善人民的生活、确立人民当家作主的政治地位扫清障碍，创造必要的前提。 （二）中国革命的时代特征 1. 近代中国社会的性质和重要矛盾，决定了近代中国革命是资产阶级民主革命。 2. 1914 年爆发的第一次世界大战和 1917 年俄国十月革命标志着战争与革命已经成为世界时代的主题，并为中国送来了马克思主义。从此，马克思主义成为中国革命的指导思想。 3. 五四运动是旧民主主义向新民主主义转变的标志。 第一次世界大战和俄国十月革命是中国由旧民主主义革命向新民主主义革命转变的历史条件。1919 年的五四运动，成为新民主主义革命的开端。	讲授

135 分钟	二、新民主主义革命理论的形成过程 （一）新民主主义革命基本思想的初步形成 （二）新民主主义革命理论的成熟 **第二节　新民主主义革命的总路线和基本纲领** 一、新民主主义革命的总路线 新民主主义革命的总路线是无产阶级领导的，人民大众的，反对帝国主义、封建主义和官僚资本主义的革命。 这条革命总路线科学准确地回答了关于新民主革命的领导者、对象、动力、性质和前途等一系列基本问题。 （一）新民主主义革命的对象 帝国主义是中国人民最凶恶的、首要的敌人，封建主义是近代中国民族民主革命的一个主要对象，官僚资本主义是中国新民主主义革命的重要对象。（三座大山） （二）新民主主义革命的动力 “人民大众”是革命的动力。在新民主主义革命时期，中国的人民大众包括工人阶级、农民阶级、城市小资产阶级和民族资产阶级，在抗战时期还包括部分大地主和大资产阶级。 1. 中国无产阶级是中国革命最基本的动力，起领导作用。 2. 农民阶级是革命的主力军，是无产阶级最可靠的同盟军。 3. 城市小资产阶级，包括知识分子、小商人、手工业者和自由职业者，是中国革命的基本动力之一。 4. 民族资产阶级也是中国民主革命的动力之一。民族资产阶级的经济地位决定了他们在政治上表现为进步、革命与妥协、软弱并存的两重性。所以，中国共产党和中国民族资产阶级之间既联合，又斗争，这也是中国革命的特点之一。 （三）新民主主义革命的领导 无产阶级的领导权是中国革命的中心问题，也是新民主主义革命理论的核心问题。 新民主主义革命的领导力量是无产阶级，这也是新民主主义革命区别于旧民主主义革命的根本标志。中国的新民主主义革命实质上是要完成资产阶级民主革命所要完成的任务。	讲授 视频

	1. 新民主主义革命必须由中国无产阶级来领导。 2. 无产阶级如何掌握领导权。 （四）新民主主义革命的性质和前途 1. 新民主主义革命的性质是新式的、特殊的、由无产阶级领导的资产阶级民主革命。 2. 新旧民主革命的不同。 3. 新民主主义革命的前途。新民主主义革命的前途就是建立新民主主义社会，最终向社会主义社会过渡。 二、新民主主义革命的基本纲领 （一）新民主主义的政治纲领 推翻帝国主义和封建主义的压迫，建立无产阶级领导的各革命阶级联合专政的民主共和国。 （二）新民主主义的经济纲领 没收封建阶级的土地归农民所有，没收帝国主义和官僚资本主义的大银行、大工业、大商业，归新民主主义的国家所有，保护民族工商业。 （三）新民主主义的文化纲领 新民主主义的文化就是“无产阶级领导的人民大众的反帝反封建的文化”，即无产阶级领导的民族的、科学的、大众的文化。 第三节　新民主主义革命的道路和基本经验 一、新民主主义革命的道路 （一）近代中国的特殊国情决定了中国必须走一条农村包围城市的革命道路 1. 原因。 2. 现实可能性。 3. “工农武装割据”思想的内容：在中国共产党的领导下，以土地革命为基本内容，以武装斗争为主要形式，以农村革命根据地为战略阵地的三者密切结合的思想，三者互为一体、不可分割。 （二）新民主主义革命道路的理论和实践意义 1. 理论意义。	
90分钟		讲授 视频 讨论

	2. 实践意义。 二、新民主主义革命的三大法宝 统一战线、武装斗争、党的建设。 三、新民主主义革命理论的基本经验（略）	
板书设计	第二章　新民主主义革命理论 第一节　新民主主义革命理论的形成 一、近代中国国情和中国革命的时代特征 二、新民主主义革命理论的形成过程 第二节　新民主主义革命的总路线和基本纲领 一、新民主主义革命的总路线 二、新民主主义革命的基本纲领 第三节　新民主主义革命的道路和基本经验 一、新民主主义革命的道路 二、新民主主义革命的三大法宝 三、新民主主义革命理论的基本经验	
课程小结	新民主主义革命理论是中国共产党在分析中国国情和时代特征的基础上，对中国革命实践经验的概括和总结。近代中国社会的性质和主要矛盾，决定了中国革命的首要任务是推翻帝国主义、封建主义和官僚资本主义（新民主主义革命的主要对象是这“三座大山”）的统治，从根本上推翻反动腐朽的政治上层建筑，变革阻碍生产力发展的生产关系。 新民主主义革命的总路线的内容是无产阶级领导的，人民大众的，反对帝国主义、封建主义和官僚资本主义的革命。新民主主义的政治、经济、文化纲领是新民主主义革命的总路线的展开和具体化，指明了新民族主义革命的发展方向。中国革命必须走农村包围城市、武装夺取政权的革命道路（新民主主义革命的道路）。 新民主主义革命三大法宝：统一战线、武装斗争、党的建设，是新民主主义革命胜利的基本经验。 新民主主义革命的动力：无产阶级（最基本的动力）、农民阶级（主力军）、城市小资产阶级（基本动力之一）和民族资产阶级（动力之一）。 新民主主义革命的性质和前途：资产阶级民主主义革命（由近代中国半殖民地半封建社会的性质和中国革命的历史任务决定）。	
作业布置	1. 如何理解中国革命的历史特点和时代特征？ 2. 如何理解新民主主义革命总路线的内容及其必然性？ 3. 如何理解新民主主义革命的基本经验？ 4. 如何理解新民主主义革命的理论和实践意义？	

第三章　社会主义改造理论

<table>
<tr><td>课　　题</td><td colspan="2">第三章　社会主义改造理论</td><td>课时</td><td>4 学时</td></tr>
<tr><td>教学目标</td><td colspan="4">使学生了解社会主义改造的基本理论，并通过对社会主义改造主要经验的总结，让学生认识到：20 世纪中叶，在我国进行的生产资料私有制的社会主义改造是必要的，也是成功的，中国走社会主义道路是历史的选择，只有社会主义才能救中国。</td></tr>
<tr><td>教学重点</td><td colspan="4">1. 新民主主义社会的性质与特点
2. 党在过渡时期的总路线
3. 社会主义改造的内容、方式及其经验
4. 社会主义制度在我国确立的重大意义</td></tr>
<tr><td>教学难点</td><td colspan="4">1. 新民主主义社会的性质与特点
2. 社会主义改造的内容、方式及其经验</td></tr>
<tr><td>课程类型</td><td>理论课、实践课</td><td>教学方法</td><td colspan="2">讲授、视频、讨论等</td></tr>
<tr><td>课前准备</td><td colspan="4">案例内容资料、图片、视频、讨论题目、课件</td></tr>
<tr><td>教学过程及时间分配</td><td colspan="3">主 要 教 学 内 容</td><td>教学方法运用</td></tr>
<tr><td>5 分钟</td><td colspan="3">

第三章　社会主义改造理论

【课程导入】

毛泽东同志曾指出：中国革命必须分“两步走”：一步是新民主主义革命；一步是社会主义革命。中国新民主主义革命的胜利，开辟了通向社会主义的道路。但是，如何实现由新民主主义向社会主义的革命转变，却是一个全新的实践。在这两个革命阶段的交替过程中，以毛泽东为代表的中国共产党人运用马列主义关于社会主义革命的理论，与中国具体实际相结合，从中华人民共和国成立初期的基本国情出发，创造性地提出了党在过渡时期的总路线，形成了具有中国特色的社会主义改造理论。这一理论是毛泽东思想的重要组成部分，是对马列主义社会主义革命理论的丰富和发展。本章分三节阐述了这一理论，主要分析了从新民主主义向社会主义转变的理论，社会主义改造的道路和历史经

</td><td>讲授</td></tr>
</table>

<table>
<tr>
<td>85
分钟</td>
<td>验，社会主义制度在中国的确立及其重大意义。通过本章的学习，要求学生了解我国新民主主义社会的过渡性质和社会主义改造的历史必然性；掌握社会主义改造的原则、方针及历史经验；懂得中国走社会主义道路是历史的选择。

第一节　从新民主主义到社会主义的转变

一、新民主主义社会是一个过渡性的社会

这一问题主要剖析了中华人民共和国成立初期的基本国情。重点把握新民主主义社会的性质及其特征。
1949 年中华人民共和国的成立，标志着新民主主义革命在全国取得胜利，也标志着我国新民主主义革命阶段的基本结束和社会主义革命阶段的开始。随着国民经济的逐渐恢复，新民主主义社会的轮廓日益清晰起来。从中华人民共和国成立到社会主义改造的基本完成，是我国从新民主主义到社会主义转变的时期。这一时期，社会的性质是新民主主义社会。这一社会形态有它自己的特点。

（一）新民主主义社会的特征

政治上，建立了工人阶级领导的以工农联盟为基础的各革命阶级联合专政的人民民主专政的国家政权。
经济上，通过没收官僚资本、限制改造私人资本、积极引导个体经济和鼓励国家资本的方法，形成了社会主义国营经济领导下五种经济成分并存的社会经济形态，即社会主义性质的国营经济（主要是通过没收官僚资本而建立的），半社会主义性质的合作经济，农民和手工业者的个体经济，私人资本主义经济和国家资本主义经济（它是国家经济同私人资本合作的具有社会主义性质的经济成分）。
文化上，通过大力宣传和学习，发展了马克思主义指导下的民族的科学的大众的文化。

（二）新民主主义社会的性质

以上特点表明：新民主主义社会，不是一个独立的社会形态，而是介于半殖民地半封建社会和社会主义社会之间的过渡性质的社会。

二、党在过渡时期的总路线

中国必须走社会主义道路，新民主主义社会必然过渡到社会主义社会。这是在民主革命时期就已确定的。但何时过渡、怎样过渡？对这些问题的认识，共产党人经历了一个过程，最终提出了党在过渡时期的总路线。</td>
<td>讲授

视频</td>
</tr>
</table>

（一）过渡时期总路线的提出过程

在由新民主主义向社会主义过渡的问题上，毛泽东和党的其他领导人的认识经历了一个发展变化的过程，即从先搞工业化建设、再一举过渡的设想，发展变化为建设和改造同时并举、从彻底完成民主革命起即逐步过渡。

最初提出的是“先建设、后改造”的基本思路。就是先用“三个五年计划”的时间完成工业化建设，然后再向社会主义过渡，搞社会主义改造，即要把新民主主义建设和社会主义改造分开来进行，时间为 15 到 20 年。这在当时是全党的共识。

后来，随着我国国民经济的恢复，以及政治、经济和社会面貌方面发生的重大变化，1952 年，党中央认为，我国正面临着新的发展形势，向社会主义过渡的时机已到来，于是对向社会主义过渡的时间和步骤作了重新思考，提出“现在（1952 年）就要开始用 10 到 15 年时间基本上完成向社会主义的过渡，而不是 10 年以后才开始过渡”，即“改造并举”的思想。

1953 年年底，中共中央正式地、完整地表述了过渡时期的总路线，即“从中华人民共和国成立，到社会主义改造基本完成，这是一个过渡时期。党在这个过渡时期的总路线和总任务，是要在一个相当长的时期内，逐步实现国家的社会主义工业化，并逐步实现国家对农业、对手工业和对资本主义工商业的社会主义改造”。1954 年 2 月，中共七届四中全会正式批准了这条总路线，并在 9 月召开的第一届全国人大代表会上将这条总路线载入了中华人民共和国的第一部宪法。

（二）过渡时期总路线的主要内容

从毛泽东关于党在过渡时期总路线的表述中，我们可以概括出，党在过渡时期总路线的主要内容是“一化三改造”。“一化”，指社会主义工业化； “三改造”，即对个体农业、手工业和资本主义工商业的社会主义改造。 它们之间相互联系，不可分离，可以比喻为鸟的“主体”和“两翼”。“一化”是“主体”，“三改”是“两翼”，两者相互促进、相辅相成，体现了建设和改造同时并举，发展生产力和变革生产关系的有机统一。这是一条社会主义建设和社会主义改造同时并举的路线。

在 20 世纪 50 年代中期，我国为什么要走这样一条社会主义建设和社会主义改造同时并举的路线呢？（提问）

党在过渡时期之所以实行社会主义建设和社会主义改造同时并举的路线，是因为我国的社会主义工业化不能离开对个体经济和资本主义经济的改造而孤立地进行。而中华人民共和国成立以来的实践证明，进行社会主义改造不仅是必要的，而且是可能的。

第一，（必要性）实现社会主义工业化，是国家独立和富强的必然要求和必要条件。因为“没有工业，便没有巩固的国防，便没有人民的福利，便没有国家的富强”。而当时，我国的工业基础是十分落后的，仅有一些轻工业，有些重工业也是残缺不全的。中华人民共和国成立后，经过三年努力，国民经济虽然得到了恢复和发展，但我国工业生产还是十分落后。要从根本上改变我国贫穷落后的面貌，把我国从一个落后的农业国变成一个先进的工业国，就必须实现国家的社会主义工业化。而要实现社会主义工业化，必须加快对个体经济和私营资本主义工商业进行社会主义改造。因为随着大规模经济建设的开展，个体经济和私营资本主义工商业越来越不适应国家工业化建设的需要。一方面，个体经济由于受小农经济的局限，增产潜力有限，难以适应工业化对粮食和工业原料迅速增长的需求，无力为国家工业化积累资金和扩大工业品的市场；另一方面，中国民族资本主义不仅工业资本比重小，而且缺乏重工业的基础，依靠它本身的力量无法有力地推进工业化的发展。因此，只有加快对农业、手工业和资本主义工商业的社会主义改造，才能适应社会主义工业化建设的要求。这是我国实行“改建并举”路线的主要原因。

第二，（现实可能性）中华人民共和国成立后三年伟大实践创造出的巨大成果为这条总路线的提出提供了可能。

首先，经过三年的建设，中华人民共和国已经有了相对强大、迅速发展的社会主义性质的国营经济。这为党提出这条总路线提供了物质基础。

其次，土地改革完成后，为了发展生产，广大农村开始了农业互助合作的运动，农民具有走互助合作道路的要求。这种形势的出现为党提出这条总路线提供了重要依据。

再次，在中华人民共和国成立初期，党在利用和限制资本主义工商业的过程中所积累的经验，也是党提出这条总路线的一个重要因素。

最后，当时的国际环境有利于我国向社会主义过渡。中华人民共和国是在推翻帝国主义支持下的国民党统治的革命斗争中诞生的。中华人民共和国成立以后，帝国主义对我国实行军事威胁、经济封锁、政治孤立，而这期间我们得到了苏联的大量援助。第二次世界大战以后，资本主义制度面临深刻危机，其发展很不景气，而社会主义苏联经受住了战争的严峻考验，其发展显示出了相对于资本主义的优越性，使社会主义产生了很强的吸引力。社会主义国家取得的建设成就及其榜样作用，对中国革命的进程产生了深刻影响。加上当时朝鲜战争停战，世界形势开始和缓，我们党考虑尽早向社会主义过渡。

正在基于以上原因，我们党提出了过渡时期的这条总路线。这条总路线，反映了中国人民要求走社会主义道路、改变国家贫穷落后面貌、实现国家富强的理想和愿望，反映了中国社会发展的必然性和中国选择道路的独创性，是毛泽东思想关于创立中国社会主义制度的划时代纲领和历史性宣言。

45 分钟	（三）过渡时期总路线的实质 过渡时期总路线的实质是解决生产资料的私有制问题。在总路线的宣传提纲中，毛泽东加上了这样一个内容：“党在过渡时期的总路线的实质，就是使生产资料的社会主义公有制成为我们国家和社会的唯一的经济基础。”在这里，“唯一”这个提法，反映了当时我们党对我国社会主义的发展阶段还缺乏科学的认识。 **第二节 社会主义改造道路和历史经验** 在过渡时期总路线的指引下，从 1953 年开始，我国在执行第一个五年计划的同时，全面开展了对农业、手工业和资本主义工商业的社会主义改造。中国共产党根据马列主义对生产资料私有制进行社会主义改造的一般理论，结合中国具体实际，创造性地开辟了一条适合中国特点的社会主义改造道路，取得了伟大胜利。要重点把握社会主义改造的内容、方式及其经验。 一、适合中国特点的社会主义改造道路 （一）对农业、手工业的社会主义改造 1. 对个体农业的社会主义改造 首先，毛泽东论证了农业合作化的必要性。他认为农业合作化是社会主义工业化的发展需要，不解决农业合作化问题，就不能解决日益增长的商品粮、工业原料的需要同现时农作物产量偏低的矛盾，社会主义工业化就会遇到很大的困难。另外，实行农业合作化也是巩固工农联盟的需要。因为过去在土地革命基础上建立起来的那个联盟，农民已经不满意了，他们要求摆脱贫穷，共同富裕。只有走合作化的集体富裕的社会主义道路，工农联盟才能在社会主义的基础上得到新的巩固。 其次，阐明了自愿互利、典型示范、国家帮助的农业社会主义改造原则。 再次，阐明了依靠贫下中农、团结中农、限制富农的农业社会主义改造的阶级政策。 最后，阐明了循序渐进的由互助组到初级社、高级社的“三步走”的步骤。第一步，在农村中按照自愿和互利原则，号召农民组织带有社会主义萌芽性质的几户或十几户的农业生产互助组。第二步，在互助组的基础上，组织以土地入股和统一经营为特点的小型的带有半社会主义性质的初级农业生产合作社。第三步，在初级社的基础上，进一步领导农民联合起来，组织大型的完全社会主义性质的高级农业生产合作社。 在农业合作化理论和政策的正确指导下，农业社会主义改造基本上取得成	讲授 视频

功。1956年年底，全国入社农户占总农户数的96.3%，其中加入以土地和主要生产资料归集体所有的高级农业生产合作社又占总农户的87.8%。全国5亿多农民在党的领导下走上了社会主义道路。

2. 对手工业的社会主义改造

我国的手工业在整个国民经济中占有相当重要的地位，是对外贸易方面不可缺少的生产环节和供应城乡人民生产和生活资料的重要经济力量。国家需要手工业有一个较大的发展。然而，个体手工业经营分散、规模狭小、技术落后、劳动生产率十分低下，不能适应国家经济建设和人民生活的需要。对此，只有采用合作化的方式实行社会主义改造，才能适应社会的需要。鉴于手工业的特点，党对个体手工业采取了如下改造方针和政策。

实行了"积极领导、稳步前进"的方针，通过耐心的说服教育、典型示范和国家帮助的办法，提高了手工业劳动者的社会主义觉悟，引导他们在自愿的基础上联合起来。

在具体改造形式上，采取从手工业供销小组到手工业供销合作社，再到手工业生产合作社的逐步前进的步骤和方式。

此外，毛泽东还规定手工业合作社的生产经营方针是：为农业服务，为群众生活服务，为出口贸易服务，特别强调要为农业生产服务。他还要求手工业要向半机械化、机械化方向发展，也告诫不要将手工业中许多好的民族传统性的东西搞掉，要保护民间老艺人等。到1956年年底，参加合作社的手工业者占了总数的92%以上，产值占了全国手工业总产值的93%，全国基本上实现了手工业的社会主义改造。

（二）对资本主义工商业的社会主义改造

对资本主义工商业进行社会主义改造是社会主义改造理论的中心内容，也是最具中国特色、最有理论创造的一个方面。它的基本思路是通过国家资本主义的途径，用和平赎买的方式，逐步把资本主义私有制改造成为社会主义全民所有制。

1. 用和平赎买的方法改造资本主义工商业

重点把握两个内容：一是"和平赎买"这个概念；二是为什么可以对资本家实行和平赎买。

所谓"和平赎买"，就是国家有偿地将私营企业改变为国营企业，将资本主义私有制改变为社会主义公有制。赎买的具体方式是让资本家在一定年限内从企业经营中获取一部分利润，而不是由国家支付补偿金买断，更不是没收。

和平赎买改造资本主义工商业的主要作用：有利于发挥工商业在国计民生中的积极作用，促进经济发展；有利于争取和团结民族资产阶级，团结和发展统一战线；有利于发挥和利用资产阶级的知识、才能、技术及经验为社会主义服务。

在资本主义工商业的改造方式上，对资本家为什么不用暴力而用和平赎买的方式？（提问）

这有理论和现实的原因。

（1）马列主义关于和平赎买的设想为党通过各种形式的国家资本主义，把资本主义私有制改造为社会主义全民所有制提供了理论依据。马克思、恩格斯在《共产党宣言》中指出，无产阶级夺取政权后，将利用自己的政治统治，一步一步地夺取资产阶级的全部资本，把一切生产工具集中在自己的手里。但如何剥夺，马克思、恩格斯曾设想过暴力没收和和平赎买这两种方式，尤其是赎买的方式。他们认为，假如我们能用赎买的方式剥夺资产阶级，“那对于我们是最便宜不过的事了”。十月革命后，列宁设想通过国家资本主义对资产阶级进行和平赎买，但由于列宁的过早逝世，这一理论在苏联未能实践。中国革命胜利后，党根据马克思、恩格斯和列宁的设想，结合我国的具体情况，提出了对资本主义工商业实行和平赎买的方针。

（2）在社会主义改造时期，民族资产阶级仍是一个具有两面性的阶级。既有剥削工人取得利润的一面，又有拥护宪法、愿意接受社会主义改造的一面。这样，工人阶级和民族资产阶级的矛盾也有了两重性，既有剥削者和被剥削者对抗性的一面，又有相互合作非对抗性的一面。在这种情况下，无产阶级和资产阶级之间的对抗性矛盾，如果处理得当，就可以转变为非对抗性的矛盾，可以用和平的方法解决。

（3）中国共产党与民族资产阶级长期保持统一战线的关系。在民主革命时期，我们党把民族资产阶级作为革命的一个动力，和他保持了长期的革命统一战线。中华人民共和国成立以后，由于民族资产阶级中的多数人参加了中华人民共和国的经济恢复和国家建设，所以，在社会主义革命时期，我们一方面把民族资产阶级看作革命的对象；另一方面，我们仍然把民族资产阶级看作朋友，同他们保持统一战线的关系。这就为党将工人阶级和民族资产阶级之间的对抗性矛盾转化为非对抗性矛盾并按照人民内部矛盾来处理提供了前提。

（4）我国工人阶级在政治上、经济上形成了强大优势。政治上，我们建立起了工人阶级领导的、以工农联盟为基础的强大的人民民主专政的国家政权，不怕民族资产阶级造反；经济上，我们通过没收官僚资本，建立了强大的社会主义国营经济，并掌握了国家的经济命脉，这种强大的优势地位，使民族资本主义经济对我们造不成威胁。再加上国家对农业、手工业开展合作运动，从客观上割断了民族资本主义经济和个体经济的联系，使之不得不依赖国家和国营经济。以上这些因素都使私人资本主义企业只能接受社会主义改造。

（5）我们党对民族资产阶级、对民族资本主义工商业采取的“利用、限制、改造”的和平赎买政策，使民族资产阶级在思想上、心理上也能够接受。

2. 在和平改造的过程中采取了从低级到高级的国家资本主义的过渡形式

国家资本主义是改造资本主义工商业和逐步完成向社会主义过渡的必经之路。毛泽东指出，国家资本主义就是“在人民政府管理之下，用各种形式和国营社会主义经济联系着的，并受工人监督的资本主义经济形式”。作为一种特殊的资本主义经济，它不是为了资本家的利润而存在，而是为了供应人民和国家的需要而存在，是一种对工人和社会主义国家有利的新型的国家资本主义经济。

国家资本主义有初级形式和高级形式之分。初级形式的国家资本主义是国家对私营工商业实行委托加工、计划定货、统购包销、经销代销等；高级形式的国家资本主义是个别企业的公私合营和全行业的公私合营。

在对资本主义工商业进行社会主义改造的过程中，我党同样采取了“三步走”的政策：

第一步主要实行初级形式的国家资本主义。在利润分配上，采取了“四马分肥”的方式，即把企业利润按国家所得税 35%、企业公积金 30%、工人福利费 15%、资方红利 20%等在四个方面进行分配。这种分配使企业有了社会主义的因素。

第二步主要实行个别企业的公私合营。利润分配仍然采取“四马分肥”的方式。在公私合营企业中，资本家由过去的主管者变成在公方代表领导下参加管理；由于企业的财产有一部分归国家所有，企业管理权实际上由国家来掌握，工人的劳动主要是完成国家计划，满足社会需要，为国家创造利润，因此，工人已经在很大程度上不再是雇佣劳动者，工人的工资已经具有一定程度的按劳分配的性质。而且工人也参加企业的民主管理，实际上已发挥了企业的领导作用，因而这种公私合营的企业已属半社会主义性质的企业。

第三步实行全行业的公私合营。在分配上实行让资本家拿定息的赎买方式。国家按企业资本的股份额，每年拨付给原工商业者 5%的定息，开始决定付息 7 年，后来又延长 3 年，共计 10 年。据统计，全国领取定息的私股股东共 114 万人，国家每年定息支出约 1.2 亿元。经过这种改造后，企业的生产关系发生了根本变化，基本上成为社会主义国营性质的企业。

在资本主义工商业的社会主义改造中，由于创造出了从初级到高级的各种国家资本主义的过渡形式，实现了对资产阶级的和平赎买，避免了在改造期间可能发生的剧烈的社会震荡和经济破坏。

3. 在对私营企业实行限制、利用和改造方针的同时，对资本家个人进行团结教育和改造，使之由剥削者转变为自食其力的劳动者

在这个问题上，党和国家主要从两方面着手：一方面，为资本家在企业中安排一定的工作，为他们成为自食其力的劳动者创造条件。据统计，1957 年全

国71万在职私方人员和10万左右资本家代理人全部被安排了工作。另一方面，对资本家进行思想改造，安排他们进行学习，对他们进行社会主义前途教育。引导他们参加各种政治实践活动，提高他们接受改造的自觉性，使许多工商业者提高了觉悟，真诚地拥护党的领导和社会主义制度。

由于国家所采取的改造资本主义工商业的措施，适应了生产力发展要求，有利于生产力发展，并且国家十分注意保护原有企业的生产和经营秩序，因此，在实现从资本主义私有制到社会主义公有制根本变革的过程中，工商业不仅没有遭到破坏，而且还不断地向前发展。到1956年年底，全国私营工业户的99%、私营商业户的82%，分别被纳入了公私合营或合作社的轨道，这标志着我国资本主义工商业的社会主义改造基本完成。

据统计，从中华人民共和国成立到1966年，我国共花了32亿元的代价，对资本家进行赎买，逐步把资本主义工商业的生产资料转为全民所有。毛泽东说，出这么一点钱，就买了一个阶级。这对社会主义革命和建设事业是有利的。党和毛泽东将马、恩、列提出但没有做到的对资产阶级的和平赎买变成了现实，丰富和发展了马列主义关于国家资本主义的学说。

以上是党在农业、手工业和资本主义工商业的社会主义改造中所采取的方针、政策。经过三年实践，我国社会主义改造取得了巨大成功。在整个社会主义改造的过程中，我们党积累了丰富的经验。

二、社会主义改造的历史经验

第一，在国家工业化建设和社会主义改造的关系上，创造性地走出了一条工业化建设和改造同时并举的道路。

第二，在向社会主义过渡的方式上，采取了积极引导、逐步过渡的方式。在对农业社会主义改造上，创造出了从互助组到初级社，再到高级社的适应不同生产力发展水平和地区特点的过渡形式；在对资本主义工商业的改造上，创造出了从初级到高级的各种国家资本主义的过渡形式，实现了对资产阶级的和平赎买，避免了流血革命。

第三，采用和平的方法进行了社会主义改造。特别是用和平方式有秩序地消灭了我国最后一个剥削阶级，解决了作为社会主要矛盾的无产阶级与资产阶级的矛盾，这是国际共产主义运动史上的一个伟大创举。

邓小平曾说："我们的社会主义改造是搞得很成功的。"中国社会主义改造之所以取得成功，就是因为我们党坚持从中国的实际出发，把马列主义的基本原理与中国的具体实际相结合，找到了一条具有中国特色的社会主义改造道路。

以上是毛泽东思想有关社会主义改造理论的主要内容。在这一理论的指导下，到1956年年底我国对农业、手工业和资本主义工商业的社会主义改造基本完成，实现了由新民主主义向社会主义的转变。

三、如何正确认识社会主义改造过程中出现的失误和偏差

1. 失误的表现：要求过急、工作过粗、改变过快、形式也过于简单划一，以至长时间遗留了一些问题。

2. 造成失误的原因。

（1）在社会主义经济模式的选择和理解上，过于单一，追求纯粹的单一的社会主义经济成分。

（2）在公有制实现形式的选择和理解上过于简单化，只注意到集体所有制和全民所有制两种基本形式，而对社会主义改造完成以后公有制经济可以和非公有制经济共同发展缺乏认识。党在实际工作过程中曾对这些问题有所察觉，对某些问题也做过纠正，但毕竟认识不深。

（3）当时党对我国社会主义发展阶段的问题还没有来得及形成科学的理论，对什么是社会主义还没有完全搞清楚，致使一些遗留问题长期没有得到解决。

问题探讨：我们能不能因为社会主义改造出现上述失误就否定社会主义改造的历史功绩和伟大意义呢？应该如何正确认识社会主义改造中出现的失误和偏差？

不能。列宁说过："判断历史的功绩，不是根据历史活动家没有提供现代所要求的东西，而是根据他们比他们的前辈提供了新的东西。"

在社会主义改造中，尽管出现了这样或那样的失误和偏差，但瑕不掩瑜，总的来说改造是成功的。比如，对农业的社会主义改造而言，把广大农村的个体经济改造成了社会主义集体经济，巩固了工农联盟，在农村建立了社会主义制度，避免了两极分化，消灭了剥削制度，这一深刻变革没有引起社会的动荡，相反却调动了农民的积极性，促进了农业生产力的解放和发展。还比如，在对资本主义工商业的社会主义改造中，党领导人民通过多种形式的国家资本主义，把资本主义经济改造成社会主义经济，实现了既消灭剥削阶级又改造人的目的，更重要的是在经济方面通过和平赎买政策避免了因生产关系的大变革而引起经济上的破坏和混乱，促进了公民经济的恢复和发展；政治上，使大多数资本家经历"在前进中动摇，在动摇中前进"，在"改造中抵抗，在抵抗中改造"，"开始不自然，中途不自然，最后习惯成自然"的过程后，愿意接受党的领导，接受社会主义改革，保持了社会稳定。尤为突出的是，在我国社会主义改造史上，有两个罕见的事实：一是在一个农业人口大国中比较顺利地实现了如此复杂、困难和深刻的社会变革，不仅没有造成生产力的破坏，反而促进了工农业和整个国民经济的发展；二是这样的变革没有引起巨大的社会动荡，反而极大地加强了人民的团结。这些情况都说明，我国社会主义改造确实是一个伟大的胜利。

事物的存在和发展总是一分为二的。尽管我国的社会主义改造存在着失误

45分钟	和偏差，带来了一定的损失，也有一些遗留问题，但毕竟是支流，是次要的，它同这场伟大变革所取得的伟大功绩——在中国确立了崭新的社会主义经济制度，是绝不能相提并论的。因此，我们应当用辩证的、历史的、发展的观点来看待它，而不能由于当今实行改革开放，建立社会主义市场经济体制，就否定历史，否定当年社会主义改造的必要性，甚至否定整个社会主义改造。这是错误的。 以上是第二节的内容。重点把握我们党对农业、手工业、资本主义工商业进行社会主义改造的方式方法。 **第三节　社会主义制度在中国的确立** 本节主要阐述了社会主义制度在中国的确立及其意义。 一、社会主义基本制度的初步确立 我国对农业、手工业和资本主义工商业的社会主义改造是中国共产党领导的新民主主义革命向社会主义革命的历史性转变和中国革命历史发展的产物。通过社会主义改造运动，1956年，我国对生产资料私有制的社会主义改造取得了决定性胜利，这是中华人民共和国成立之后我们国家的历史和党的历史的一个重要的里程碑，它标志着社会主义制度在中国已基本确立。三大改造的基本完成使我国社会发生了根本变化。 首先是经济上，社会主义基本改造完成后，我国社会经济结构发生了根本变化，农民、手工业者个体所有的私有制，基本上转变成为劳动群众集体所有的公有制，资本家所有的资本主义私有制基本上转变成为国家所有即全民所有的公有制。加上原来国营经济的巨大发展，在我国国民经济中，全民所有制和集体所有制的公有制经济，已占据绝对统治地位，并成为我国社会的经济基础。 其次是政治上，随着社会经济结构的变化，一方面，我国政治领域也发生重大变化。确立起了人民民主专政的社会主义政治制度，并于1954年9月召开了第一届全国人民代表大会，制定了我国第一部具有社会主义性质的宪法——《中华人民共和国宪法》。 最后是社会关系上，我国社会的阶级关系和主要矛盾也发生了根本变化。阶级关系上，长期横行中国的帝国主义势力被赶出了中国，官僚资产阶级也已在大陆消失；民族资产阶级正处于由剥削者向劳动者转变之中；地主富农则被改造成为自食其力的新人。与之相对应，工人阶级已成为国家的领导阶级，知识分子已成为一支为社会主义服务的队伍，农民和其他个体劳动者已成为社会主义的集体劳动者。广大劳动人民摆脱了被剥削被奴役的地位，第一次成为国家的主人。在主要矛盾上，无产阶级和资产阶级之间的矛盾已基本解决，人民对于经济文化迅速发展的需要同当前经济文化不能满足人民需要的状况之间	视频 讲授

讨论

的矛盾成为社会的主要矛盾。党和人民面临的主要任务就是集中精力发展社会生产力，把我国尽快从落后的农业国变成先进的工业国。

社会主义改造的基本完成和由此带来的社会各方面的变化，标志着社会主义基本制度已经在我国的经济领域、政治领域和社会生活等各个领域基本确立，中国社会由新民主主义向社会主义的转变已经完成。从此，中国开始进入社会主义初级阶段，进入社会主义建设的新时期。

二、确立社会主义基本制度的重大意义

社会主义基本制度的确立具有十分重大的历史意义，它和 1949 年中华人民共和国的成立一起，构成了 20 世纪中国继辛亥革命以后的又一次历史性巨变，对当代中国的发展产生了极大的影响。

1. 社会主义制度的确立，是中国历史上最深刻最伟大的社会变革，标志着中国从一个半殖民地半封建社会进入社会主义新时代。

2. 社会主义制度的确立，使中国的国家面貌发生了根本的变化。从国家主权角度看，中国从一个长期受帝国主义掠夺和奴役的国家，变成了一个享有主权独立的国家，旧中国那种任人宰割的局面已经一去不复返了。从国家统一角度看，中国从一个四分五裂的国家，变成一个除台湾等岛屿外实现统一的国家。随着现代化建设的发展，我国反对分裂、制止分裂的能力不断增强，不仅相继收回了香港、澳门，而且正在为解决台湾问题实现祖国完全统一而奋斗。从国家的政治发展看，中国从一个人民受欺凌压迫的国家，变成一个人民当家作主、享有民主权利的国家。在近代中国，中国人民过着毫无政治权利的生活，其不自由的程度是世界所少见的。随着中华人民共和国的建立、社会主义制度的确立和进一步发展，人民民主专政的国家制度和各项民主制度的建立、发展，这一面貌得到了根本改变。从国家的经济文化发展看，我国从一个经济文化落后的国家，变成一个走向经济繁荣、全面进步的国家。在旧中国，“一穷二白”是我国经济文化落后的真实写照。中国的广大人民，尤其是农民，过着饥寒交迫的生活。中国人民的贫困，也是世界上所少见的。随着中华人民共和国的建立和社会主义制度的确立，中国正逐步变成一个经济繁荣、教育科技文化卫生事业发展、社会全面进步的国家。从中国的国际地位上看，我国从一个在世界上被人看不起的国家，变成一个受国际社会普遍尊重和重视的国家。弱国无外交，近代中国备受凌辱，国际地位低下；由于国民素质不高，曾被贬为“东亚病夫”。随着中华人民共和国的建立和社会主义制度的确立，中国的国际地位不断提高，在国际舞台上的形象不断提升，在国际事务中的作用不断加强。

3. 社会主义制度的确立，为中国现代化的建设创造了制度条件。

4. 社会主义制度的确立，使广大劳动人民真正成为国家和社会的主人。

5. 社会主义制度的确立，是世界社会主义运动史上又一个历史性的伟

	大胜利。 6. 社会主义制度的确立，是马克思主义关于社会主义革命理论在中国的正确运用和创造性发展的结果。 总之，社会主义制度在中国的确立，具有极为重大的历史意义。它与 1949 年中华人民共和国成立一起，构成了 20 世纪中国继辛亥革命推翻清王朝，结束统治中国两千多年的封建帝制之后的又一次划时代的历史性巨变。	
板书设计	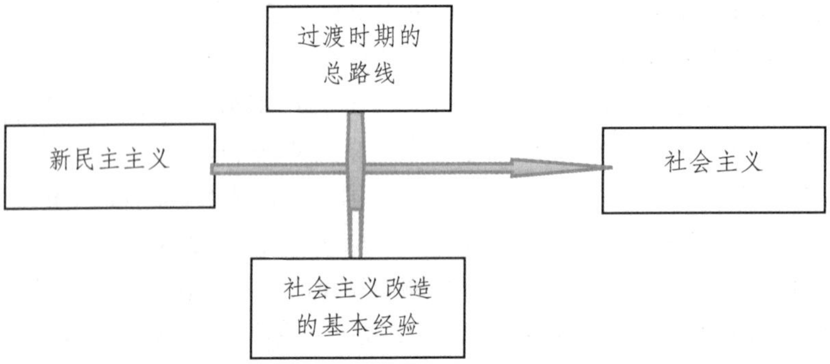	
课程小结	中华人民共和国成立后，我国开始了从新民主主义到社会主义的转变。这一时期中国社会的性质是新民主主义社会。新民主主义社会是一个过渡性的社会，通过社会主义改造转变到社会主义社会是历史发展的必然。 党根据马克思列宁主义基本原理，结合我国具体实际，创造性地开辟了一条适合中国特点的社会主义改造道路，成功地完成了对生产资料私有制的社会主义改造，实现了中国历史上最深刻最伟大的改革，积累了宝贵的历史经验。 中华人民共和国的成立和社会主义基本制度的确立，是 20 世纪中国一次划时代的历史巨变，也是世界社会主义发展史上又一个历史性的伟大胜利，为当代中国一切发展进步奠定了根本的政治前提和制度基础，实现了中华民族由近代不断衰落到根本扭转命运、持续走向繁荣富强的伟大飞越。	
作业布置	1. 如何理解新民主主义社会是一个过渡性的社会？ 2. 中国为什么在 20 世纪 50 年代选择了社会主义？ 3. 社会主义改造有哪些基本经验？ 4. 如何认识中国确立社会主义基本制度的重大意义？	

第四章　社会主义建设道路初步探索的理论成果

<table>
<tr><td>课　　题</td><td colspan="2">第四章　社会主义建设道路初步探索的理论成果</td><td>课时</td><td>4学时</td></tr>
<tr><td>教学目标</td><td colspan="4">帮助学生全面了解社会主义建设道路初步探索的相关理论成果、初步探索的意义和经验教训，使学生充分认识到在“一穷二白”的基础上建设社会主义事业所需要的开拓精神以及付出沉重的代价。</td></tr>
<tr><td>教学重点</td><td colspan="4">1. 调动一切积极因素为社会主义服务
2. 走中国工业化道路
3. 初步探索的经验教训</td></tr>
<tr><td>教学难点</td><td colspan="4">初步探索的经验教训</td></tr>
<tr><td>课程类型</td><td>理论课、实践课</td><td>教学方法</td><td colspan="2">讲授、视频、讨论等</td></tr>
<tr><td>课前准备</td><td colspan="4">案例内容资料、图片、视频、讨论题目、课件</td></tr>
<tr><td>教学过程及时间分配</td><td colspan="3">主 要 教 学 内 容</td><td>教学方法运用</td></tr>
<tr><td>5分钟</td><td colspan="3">

第四章　社会主义建设道路初步探索的理论成果

【课程导入】

社会主义基本制度确立后，中国共产党人对在中国如何建设社会主义的问题进行了哪些艰辛探索？有哪些经验教训？党的十一届三中全会以后，邓小平为什么要提出搞清楚“什么是社会主义，怎样建设社会主义”的问题，并把它当作首要的基本理论问题？这些都是我们今天要来共同探讨的内容。

本章包括两节内容，主要阐述的是以毛泽东为代表的第一代领导集体对于“什么是社会主义、怎样建设社会主义”问题的初步艰辛探索。第一节“社会主义建设道路初步探索的重要理论成果”主要阐述的是在社会主义建设道路初步探索的过程中所取得的重要理论成果，包括调动一切积极因素为社会主义事业服务的思想、正确认识和处理社会主义社会矛盾的思想、走中国工业化道路的思想，等等。第二节“社会主义建设道路初步探索的意义和经验教训”主要讲授的是社会主义建设道路初步探索的意义，以及在最初探索过程中的经验教训。

</td><td>讲授</td></tr>
</table>

40 分钟	**第一节　社会主义建设道路初步探索的重要理论成果** 一、调动一切积极因素为社会主义事业服务的思想 十月革命帮助全世界也帮助了中国的先进分子用无产阶级的宇宙观作为观察国家命运的工具，重新考虑自己的问题。走俄国人的路——这就是结论。 在中国社会主义改造基本完成、开始全面建设社会主义的时候，毛泽东就向全党提出，要探索马克思主义同中国实际的“第二次结合”，走出中国自己的社会主义建设道路。 1. 对“苏联模式”的反思 毛泽东认为，中华人民共和国成立初期，“因为我们没有经验，在经济建设方面，我们只得照抄苏联”“这在当时是完全必要的，同时又是一个缺点，缺乏创造性，缺乏独立自主的能力。这当然不应当是长久之计”。1956 年 2 月，苏共二十大以后，毛泽东明确提出了要“以苏为鉴”，探索自己的道路。在社会主义革命和建设时期，我们要进行马克思主义与中国实际的第二次结合，找到在中国进行社会主义革命和建设的正确道路。 2.《论十大关系》的讲话 1956 年 4 月，在经过大量调查研究的基础上，毛泽东作了《论十大关系》的重要讲话，围绕把国内外一切积极因素调动起来为社会主义事业服务的方针，深刻论述了正确处理经济建设和社会发展中的一系列重大关系。正如后来邓小平在给毛泽东的信中说：“这篇东西太重要了，对当前和以后，都有很大的针对性和理论指导意义。” 1956 年 5 月，毛泽东在最高国务会议上，作了《论十大关系》的报告，他说：“特别值得注意的是，最近苏联方面暴露了他们在建设社会主义过程中的一些缺点和错误，他们走过的弯路，你还想走？过去我们就是鉴于他们的经验教训，少走了一些弯路，现在当然更要引以为戒。” 《论十大关系》确定了一个方针，就是“努力把党内党外、国内国外的一切积极的因素，直接的、间接的积极因素全部调动起来”，为社会主义建设服务。 1956 年 9 月党的八大，强调要集中力量发展社会生产力，实现国家工业化。 3. 调动一切积极因素为社会主义事业服务的含义 毛泽东认为，社会主义建设中的积极因素与消极因素是一对矛盾，这一矛盾呈现出既统一又斗争的关系。 调动一切积极因素为社会主义事业服务，必须坚持中国共产党的领导。 调动一切积极因素为社会主义事业服务，必须发展社会主义民主政治。 调动一切积极因素为社会主义事业服务，有一个如何认识社会主义发展阶	讲授 视频

35 分钟	段和社会主义建设规律的问题。 二、正确认识和处理社会主义社会矛盾的思想 1. 正确认识和处理社会主义矛盾思想的时代背景 从国内来看，我国社会主义改造完成后，国内的社会矛盾和阶级关系发生了重大变化，无产阶级与资产阶级之间的矛盾已经基本解决，大量人民内部矛盾逐步成为政治生活中居于主导地位的矛盾。 从国际来看，苏共二十大后，东欧一些社会主义国家弥漫着动荡不安的气氛，相继发生了波兰事件和匈牙利事件，帝国主义乘机掀起反苏反共反社会主义的浪潮。 1957 年 2 月，毛泽东作了《关于正确处理人民内部矛盾的问题》的讲话，提出了我国社会主义制度还刚刚建立，还没有完全建成，还不完全巩固的思想；提出了社会主义社会基本矛盾和两类矛盾的学说，强调了要正确区分和正确处理两类不同性质的矛盾，特别是要正确处理人民内部的矛盾，等等。也就是说，在马克思主义发展史上，毛泽东第一次系统地阐述了社会主义社会的矛盾问题，形成了社会主义社会矛盾学说。 2.《关于正确处理人民内部矛盾的问题》的主要内容 社会主义社会的基本矛盾仍然是生产关系和生产力之间的矛盾、上层建筑和经济基础之间的矛盾，它们之间存在着又相适应又相矛盾的情况。社会主义社会的矛盾一般不表现为对抗的性质，可以经过社会主义制度本身的自我调整和完善，不断得到解决。 提出了两类社会矛盾的思想，社会主义社会存在着敌我之间和人民内部两类社会矛盾，这是性质完全不同的两类矛盾。前者需要用专政的方法解决，后者只能用民主的方法解决。 要把正确处理人民内部矛盾的问题作为国家政治生活的主题。 3. 党的八大对我国社会主要矛盾的概括 党的八大明确指出，社会主义制度在我国已经基本建立起来了。我们国内的主要矛盾，已经是人民对于建立先进的工业国的要求同落后的农业国的现实之间的矛盾，已经是人民对于经济文化迅速发展的需要同当前经济文化不能满足人民需要的状况之间的矛盾。 1958 年，毛泽东又提出要把党和国家的工作重点转到技术革命和社会主义建设上来。 三、走中国工业化道路的思想 实现工业化是中国近代以来历史发展的必然要求，也是民族独立和国家富	讲授 视频

35分钟	强的必要条件。中华人民共和国的成立，为我国实现工业化提供了根本的政治前提。 1. 中国工业化道路的提出 毛泽东于 1957 年在《关于正确处理人民内部矛盾的问题》一文中，提出了“中国工业化道路”的崭新概念，开辟了第三条工业化道路。毛泽东的“中国工业化道路”，就是一条既能实现工业化，又能发展农业生产，使农民生活不断改善的、新型的第三条工业化道路。他指出：“这里所讲的工业化道路的问题，主要是指重工业、轻工业和农业的发展关系问题。我国的经济建设是以重工业为中心，这一点必须肯定，但是同时必须充分注重发展农业和轻工业。”他又特别强调：“过去我们经常讲把我国建成一个工业国，其实，也包括了农业的现代化。现在，要着重宣传农业。这个问题小平同志也讲了。” 2.走中国工业化道路的基本思路和要求 第一，走中国工业化道路，采取明确战略目标和战略步骤。关于社会主义发展阶段理论——“两阶段论”；关于社会主义现代化建设战略目标和步骤理论——“四个现代化”。 第二，走中国工业化道路，采取正确的经济建设方针——统筹兼顾。 第三，走中国工业化道路，发展科学技术和文化教育。毛泽东非常重视科学教育。即使在军事斗争激烈、政治斗争复杂、经济条件艰苦的抗日战争时期，毛泽东仍把教育明确规定为各抗日根据地的三大任务之一，要求大力发展文化教育事业，努力做好培育知识分子的工作。 第四，走中国工业化道路，必须重视知识分子工作。毛泽东在中国革命数十年的革命和建设实践中，提出的一系列创造性的正确的关于知识分子的理论和政策，意义非常重大。毛泽东提出，知识分子在革命和建设中都具有重要作用，要建设一支宏大的工人阶级知识分子队伍。虽然毛泽东在后来反右倾斗争扩大化和“文化大革命”中在知识分子问题上有过严重失误，但我们决不能因此漠视甚至否定毛泽东在知识分子问题上曾作出过的卓越贡献。 第五，走中国工业化道路，必须调整和完善所有制结构。 第六，走中国工业化道路，必须积极探索适合我国情况的经济体制和运行机制。 **第二节　社会主义建设道路初步探索的意义和经验教训** 一、初步探索的意义 第一，巩固和发展了社会主义制度。社会主义建设道路的初步探索，对巩固和发展社会主义制度而言，确实是成绩卓然。	讲授 视频

25 分钟 40 分钟	第二，为开创中国特色社会主义提供了宝贵经验、理论准备和物质基础。社会主义道路初步探索实践中积累的许多正确有效的做法为中国特色社会主义道路的开创积累了必不可少的宝贵经验。 第三，丰富了社会主义的理论和实践。 二、初步探索的经验教训 第一，必须把马克思主义与中国实际相结合，探索符合中国特点的社会主义建设道路。 第二，必须正确认识社会主义社会的主要矛盾和根本任务，集中力量发展生产力。党的八大二次会议对八大提出的我国社会主义主要矛盾的正确判断做了修改，错误地认为：在社会主义建成以前，无产阶级和资产阶级的矛盾、社会主义和资本主义道路的矛盾，始终是我国社会的主要矛盾，这是后来阶级斗争扩大化的重要原因。 第三，必须从实际出发进行社会主义建设，建设规模和速度要和国力相适应，不能急于求成。实践证明，社会主义建设必须采取科学态度，深入了解和分析实际情况，努力按照客观规律办事，才能促进社会主义建设顺利发展，否则就会犯错误。“大鸣、大放、大辩论、大字报”等“大民主”的极端现象。 第四，必须发展社会主义民主，健全社会主义法制。实践证明，中国要实现社会主义现代化，必须发展社会主义民主，加强社会主义法制建设，才能保证国家健康发展，人民权益得到保障。 第五，必须坚持党的民主集中制和集体领导制度，加强执政党建设。民主集中制是无产阶级政党的根本组织原则，是指导党内生活的基本准则。必须坚持改革开放，不能关起门来搞建设，要借鉴和吸收人类文明的共同成果建设社会主义。 中华人民共和国成立后，毛泽东曾多次指出，要在平等的基础上同一切国家开展经济技术交流，包括同一些资本主义国家发展经济贸易关系，并提出要学习一切国家和民族的长处。	讨论 讲授 讨论
板书 设计	第四章　社会主义建设道路初步探索的理论成果 第一节　社会主义建设道路初步探索的重要理论成果 一、调动一切积极因素为社会主义事业服务的思想 二、正确认识和处理社会主义社会矛盾的思想 三、走中国工业化道路的思想 第二节　社会主义建设道路初步探索的意义和经验教训 一、初步探索的意义 二、初步探索的经验教训	

课程小结	党在社会主义建设初期探索形成了调动一切积极因素为社会主义事业服务、正确认识和处理社会主义社会矛盾、走中国工业化道路等重要思想。 党在社会主义建设初期形成的正确的理论原则和经验总结，是毛泽东思想科学体系中的重要内容，是毛泽东思想在社会主义建设时期的新发展。 党在社会主义建设初期探索中的经验和教训，为我们在改革开放新时期探索和开辟中国特色社会主义道路提供了重要借鉴。
作业布置	1. 党在中国社会主义建设道路的初步探索中取得了哪些重要的理论成果？ 2. 如何认识党对社会主义建设道路初步探索的意义？ 3. 党对社会主义建设道路的初步探索有哪些经验教训？

第五章　邓小平理论

课　　题	第五章　邓小平理论		课时	6 学时
教学目标	帮助学生全面了解邓小平理论的形成条件和过程；全面把握邓小平理论的科学内涵、基本问题和主要内容；认识邓小平理论的历史地位。			
教学重点	1. 邓小平理论的科学内涵 2. 邓小平理论的基本问题 3. 邓小平理论的主要内容			
教学难点	邓小平理论的基本问题			
课程类型	理论课、实践课	教学方法	讲授、视频、讨论等	
课前准备	案例内容资料、图片、视频、讨论题目、课件			

教学过程及时间分配	主要教学内容	教学方法运用
90 分钟	**第五章　邓小平理论** **观看纪实影片《邓小平》(2003)。**	视频
5 分钟	【课程导入】 社会主义基本制度在中国确立后，中国共产党人对在中国如何建设社会主义的问题进行了艰辛探索，经验丰富，教训也极为深刻。党的十一届三中全会以后，邓小平为什么要提出搞清楚“什么是社会主义，怎样建设社会主义”的问题，并把它当作首要的基本理论问题，这些都是我们今天要来共同探讨的内容。 本章从内容来看，包括三节。第一节“邓小平理论的形成和发展”主要阐述邓小平理论的形成条件及形成过程；第二节“邓小平理论的基本问题和主要内容”介绍了邓小平理论的基本问题，具体阐述了邓小平理论的主要内容；第三节“邓小平理论的历史地位”明确了邓小平理论的历史地位，指出邓小平理论是党和国家必须长期坚持的指导思想。本章从邓小平理论的形成条件及形成过程入手，总结了邓小平理论的基本问题和主要内容，进而阐述了邓小平理论的历史地位。	讲授

<table>
<tr>
<td>45
分钟</td>
<td>第一节　邓小平理论的形成和发展

一、什么是邓小平理论

邓小平理论是马克思主义中国化的第二个重大理论成果。它是马克思列宁主义的基本原理同当代中国实践和时代特征相结合的产物，是毛泽东思想在新的历史条件下的继承和发展，是马克思主义在中国发展的新阶段，是当代中国的马克思主义，是中国共产党集体智慧的结晶。

二、邓小平理论形成与发展的社会历史条件

江泽民在十五大报告中指出，邓小平理论“是在和平与发展成为时代主题的历史条件下，在我国改革开放和现代化建设的实践中，在总结我国社会主义胜利和挫折的历史经验并借鉴其他社会主义国家兴衰成败历史经验的基础上，逐步形成和发展起来的”。这段论述，集中概括了邓小平理论产生的条件。

1. 时代背景

20 世纪出现了两个不同的发展阶段，前一个阶段是以战争和革命为主题的历史时代，后一个阶段是以和平与发展为主题的历史时代。20 世纪 70 年代以来，新科技革命和世界经济不断发展，国际形势和世界政治格局发生了重大变动，时代的主题逐步由战争与革命转向了和平与发展，为中国的社会主义建设提供了良好的外部条件。这种时代主题的转换是邓小平理论形成的时代背景。

2. 历史根据

对我国社会主义建设正反两方面经验的深刻总结和对其他国家社会主义兴衰成败历史经验的借鉴，是邓小平理论产生的历史依据。中华人民共和国成立以后，我们国家有过顺利发展的时期，也经历过曲折，特别是“大跃进”和“文化大革命”给我国社会主义建设带来极为重大的损失。历史上成功的经验是宝贵财富，挫折和失败的教训同样也是宝贵财富。邓小平曾一针见血地指出：“二十年的经验尤其是‘文化大革命’的教训告诉我们，不改革不行，不制定新的政治的、经济的、社会的政策不行。”（《邓小平文选》第 3 卷，第 172、266 页）针对东欧剧变、苏联解体的严酷现实，1992 年，邓小平在南方谈话中又一次尖锐地指出：“不坚持社会主义，不改革开放，不发展经济，不改善人民生活水平，只能是死路一条。”（《邓小平文选》第 3 卷，第 370 页）邓小平理论，正是在深刻总结我国社会主义建设以及世界社会主义国家兴衰成败的历史经验中形成和发展起来的。

3. 现实根据

1978 年召开的党的十一届三中全会，标志着中国改革开放的开始，标志着</td>
<td>讲授</td>
</tr>
</table>

中国社会主义建设进入一个新的历史时期。我们党领导全国人民进行了一场新的伟大实践。在这场新的实践中，人民群众生气勃勃地创造出的许多新事物、新经验，为邓小平理论提供了最直接、最丰富的源泉。邓小平尊重群众、尊重实践，热情地支持、鼓励和保护群众的这种创造，带领我们党从总结群众的实践经验中，逐步探索建设有中国特色社会主义的崭新理论。邓小平理论正是对我国改革开放和社会主义现代化建设的新鲜经验进行科学总结的理论成果。

4. 理论基础

马列主义、毛泽东思想和邓小平理论是一脉相承的统一的科学体系。马克思列宁主义、毛泽东思想是邓小平理论创立的思想条件。马列主义的基本原理特别是它们所提供的基本立场、观点和方法是邓小平思考和回答如何在一个经济文化落后的东方大国建设社会主义的一系列基本问题的基本思想理论依据，毛泽东思想则是邓小平理论最直接的思想理论来源。

三、邓小平理论的形成和发展过程

第一阶段，从 1978 年中共十一届三中全会前后到 1982 年中共十二大，邓小平理论开始形成。十一届三中全会重新确立了实事求是的思想路线，做出了党和国家的工作重点转移的重大决策。1979 年 3 月，在党的理论工作务虚会上提出了必须坚持四项基本原则。这些表明“一个中心，两个基本点”基本路线初步形成。1982 年十二大正式提出“建设有中国特色的社会主义”的命题，标志着邓小平理论开始形成。

第二阶段，从 1982 年中共十二大到 1987 年中共十三大，邓小平理论基本形成。邓小平对“什么是社会主义、怎样建设社会主义”这一根本问题进行了集中阐述，提出了社会主义商品经济理论和生产力标准思想，制定了社会主义现代化建设“三步走”发展战略，确立了社会主义精神文明的战略地位和指导方针，对社会主义现代化建设进行总体布局。1987 年党的“十三大”，第一次比较系统地论述了社会主义初级阶段的理论、“一个中心、两个基本点”的基本路线等，这些观点构成了邓小平“建设有中国特色的社会主义理论”的轮廓，标志着邓小平理论基本形成。

第三阶段，从 1987 年中共十三大到 1992 年邓小平南方谈话和中共十四大，邓小平理论日臻完善，达到成熟。1992 年年初，邓小平在南方谈话中，鲜明地回答了多年来束缚我们思想的许多重大认识问题，概括了社会主义本质，提出了“三个有利于”标准，第一次比较系统地阐明了社会主义市场经济理论。同年 10 月，党的十四大对“建设有中国特色社会主义理论”的主要内容进行了系统概括，回答了如何建设和发展社会主义，如何坚持和发展马克思主义等问题。党的十五大把“建设有中国特色社会主义理论”正式命名为邓小平理论，将邓小平理论确立为党的指导思想并写入党章，1999 年又将其载入宪法。

90 分钟	**第二节　邓小平理论的基本问题和主要内容** 邓小平理论围绕“什么是社会主义、怎样建设社会主义”这个首要的基本理论问题，提出了一系列相互联系的基本观点，形成了一个完整的科学体系，包含丰富的内容。 一、基本问题 1. 邓小平理论是一个完整的科学体系 （1）马克思主义的世界观和方法论是邓小平理论的哲学基础，“解放思想、实事求是”是邓小平理论的精髓。 （2）邓小平理论有特定的研究对象，并科学揭示了这个对象的特殊矛盾及其运动规律。 （3）邓小平理论中的各个观点之间存在着严密的逻辑联系。 （4）邓小平理论的主要观点已被或正被中国改革开放和现代化建设的成功实践所证明。 2. 邓小平理论的基本问题 邓小平再三提出要把“什么是社会主义、怎样建设和发展社会主义”的问题搞清楚，这是邓小平理论的首要的基本的理论问题，目的是坚持真正的社会主义，坚持马列主义和毛泽东思想，同时还要发展、创新马列主义、毛泽东思想，使之适应历史的发展，把他们推向前进，并能够成为解决当今新情况下的新问题的行动指南。要搞清“什么是社会主义、怎样建设社会主义”这个问题，关键是要在坚持社会主义基本制度的同时，对社会主义本质进行再思考、再认识。 邓小平根据马克思主义的基本原理，总结社会主义的实践经验，经过不懈地探索和深邃的思考，于 1992 年在南方谈话中科学地、精辟地揭示了社会主义的本质。他指出：“社会主义的本质，是解放生产力、发展生产力，消灭剥削、消除两极分化，最终达到共同富裕。”其中，解放生产力、发展生产力是社会主义的根本任务；消灭剥削、消除两极分化是实现社会主义的条件和途径；最终达到共同富裕是社会主义的最终目标。 二、主要内容 1992 年，江泽民在中共十四大报告中，提出必须用邓小平建设有中国特色的社会主义理论武装全党，明确改革的下一步目标是建立社会主义市场经济体制。指出：“这个理论，第一次比较系统地初步回答了中国这样的经济文化比较落后的国家如何建设社会主义、如何巩固发展社会主义的一系列基本问题，用新的思想观点，继承和发展了马克思主义。”	讲授

<table>
<tr><td>40
分钟</td><td>并且把邓小平理论的主要内容概括为九个方面。
教材将其概括为十个方面，请看教材第 96～114 页，请将每一方面的主要内容搞清楚。

第三节 邓小平理论的历史地位（略）

一、马克思列宁主义、毛泽东思想的继承和发展
二、中国特色社会主义理论体系的开篇之作
三、改革开放和社会主义现代化建设的科学指南</td><td>讨论</td></tr>
<tr><td>板书
设计</td><td colspan="2">第五章 邓小平理论
第一节、邓小平理论的形成和发展
一、什么是邓小平理论
二、邓小平理论形成与发展的社会历史条件
三、邓小平理论的形成和发展过程
第二节 邓小平理论的基本问题和主要内容
一、基本问题
二、主要内容
第三节 邓小平理论的历史地位
一、马克思列宁主义、毛泽东思想的继承和发展
二、中国特色社会主义理论体系的开篇之作
三、改革开放和社会主义现代化建设的科学指南</td></tr>
<tr><td>课程
小结</td><td colspan="2">邓小平理论是在和平与发展成为时代主题的历史条件下，总结我国社会主义胜利和挫折的历史经验并借鉴其他社会主义国家兴衰成败历史经验的基础上，在我国改革开放和现代化建设的实践中，逐步发展起来的。
邓小平理论贯穿解放思想、实事求是的思想路线，围绕“什么是社会主义、怎样建设社会主义”这个首要的基本的理论问题，在社会主义发展道路、发展阶段、根本任务、发展动力、外部条件、政治保证、战略步骤、领导力量和依靠力量、祖国统一等重大问题上，形成了一系列相互联系的基本观点，构成了这一理论的科学体系。
邓小平理论是马克思列宁主义、毛泽东思想在新的历史条件下的继承和发展，是中国特色社会主义理论体系的开篇之作，对改革开放和社会主义现代化建设具有长远的指导意义。</td></tr>
<tr><td>作业
布置</td><td colspan="2">1. 如何认识邓小平理论形成的历史条件？
2. 如何把握邓小平理论的内容？
3. 如何认识邓小平理论的历史地位？</td></tr>
</table>

第六章“三个代表”重要思想

<table>
<tr><td>课 题</td><td colspan="2">第六章 “三个代表”重要思想</td><td>课时</td><td>4 学时</td></tr>
<tr><td>教学目标</td><td colspan="4">帮助学生全面了解“三个代表”重要思想的形成条件和过程；对“三个代表”重要思想的科学内涵、核心观点和主要内容有全面把握；对“三个代表”重要思想的历史地位有清晰准确的认识。</td></tr>
<tr><td>教学重点</td><td colspan="4">1.“三个代表”重要思想的科学内涵
2.“三个代表”重要思想的核心观点
3.“三个代表”重要思想的主要内容</td></tr>
<tr><td>教学难点</td><td colspan="4">“三个代表”重要思想的核心观点</td></tr>
<tr><td>课程类型</td><td>理论课、实践课</td><td>教学方法</td><td colspan="2">讲授、视频、讨论等</td></tr>
<tr><td>课前准备</td><td colspan="4">案例内容资料、图片、视频、讨论题目、课件</td></tr>
<tr><td>教学过程及时间分配</td><td colspan="3">主 要 教 学 内 容</td><td>教学方法运用</td></tr>
<tr><td>5
分钟</td><td colspan="3">第六章 “三个代表”重要思想

【课程导入】

党的十一届三中全会以后，邓小平提出搞清楚“什么是社会主义、怎样建设社会主义”的问题并把它当作首要的基本理论问题，进一步明确了社会主义的本质，开辟了中国特色社会主义道路。以江泽民为主要代表的中国共产党人在世界社会主义和共产主义运动陷入低谷时，坚决捍卫中国特色社会主义，深入思考“建设一个什么样的党、怎样建设党”的问题，提出了“三个代表”重要思想，开辟了中国特色社会主义发展新境界，丰富了我们党的思想理论宝库。
本章从内容来看，包括三节。第一节“‘三个代表’重要思想的形成和发展”主要阐述“三个代表”重要思想的形成条件及形成过程；第二节“‘三个代表’重要思想的核心观点和主要内容”介绍了“三个代表”重要思想的核心观点，具体阐述了“三个代表”重要思想的主要内容；第三节“‘三个代表’重要思想</td><td>讲授</td></tr>
</table>

60 分钟	的历史地位”明确了“三个代表”重要思想的历史地位，指出“三个代表”重要思想是党和国家必须长期坚持的指导思想。本章从“三个代表”重要思想的形成条件及形成过程入手，总结了“三个代表”重要思想的核心观点和主要内容，进而阐述了“三个代表”重要思想的历史地位。 **第一节 “三个代表”重要思想的形成和发展** **一、什么是“三个代表”重要思想** “三个代表”重要思想是对马克思列宁主义、毛泽东思想、邓小平理论的继承和发展，反映了当代世界和中国的发展变化对党和国家工作的新要求，是加强和改进党的建设、推进我国社会主义自我完善和发展的强大理论武器，是中国共产党集体智慧的结晶。 **二、“三个代表”重要思想形成和发展的社会历史条件** “三个代表”重要思想，是在20世纪80年代末以来，科学判断党的历史方位的基础上提出来。 1. 从国际形势来看，世界社会主义出现了严重曲折，世界多极化和经济全球化在不断发展，这种国际局势和世界格局的深刻变化，是“三个代表”重要思想形成的时代背景。东欧剧变、苏联解体，使国际共产主义运动遭受重大挫折。尽管和平与发展的时代主题没有改变，但霸权主义和强权政治有新的表现，恐怖主义危害上升，一些地区的冲突和争端时起时伏，世界并不安宁。同时，在国际竞争日趋激烈、不进则退的情况下，如何利用科技革命创造的良好机遇，抢占新兴产业的制高点，加速我国经济结构、产业结构和产品结构的调整和换代升级，实现社会生产力的跨越式发展，迅速增强国家的综合国力，提高人民的生活水平，也是中国共产党不得不认真思考和着力解决的问题。 2. 从国内形势来看，改革开放以来特别是十三届四中全会以来党和人民建设有中国特色社会主义的伟大探索，是“三个代表”重要思想形成的实践基础。改革开放以来特别是十三届四中全会以来，我国政治稳定、经济发展、民族团结，社会生产力、综合国力和人民生活水平的大幅度提高。我们在进入全面建设小康社会、加快推进社会主义现代化的新的发展阶段的同时，也面临着新的巨大困难和压力。社会经济体制的根本性变革，经济成分、组织形式、分配方式、就业岗位、利益关系、思想观念等的日益多样化，给我国社会生活各个方面带来了深刻影响，也给我们党的执政提出了新的更高要求。这些问题解决得好不好，会影响人民群众对党的拥护和支持程度。 3. 从中国共产党党内来看，党的建设面临一系列新形势、新任务，这是“三个代表”重要思想形成的现实依据。经过几十年的发展，我们党已经从领导人	讲授 视频

民为夺取全国政权而奋斗的党，成为领导人民掌握全国政权并长期执政的党；已经从受到外部封锁和实行计划经济条件下领导国家建设的党，成为对外开放和发展社会主义市场经济条件下领导国家建设的党。党的队伍发生了重大变化，正进入整体性新老交替时期，一大批年轻干部走上领导岗位，在增强活力的同时，也提出了新的挑战。党的干部队伍总体上是好的，但也存在着思想僵化、信念动摇、组织涣散、作风漂浮、生活腐败、官僚主义等现象。如何保持党的先进性，进一步提高党的领导水平和执政水平，提高拒腐防变和抵御风险的能力，发挥党的领导核心作用，是中国共产党必须认真思考和着力解决的重大课题。

三、“三个代表”重要思想的形成和发展过程

1. 1989 年，邓小平对江泽民和新的中央领导作了“要聚精会神地抓党的建设”的“政治交代”。以江泽民为核心的党的第三代中央领导集体，为此作出了积极的理论探索和实践创新，逐步明确了“建设什么样的党、怎样建设党”的问题是加强党的建设、改善党的领导的根本问题，并且清楚地认识到这一重大问题与“什么是社会主义、怎样建设社会主义”的问题相辅相成。这一思想认识成果的获得为“三个代表”重要思想的提出做了充分的酝酿，奠定了坚实的基础。

2. 2000 年 2 月 20 日，江泽民到广东省高州市进行考察。在对领导干部进行“三讲”教育讲话中，江泽民首先提出了“两个代表”，即始终代表最广大人民群众的利益，始终成为社会先进生产力的代表。随后几天，江泽民又考察了深圳、顺德和广州。25 日，在听取了广东省委常委的工作汇报后，他发表了题为《在新的历史条件下，我们党如何做到“三个代表”》的重要讲话，指出：“总结我们党 70 多年的历史，可以得出一个重要的结论，这就是：我们党之所以赢得人民的拥护，是因为我们党在革命、建设、改革的各个历史时期，总是代表着中国先进生产力的发展要求，代表着中国先进文化的前进方向，代表着中国最广大人民的根本利益，并通过制定正确的路线方针政策，为实现国家和人民的根本利益而不懈奋斗。”并认为“在新的历史条件下，我们党如何更好地做到这‘三个代表’，是一个需要全党同志特别是党的高级干部深刻思考的重大课题”。“三个代表”的概念由此被完整地提了出来。同年 5 月，他又指出：“始终做到‘三个代表’，是我们党的立党之本，执政之基，力量之源。”

3. 2001 年 7 月 1 日，在庆祝中国共产党成立 80 周年大会上的讲话中，江泽民对“三个代表”重要思想的基本内涵、内在联系、指导意义以及与马克思列宁主义、毛泽东思想、邓小平理论的关系等重大问题作了全面科学的阐述，要求全党要按照“三个代表”的要求，加强和改进党的建设。

4. 2002 年 5 月 31 日，在出席中央党校省部级干部进修班毕业典礼上的讲话中，江泽民同志进一步阐述了贯彻“三个代表”要求的重要性：“贯彻‘三个

90 分钟	代表’要求，关键在坚持与时俱进，核心在保持党的先进性，本质在坚持执政为民。”深刻揭示了“三个代表”重要思想的精神实质和内在逻辑。这两个讲话为党的十六大的召开作了充分的思想准备。 5. 2002 年 11 月 8 日，党的十六大召开。江泽民在报告中深刻总结了过去五年的成就和 13 年的基本经验，全面阐述了“三个代表”重要思想提出的时代背景、现实依据、理论基础、科学内涵、思想精髓、精神实质和重大意义。党的“十六大”把“三个代表”重要思想与马克思列宁主义、毛泽东思想、邓小平理论一道，确立为党的指导思想，并写进了党章，2004 年又写进了宪法。 6. 2003 年 7 月 1 日，胡锦涛在“三个代表”重要思想理论研讨会上，对“三个代表”重要思想的科学内涵进行了全面阐述。 **第二节 “三个代表”重要思想的核心观点和主要内容** “三个代表”重要思想在邓小平理论的基础之上，进一步回答了“什么是社会主义、怎样建设社会主义”的问题，同时还创造性地回答了“建设什么样的党、怎样建设党”的问题，深化了党对中国特色社会主义的认识。 一、核心观点 “三个代表”重要思想不是几个观点的简单组合，而是由一系列内涵丰富、相互联系的思想观点构成的统一整体。“中国共产党必须始终代表中国先进生产力的发展要求，代表中国先进文化的前进方向，代表中国最广大人民的根本利益。”这是对“三个代表”重要思想的集中概括。 始终代表中国先进生产力的发展要求，就是我们党的理论、路线、纲领、方针、政策和各项工作，必须努力符合生产力发展的规律，体现不断推动社会生产力的解放和发展的要求，尤其要体现推动先进生产力发展的要求，通过发展生产力不断提高人民群众的生活水平。 始终代表中国先进文化的前进方向，就是我们党的理论、路线、纲领、方针、政策和各项工作，必须努力体现发展面向现代化、面向世界、面向未来的民族的科学的大众的社会主义文化的发展要求，促进全民族思想道德素质和科学文化素质的不断提高，为我国经济发展和社会进步提供精神动力和智力支持。始终代表中国最广大人民的根本利益，就是我们党的理论、路线、纲领、方针、政策和各项工作，必须坚持把人民的根本利益作为出发点和归宿，充分发挥人民群众的积极性、主动性、创造性，在社会不断发展进步的基础上，使人民群众不断获得切实的经济、政治、文化利益。 “三个代表”是统一的整体，相互联系，相互促进。发展先进生产力，是发展先进文化的基础，是实现最广大人民根本利益的前提；发展先进文化，是发展先进生产力和实现最广大人民根本利益的重要思想保证；发展先进生产力和	讲授

25 分钟	先进文化，归根到底都是为了实现最广大人民根本利益，而人民群众则是创造先进生产力和先进文化的主体，也是实现自身利益的根本力量。 二、主要内容 发展是党执政兴国的第一要务，建立社会主义市场经济体制，全面建设小康社会，建设社会主义政治文明，推进党的建设新的伟大工程，以及其他一些方面。 **第三节　“三个代表”重要思想的历史地位（略）** 一、中国特色社会主义理论体系的接续发展 二、加强和改进党的建设，推进中国特色社会主义事业的强大理论武器	讨论 讲授
板书 设计	第六章　“三个代表”重要思想 第一节　“三个代表”重要思想的形成和发展 一、什么是“三个代表”重要思想 二、“三个代表”重要思想形成和发展的社会历史条件 三、“三个代表”重要思想的形成和发展过程 第二节　“三个代表”重要思想的核心观点和主要内容 一、核心观点 二、主要内容 第三节　“三个代表”重要思想的历史地位 一、中国特色社会主义理论体系的接续发展 二、加强和改进党的建设，推进中国特色社会主义事业的强大理论武器	
课程 小结	“三个代表”重要思想是在对冷战结束后国际局势科学判断的基础上，科学判断党的历史地位，总结党成立以来的奋斗历程和历史经验，在建设中国特色社会主义伟大实践的基础上形成的。 中国共产党必须始终代表中国先进生产力的发展要求，代表中国先进文化的前进方向，代表中国最广大人民的根本利益，这是我们党的立党之本、执政之基、力量之源。 “三个代表”重要思想提出的一系列关于中国特色社会主义的发展道路、发展阶段、发展战略、根本目的、根本任务、发展动力、依靠力量、国际战略等重要思想，是完整科学的理论体系，是中国特色社会主义理论体系的重要组成部分，是我们党必须长期坚持的指导思想。	
作业 布置	1. 如何认识“三个代表”重要思想形成的历史条件？ 2. 如何把握“三个代表”重要思想的核心观点？ 3. 如何认识“三个代表”重要思想的历史地位？	

07

第七章　科学发展观

<table>
<tr><td colspan="2">课　　题</td><td colspan="2">第七章　科学发展观</td><td>课时</td><td>4 学时</td></tr>
<tr><td colspan="2">教学目标</td><td colspan="4">帮助学生全面了解科学发展观的形成条件和过程；对科学发展观的科学内涵和主要内容有全面把握；对科学发展观的历史地位有清晰准确的认识。</td></tr>
<tr><td colspan="2">教学重点</td><td colspan="4">1. 科学发展观的科学内涵
2. 科学发展观的主要内容
3. 科学发展观的历史地位</td></tr>
<tr><td colspan="2">教学难点</td><td colspan="4">科学发展观的科学内涵</td></tr>
<tr><td colspan="2">课程类型</td><td>理论课、实践课</td><td>教学方法</td><td colspan="2">讲授、视频、讨论等</td></tr>
<tr><td colspan="2">课前准备</td><td colspan="4">案例内容资料、图片、视频、讨论题目、课件</td></tr>
<tr><td colspan="2">教学过程及时间分配</td><td colspan="3">主 要 教 学 内 容</td><td>教学方法运用</td></tr>
<tr><td colspan="2">5 分钟</td><td colspan="3">第七章　科学发展观

【课程导入】

以江泽民为主要代表的中国共产党人在世界社会主义和共产主义运动陷入低谷时，坚决捍卫中国特色社会主义，深入思考“建设一个什么样的党，怎样建设党”的问题，提出了“三个代表”重要思想。进入新世纪，以胡锦涛为主要代表的中国共产党人，紧紧抓住我国发展的重要战略机遇期，形成了科学发展观。
从内容上来看，包括三节。第一节“科学发展观的形成和发展”主要讲述的是科学发展观的形成条件和形成过程。这一节主要写了两个方面的内容。本节的教学重点是让学生了解科学发展观的形成和发展。科学发展观是我们党坚持以邓小平理论和“三个代表”重要思想为指导，在准确把握世界发展趋势、认真总结我国发展经验、深入分析我国发展阶段性特征的基础上提出来的，有着独特的时代背景和根本依据、理论基础和现实基础。教师在教学中要帮助学</td><td>讲授</td></tr>
</table>

60 分钟	生看清在当时的历史阶段我国现代化建设中存在的一些难题，正是需要科学的发展才能够解决。科学发展观在新世纪新阶段全面建设小康社会进程中不断充实和发展，并进一步走向成熟，最终成为指导党和国家全部工作的指导思想。第二节主要讲述的是“科学发展观的科学内涵和主要内容”。教材从“为什么发展”“为了谁，依靠谁发展”“发展什么”“怎样发展”四个方面对科学发展观的内涵进行了集中概括，并从经济建设、政治建设、文化建设、社会建设、生态文明建设和党的建设等方面回答了我国社会主义现代化建设面临的一系列重大问题和对策，丰富和发展了中国特色社会主义理论体系。第三节主要讲述的是“科学发展观的历史地位”。教材在此部分阐述了科学发展观最鲜明的精神实质是解放思想、实事求是、与时俱进、求真务实，这是科学发展观与马克思列宁主义、毛泽东思想、邓小平理论、“三个代表”重要思想一脉相承的内在逻辑，教师在进行教学的时候要指导学生了解这些马克思主义中国化理论成果之间的联系，认识到科学发展观是中国特色社会主义理论体系的重要组成部分，是发展中国特色社会主义必须长期坚持的指导思想。 **第一节　科学发展观的形成和发展** 一、什么是科学发展观 科学发展观，是对党的三代中央领导集体关于发展的重要思想的继承和发展，是马克思主义关于发展的世界观和方法论的集中体现，是同马克思列宁主义、毛泽东思想、邓小平理论和“三个代表”重要思想既一脉相承又与时俱进的科学理论，是我国经济社会发展的重要指导方针，是发展中国特色社会主义必须坚持和贯彻的重大战略思想。 二、科学发展观形成和发展的社会历史条件 1. 我国社会主义初级阶段基本国情是提出科学发展观的根本依据 改革开放以来，我国经济社会发展取得了历史性的伟大成就，胜利实现了现代化建设“三步走”战略的第一、第二步目标，人民生活总体上达到小康水平。但是，我国的基本国情没有变，我国处于并将长期处于社会主义初级阶段，任何工作都必须从这个实际出发而不能超越。党的十七大报告指出：“经过新中国成立以来特别是改革开放以来的不懈努力，我国取得了举世瞩目的发展成就，从生产力到生产关系、从经济基础到上层建筑都发生了意义深远的重大变化，但我国仍处于并将长期处于社会主义初级阶段的基本国情没有变，人民日益增长的物质文化需要同落后的社会生产之间的矛盾这一社会主要矛盾没有变。”	讲授 视频

2. 我国在新世纪新阶段的阶段性特征是提出科学发展观的现实基础

我国社会主义初级阶段是一个漫长的历史阶段，在不同发展时期会呈现出不同特征。进入新世纪新阶段，我国发展呈现一系列新的阶段性特征，主要是：经济实力显著增强，同时生产力水平总体上还不高，自主创新能力还不强，长期形成的结构性矛盾和粗放型增长方式尚未根本改变；社会主义市场经济体制初步建立，同时影响发展的体制机制障碍依然存在，改革攻坚面临深层次矛盾和问题；人民生活总体上达到小康水平，同时收入分配差距拉大趋势还未根本扭转，城乡贫困人口和低收入人口还有相当数量，统筹兼顾各方面利益难度加大；协调发展取得显著成绩，同时农业基础薄弱、农村发展滞后的局面尚未改变，缩小城乡、区域发展差距和促进经济社会协调发展任务艰巨；社会主义民主政治不断发展、依法治国基本方略扎实贯彻，同时民主法制建设与扩大人民民主和经济社会发展的要求还不完全适应，政治体制改革需要继续深化；社会主义文化更加繁荣，同时人民精神文化需求日趋旺盛，人们思想活动的独立性、选择性、多变性、差异性明显增强，对发展社会主义先进文化提出了更高要求；社会活力显著增强，同时社会结构、社会组织形式、社会利益格局发生深刻变化，社会建设和管理面临诸多新课题；对外开放日益扩大，同时面临的国际竞争日趋激烈，发达国家在经济科技上占优势的压力长期存在，可以预见和难以预见的风险增多，统筹国内发展和对外开放要求更高。当前我国发展的阶段性特征，是社会主义初级阶段基本国情在新世纪新阶段的具体表现。强调认清社会主义初级阶段基本国情，不是要妄自菲薄、自甘落后，也不是要脱离实际、急于求成，而是要坚持把它作为推进改革、谋划发展的根本依据。我们必须始终保持清醒头脑，立足社会主义初级阶段这个最大的实际，科学分析我国全面参与经济全球化的新机遇新挑战，全面认识工业化、信息化、城镇化、市场化、国际化深入发展的新形势新任务，深刻把握我国发展面临的新课题新矛盾，更加自觉地走科学发展道路，奋力开拓中国特色社会主义更为广阔的发展前景。

3. 当代世界的发展实践和发展理念是提出科学发展观的重要借鉴

树立和落实科学发展观的过程，就是根据党和人民事业发展的新要求，大力提高党的执政能力，特别是驾驭社会主义市场经济的能力和领导经济、政治、文化、社会协调发展的能力的过程。经过 20 多年的改革发展，我国经济社会进入了一个既有巨大发展潜力和动力，又有各种困难和风险的关键的发展阶段。党中央在这个时候把提高党的执政能力与树立科学发展观联系起来，是为了更好地解决改革发展关键时期遇到的各种问题，全面推进中国特色社会主义事业。

4. 科学发展观是总结世界各国在发展问题上的经验教训的基础上提出的

实践证明，在人均国内生产总值处于 1000 美元到 3000 美元之间的时期，

90 分钟	往往是“黄金发展期”与“矛盾凸显期”并存的时期。我国正处于这样一个特殊的发展时期，必须处理好经济社会协调发展的问题。 人类社会自工业革命以来，尤其是 20 世纪六七十年代以来，发展观念发生了急剧而深刻的变化。伴随着工业革命和现代化过程中各种问题的暴露，人们对发展问题的认识也逐步深化，并形成了一系列发展理论。我们党大胆地吸收其中有益的成果，将其运用到我们的实践中来。 三、科学发展观的形成和发展过程 2003 年 10 月，党的十六届三中全会通过的《中共中央关于完善社会主义市场经济体制若干问题的决议》指出：“坚持以人为本，树立全面、协调、可持续的发展观，促进经济社会和人的全面发展。”这是我们党的文件第一次提出科学发展观。 2004 年 9 月，党的十六届四中全会通过的《关于加强党的执政能力建设的决定》，把树立和落实科学发展观作为提高党执政能力的重要内容。 2005 年 10 月，党的十六届五中全会通过的《中共中央关于制定国民经济和社会发展第十一个五年规划的建议》强调，要坚定不移地以科学发展观统领经济社会发展全局，把经济社会发展切实转入全面协调可持续发展的轨道。 2006 年 3 月，十届人大四次会议通过的《中华人民共和国国民经济和社会发展第十一个五年规划纲要》等文件，都提出了要以科学发展观统领经济社会发展全局。科学发展观是推进社会主义现代化建设必须长期坚持的重要指导思想。 2007 年 10 月，胡锦涛在党的十七大报告中进一步深刻阐述了科学发展观的时代背景、科学内涵、精神实质和根本要求，并强调要把科学发展观贯彻落实到经济社会发展的各个方面，党的十七大把科学发展观写入了党章。 **第二节 科学发展观的科学内涵和主要内容** 科学发展观在邓小平理论和“三个代表”重要思想的基础之上，进一步回答了“什么是发展、怎样科学发展”的问题，深化了党对中国特色社会主义发展规律的认识。 一、科学内涵 科学发展观，第一要义是发展，核心是以人为本，基本要求是全面协调可持续，根本方法是统筹兼顾。 1. 科学发展观的第一要义是发展 发展是马克思主义的重要范畴之一，马克思主义最注重发展社会生产力。发展才是硬道理。只有不断发展社会生产力，才能不断维护和发展人民利益，	讲授 视频

才能不断推进中国特色社会主义事业。要发展，就必须坚持把发展作为党执政兴国的第一要务，牢牢扭住经济建设这个中心，坚持聚精会神搞建设、一心一意谋发展，不断解放和发展社会生产力。更好实施科教兴国战略、人才强国战略、可持续发展战略，着力把握发展规律、创新发展理念、转变发展方式、破解发展难题，提高发展质量和效益，实现又好又快发展，为发展中国特色社会主义打下坚实基础。

2. 科学发展观的核心是以人为本

以人为本，就是以最广大人民的根本利益为本，体现了马克思主义历史唯物论的基本原理，体现了我们党全心全意为人民服务的根本宗旨和我们推动经济社会发展的根本要求。全心全意为人民服务是党的根本宗旨，党的一切奋斗和工作都是为了造福人民。正如《共产党宣言》响亮地向全世界宣布的："无产阶级的运动是绝大多数人的、为绝大多数人谋利益的独立的运动。"毛泽东同志提出的以"全心全意为人民服务"，邓小平同志提出的以"人民拥护不拥护""人民赞成不赞成""人民高兴不高兴""人民答应不答应"为标准，江泽民同志提出的"三个代表"重要思想，胡锦涛同志提出的"立党为公、执政为民"以及"权为民所用，情为民所系，利为民所谋"等，都体现了以人为本的思想。坚持以人为本，必须始终把实现好、维护好、发展好最广大人民的根本利益作为党和国家一切工作的出发点和落脚点，尊重人民主体地位，发挥人民首创精神，保障人民各项权益，走共同富裕道路，促进人的全面发展，做到发展为了人民、发展依靠人民、发展成果由人民共享。

3. 科学发展观的基本要求是全面协调可持续

全面是指各个方面都发展，包括经济、政治、文化、社会各个方面。全面发展，不光是追求 GDP 指标，还应促进社会主义民主更加完善，社会主义法制更加完备，全面推进依法治国基本方略得到全面落实，人民的政治、经济和文化权益得到切实尊重和保障；使全民族的思想道德素质、科学文化素质和健康素质明显提高，形成比较完善的现代化国民教育体系、科技和文化创新体系、全民健身和医疗卫生体系，等等。协调是指各个方面的发展要相互适应，如城乡之间，我国的东、中、西部不同区域之间，不同行业之间等，都要协调。协调发展是解决现阶段我国发展问题的必由之路。目前，我国经济发展的不协调和失衡主要表现在：一是经济发展和社会发展不协调，即经济领域的改革与发展相对超前，而社会领域的改革与发展相对滞后。二是在城乡、地区和不同阶层之间存在着收入分配的失衡。突出表现为城乡二元结构深化、地区经济发展不平衡和收入分配差距扩大。三是外需和内需的不平衡。当前，我国对外贸易和利用外资快速增长，外汇储备不断增多，国民经济的对外依存度明显提高，这是我国经济发展的重要成果，但过于依赖外需，也限制了经济的发展。可持续是指发展进程要有持久性、连续性等。可持续发展，就是要促进人与自然的和谐发展，实现经济发展和人口、资源、环境相协调，坚持走生产发展、生活富裕、生态良好的文明发展道路，保证一代接一代地永续发展。可持续发展就是既要满足人类的需要，也要维护自然界的平衡；既要注意人类当前的利益，也要注意人类未来的利益。

1980 年《世界自然保护大纲》第一次明确地提出了可持续发展理论。1987 年世界环境与发展委员会的专题报告《我们共同的未来》的发表，标志着可持续发展理论正式形成。根据《我们共同的未来》，可持续发展被定义为“既满足当代人的需要，又不对后代人满足其需要的能力构成危害的发展”。

改革开放以来，我们仅用 28 年的时间即走完了西方发达国家上百年的历程，取得了辉煌的成就。但是，由于我们走的是一条传统发展道路，采取的是高投入、高消耗、高排放、高污染、低效益的粗放扩张型经济增长方式，能源消耗大、生态环境污染破坏严重。有关数据显示，1985 年至 2000 年的 15 年是我国经济的高速增长期，GDP 年均增长率为 8.7%。如果扣除浪费损失和生态赤字，这 15 年我国的 GDP 增长有相当一部分是靠牺牲代际公平获得的。同时，我国是一个人口众多、资源相对不足、生态先天脆弱的发展中国家。因此，必须改变牺牲环境资源为代价的片面发展观，推进经济增长方式和社会发展模式的根本性转变，尽可能提高资源利用效率，坚持可持续发展，实现人与自然和谐发展。

科学发展观的根本方法是统筹兼顾。就是既要总揽全局、统筹规划，又要抓住牵动全局的主要工作和事关群众利益的突出问题。就是要正确认识和妥善处理中国特色社会主义事业中的重大关系，统筹城乡发展、区域发展、经济社会发展、人与自然和谐发展、国内发展和对外开放，统筹中央和地方关系，统筹个人利益和集体利益、局部利益和整体利益、当前利益和长远利益，充分调动各方面积极性。推进经济建设、政治建设、文化建设、社会建设的各个环节、各个方面相协调。

二、主要内容

加快转变经济发展方式，发展社会主义民主政治，推进社会主义文化强国建设，构建社会主义和谐社会，推进生态文明建设，全面提高党的建设的科学化水平等。

第三节　科学发展观的历史地位（略）

25 分钟	一、中国特色社会主义理论体系的接续发展 二、发展中国特色社会主义事业必须长期坚持的指导思想	讨论 讲授

板书设计	第六章 科学发展观 第一节 科学发展观的形成和发展 一、什么是科学发展观 二、科学发展观形成和发展的社会历史条件 三、科学发展观的形成和发展过程 第二节 科学发展观的科学内涵和主要内容 一、科学内涵 二、主要内容 第三节 科学发展观的历史地位 一、中国特色社会主义理论体系的接续发展 二、发展中国特色社会主义事业必须长期坚持的指导思想
课程小结	科学发展观是我们党在准确把握世界发展趋势、认真总结我国发展经验、深入分析我国发展阶段性特征的基础上提出的重大战略思想。 科学发展观，第一要义是发展，核心是以人为本，基本要求是全面协调可持续，根本方法是统筹兼顾。 解放思想、实事求是、与时俱进、求真务实，是科学发展观最鲜明的精神实质。 科学发展观是马克思主义关于发展的世界观和方法论的集中体现，是中国特色社会主义理论体系的重要组成部分，是发展中国特色社会主义必须长期坚持的指导思想。
作业布置	1. 如何认识科学发展观形成的历史条件？ 2. 如何把握科学发展观的科学内涵？ 3. 如何认识科学发展观的主要内容？

第八章　习近平新时代中国特色社会主义思想及其历史地位

<table>
<tr><td>课题</td><td colspan="2">第八章　习近平新时代中国特色社会主义思想及其历史地位</td><td>课时</td><td>6 学时</td></tr>
<tr><td>教学目标</td><td colspan="4">帮助学生深刻把握习近平新时代中国特色社会主义思想的科学内涵、主要内容和历史地位，明确中国特色社会主义进入新时代后当代青年大学生的历史责任。</td></tr>
<tr><td>教学重点</td><td colspan="4">1. 习近平新时代中国特色社会主义思想的形成和发展
2. 习近平新时代中国特色社会主义思想的核心要义、科学内涵
3. 习近平新时代中国特色社会主义思想的历史地位</td></tr>
<tr><td>教学难点</td><td colspan="4">1. 新时代中国社会主要矛盾转化的“变”与“不变”
2. 中国特色社会主义进入新时代的内涵和意义
3. 习近平新时代中国特色社会主义思想的形成发展和内容体系</td></tr>
<tr><td>课程类型</td><td>理论课、实践课</td><td>教学方法</td><td colspan="2">讲授、案例分析等</td></tr>
<tr><td>课前准备</td><td colspan="4">案例内容资料、图片、视频、讨论题目、课件</td></tr>
<tr><td>教学过程及时间分配</td><td colspan="3">主 要 教 学 内 容</td><td>教学方法运用</td></tr>
<tr><td>5 分钟</td><td colspan="3">第八章　习近平新时代中国特色社会主义思想及其历史地位

【课程导入】

习近平总书记在党的十九大报告中作出了“经过长期努力，中国特色社会主义进入了新时代，这是我国发展新的历史方位”这一重大政治判断。那么中国特色社会主义进入新时代的依据、本质内涵和重大意义是什么？作为马克思主义中国化最新理论成果的习近平新时代中国特色社会主义思想的主要内容和历史地位又是什么？
本章内容包括三节。第一节“中国特色社会主义进入新时代”主要讲述的</td><td>讲授</td></tr>
</table>

	是习近平新时代中国特色社会主义思想形成的历史条件。这一节主要写了三个方面的内容：一是历史性成就和历史性变革，二是社会主要矛盾的变化，三是中国进入新时代的内涵和意义。这样写有两个目的，一是把党的十九大报告的要点写出来了，二是把总书记思想形成的背景写出来了。本节的教学重点是党的十八大以来的五年取得全方位的、开创性的成就和五年来深层次的、根本性的社会变革，新时代中国社会主要矛盾的内容和意义，中国特色社会主义新时代提出的根本依据，“五个时代”和“三个意味着”，帮助学生认清中华民族进入“强起来”的新时代这一个崭新的历史方位。这一节的教学需要注意，在讲授“历史性成就和历史性变革”这一目要多运用案例等教学材料，使学生内心充满自豪感。第二节主要讲述的是“习近平新时代中国特色社会主义思想的主要内容”。教材主要按党的十九大报告的叙述方式编写，重点介绍了四部分内容：一是核心要义，二是“八个明确”，三是“十四个坚持”，四是“八个明确”与“十四个坚持”的关系。但是这里并没有包括习近平新时代中国特色社会主义思想的全部内容。 　　在教学中，务必注意以下几点：第一，习近平新时代中国特色社会主义思想既包括党的十九大报告中的论述，还包括党的十八大以来的论述。第二，教材中把“八个明确”当作思想层面的，把“十四个坚持”当作实践层面的，这主要是从重点内容方面论述的，教师在教学中两个方面一定要讲全。第三，关于习近平新时代中国特色社会主义思想，还有很多值得研究的问题。比如这一思想的主题是什么？包括哪些创新观点？这些观点的逻辑结构是怎样的？它的哲学基础是什么？它所涉及的方法论到底应该放在什么位置，等等。第三节主要讲述的是“习近平新时代中国特色社会主义思想的历史地位”。教材按照党的十九大报告，结合教学需要，写了三个层面的内容：一是理论意义和历史意义，主要阐释了这一思想在马克思主义发展史、在马克思主义中国化史、在中国特色社会主义理论和世界社会主义史上的地位；二是政治意义，主要从精神旗帜方面来阐述，教材结合宪法修正案来谈习近平新时代中国特色社会主义思想的地位；三是实践意义，主要阐释了它对发展中国特色社会主义、治国理政和治党管党的指导意义。教师在教学的过程中，可以引导学生从以下五个视角对新思想的历史地位进行理解和把握：一是从马克思主义发展史的视角，看它如何开辟了马克思主义发展新境界，成为21世纪的马克思主义；二是从马克思主义中国化视角，看它为何是马克思主义中国化的最新成果；三是从中华民族伟大复兴视角，看它为实现中华民族伟大复兴提供了哪些指导；四是从世界社会主义视角，看它是如何续写科学社会主义新篇章的，它对科学社会主义有哪些发展；五是从人类社会发展视角，看它为发展中国家实现现代化提供了哪些借鉴，它为人类解决全球性问题和共同性问题，提供了哪些具体方案。	

<table>
<tr>
<td>90
分钟</td>
<td>

第一节　中国特色社会主义进入新时代

一、历史性成就和历史性变革

第一，经济建设取得重大成就。经济保持中高速增长，综合国力和国际影响力显著提升，经济总量稳居世界第二位，对世界经济增长贡献率超过 30%。经济结构不断优化，推动经济迈向更高发展水平。

第二，全面深化改革取得重大突破。蹄疾步稳推进全面深化改革，压茬拓展改革广度和深度，通过了 360 多个重大改革方案，出台了 1500 多项改革举措，夯基垒台、立柱架梁，全面深化改革的主体框架基本确立。

第三，民主法治建设迈出重大步伐。中国特色社会主义法治理论实现新飞跃，中国特色社会主义法治体系日益完善，加快建设法治政府进入新阶段，司法质量、效率和公信力大幅提升，全社会法治观念明显增强。

第四，思想文化建设取得重大进展。现代公共文化服务体系建设步入发展快车道，文化产业蓬勃发展，全国文化及相关产业增加值从 2012 年的 18 071 亿元增加到 2016 年的 30 254 亿元。文化走出去步伐加快，中国故事吸引世界目光。

第五，人民生活不断改善。惠民政策力度不断加大，养老金和农村低保标准增幅远超 GDP 增速。保障性安居工程建设扎实推进，教育事业全面发展，人民健康和医疗卫生水平大幅提高。综合交通基础设施网络日趋完善，新业态不断涌现，就业状况持续改善。

第六，生态文明建设成效显著。修复水生陆生生态，防治水土流失，把绿色发展理念融入生产生活。2016 年，我国单位 GDP 能耗、用水量分别比 2012 年下降 17.9%和 25.4%，主要污染物减排效果显著。引导应对气候变化国际合作，成为全球生态文明建设的重要参与者、贡献者、引领者。

第七，强军兴军开创新局面。着眼于实现中国梦强军梦，制定新形势下军事战略方针，全力推进国防和军队现代化。召开古田全军政治工作会议，恢复和发扬我党我军光荣传统和优良作风。国防和军队改革取得历史性突破，固本开新，重塑钢铁长城。加强练兵备战，锻造胜战之师。

第八，港澳台工作取得新进展。牢牢掌握宪法和基本法赋予的中央对香港、澳门全面管治权，深化内地和港澳地区交流合作，保持香港、澳门繁荣稳定。坚持一个中国原则和“九二共识”，推动两岸关系和平发展，坚决反对和遏制“台独”分裂势力，有力维护台海和平稳定。

第九，全方位外交布局深入展开。全面推进中国特色大国外交，形成全方位、多层次、立体化的外交布局，为我国发展营造了良好外部条件。实施共建“一带一路”倡议，倡导构建人类命运共同体，促进全球治理体系变革，为世

</td>
<td>讲授
视频</td>
</tr>
</table>

界和平与发展作出新的重大贡献。

第十，全面从严治党成效卓著。增强政治意识、大局意识、核心意识、看齐意识，坚决维护党中央权威和集中统一领导。开展党的群众路线教育实践活动和“三严三实”专题教育，推进“两学一做”学习教育常态化制度化，全党理想信念更加坚定、党性更加坚强。贯彻新时期好干部标准，选人用人状况和风气明显好转。党的建设制度改革深入推进，党内法规制度体系不断完善。出台中央“八项规定”，严厉整治形式主义、官僚主义、享乐主义和奢靡之风，巡视利剑作用彰显。坚持反腐败无禁区、全覆盖、零容忍，坚定不移“打虎”“拍蝇”“猎狐”，反腐败斗争压倒性态势已经形成并巩固发展。

这些历史性成就带来了中国社会全方位的变革，主要表现在：一是党的领导得到全面加强，党的领导被忽视、淡化、削弱的状况得到明显改变；二是坚定不移贯彻新发展理念，发展观念不正确、发展方式粗放的状况得到明显改变；三是坚定不移全面深化改革，各方面体制机制弊端阻碍发展活力和社会活力的状况得到明显改变；四是坚定不移全面推进依法治国，有法不依、执法不严、司法不公问题严重的状况得到明显改变；加强党对意识形态工作的领导，社会思想舆论环境的混乱状况得到明显改变；五是坚定不移推进生态文明建设，忽视生态环境保护、生态环境恶化的状况得到明显改变；六是坚定不移推进国防和军队现代化，人民军队中一度存在的不良政治状况得到明显改变；七是坚定不移推进中国特色大国外交，我国在国际力量对比中面临的不利状况得到明显改变；八是坚定不移推进全面从严治党，管党治党宽松软状况得到明显改变。

二、社会主要矛盾的变化

党的十九大明确指出，我国社会主要矛盾已经转化为人民日益增长的美好生活需要和不平衡不充分的发展之间的矛盾。主要依据有以下三个方面：一是经过改革开放 40 年的发展，我国社会生产力水平总体上显著提高，很多方面进入世界前列。比如我国国内生产总值自 2010 年开始持续稳居世界第二位，制造业增加值连续 7 年居世界第一位，220 多种主要工农业产品生产能力稳居世界第一位。二是人民生活水平显著提高，对美好生活的向往更加强烈，不仅对物质文化生活提出了更高要求，而且在民主、法治、公平、正义、安全、环境等方面的要求日益增长。三是影响满足人们美好生活需要的因素很多，但主要是发展的不平衡不充分问题。发展不平衡，主要指各区域各领域各方面发展不平衡，制约了全国发展水平提升。发展不充分，主要指一些地区、一些领域、一些方面还存在发展不足的问题，发展的任务仍然很重。

我国社会主要矛盾的变化是关系全局的历史性变化，对党和国家工作提出了许多新要求。我国社会主要矛盾的变化，没有改变我们对我国社会主义所处历史阶段的判断，我国仍处于并将长期处于社会主义初级阶段的基本国情没有

	变，我国是世界最大发展中国家的国际地位没有变。我们要牢牢把握社会主义初级阶段这个基本国情，牢牢立足社会主义初级阶段这个最大实际，牢牢坚持党在社会主义初级阶段的基本路线。 三、新时代的内涵和意义 （一）新时代的内涵 第一，这个新时代是承前启后、继往开来，在新的历史条件下继续夺取中国特色社会主义伟大胜利的时代。第二，这个新时代是决胜全面建成小康社会进而全面建设社会主义现代化强国的时代。第三，这个新时代是全国各族人民团结奋斗、不断创造美好生活、逐步实现全体人民共同富裕的时代。第四，这个新时代是全体中华儿女勠力同心、奋力实现中华民族伟大复兴中国梦的时代。第五，这个新时代是我国日益走近世界舞台中央、不断为人类作出更大贡献的时代。 （二）新时代的意义 第一，从中华民族复兴的历史进程看，中国特色社会主义进入新时代，意味着中华民族迎来了从“站起来”“富起来”到“强起来”的伟大飞跃，迎来了实现中华民族伟大复兴的光明前景。中华人民共和国的成立使中国人民站起来，改革开放使中国人民逐步富起来，新时代中华民族要实现强起来的宏伟目标。 第二，从科学社会主义发展进程看，中国特色社会主义进入新时代，意味着科学社会主义在 21 世纪的中国焕发出强大生机活力，在世界上高高举起了中国特色社会主义伟大旗帜。 第三，从人类文明进程看，中国特色社会主义进入新时代，意味着中国特色社会主义道路、理论、制度、文化不断发展，拓展了发展中国家走向现代化的途径，给世界上那些既希望加快发展又希望保持自身独立性的国家和民族提供了全新选择，为解决人类问题贡献了中国智慧和中国方案。 第二节　习近平新时代中国特色社会主义思想的主要内容 一、习近平新时代中国特色社会主义思想的核心要义和丰富内涵 坚持和发展中国特色社会主义，是改革开放以来我们党全部理论和实践的鲜明主题，也是习近平新时代中国特色社会主义思想的核心要义。其中最重要、最核心的内容就是党的十九大报告概括的“八个明确”。第一，明确坚持和发展中国特色社会主义，总任务是实现社会主义现代化和中华民族伟大复兴，在全面建成小康社会的基础上，分两步走，在本世纪中叶建成富强民主文明和谐美丽的社会主义现代化强国。第二，明确新时代我国社会主要矛盾是人民日益	讨论

105 分钟	增长的美好生活需要和不平衡不充分的发展之间的矛盾，必须坚持以人民为中心的发展思想，不断促进人的全面发展、全体人民共同富裕。第三，明确中国特色社会主义事业总体布局是“五位一体”、战略布局是“四个全面”，强调坚定道路自信、理论自信、制度自信、文化自信。第四，明确全面深化改革总目标是完善和发展中国特色社会主义制度、推进国家治理体系和治理能力现代化。第五，明确全面推进依法治国总目标是建设中国特色社会主义法治体系、建设社会主义法治国家。第六，明确党在新时代的强军目标是建设一支听党指挥、能打胜仗、作风优良的人民军队，把人民军队建设成为世界一流军队。第七，明确中国特色大国外交要推动构建新型国际关系，推动构建人类命运共同体。第八，明确中国特色社会主义最本质的特征是中国共产党领导，中国特色社会主义制度的最大优势是中国共产党领导，党是最高政治领导力量，提出新时代党的建设总要求，突出政治建设在党的建设中的重要地位。这“八个明确”，高度凝练、提纲挈领地点明了习近平新时代中国特色社会主义思想的主要内容。 二、坚持和发展中国特色社会主义的基本方略 一是坚持党对一切工作的领导。党政军民学，东西南北中，党是领导一切的。必须增强政治意识、大局意识、核心意识、看齐意识，自觉维护党中央权威和集中统一领导，自觉在思想上政治上行动上同党中央保持高度一致。二是坚持以人民为中心。必须坚持人民主体地位，坚持立党为公、执政为民，践行全心全意为人民服务的根本宗旨，把党的群众路线贯彻到治国理政全部活动之中，把人民对美好生活的向往作为奋斗目标，依靠人民创造历史伟业。三是坚持全面深化改革。只有社会主义才能救中国，只有改革开放才能发展中国、发展社会主义、发展马克思主义。必须坚持和完善中国特色社会主义制度，不断推进国家治理体系和治理能力现代化，充分发挥我国社会主义制度优越性。四是坚持新发展理念。发展是解决我国一切问题的基础和关键，发展必须是科学发展，必须坚定不移贯彻创新、协调、绿色、开放、共享的发展理念。五是坚持人民当家作主。坚持中国特色社会主义政治发展道路，保证人民当家作主落实到国家政治生活和社会生活之中。六是坚持全面推进依法治国。全面推进依法治国是中国特色社会主义的本质要求和重要保障。在党的领导下坚定不移走中国特色社会主义法治道路，坚持依法治国和以德治国相结合，依法治国和依规治党有机统一，深化司法体制改革，提高全民族法治素养和道德素质。七是坚持社会主义核心价值体系，更好构筑中国精神、中国价值、中国力量，为人民提供精神指引。八是坚持在发展中保障和改善民生。必须多谋民生之利、多解民生之忧，深入开展脱贫攻坚，保证全体人民在共建共享发展中有更多获得感，不断促进人的全面发展、全体人民共同富裕。九是坚持人与自然和谐共生。必须树立和践行绿水青山就是金山银山的理念，坚持节约资源和保护环境的基	讲授 视频

本国策，像对待生命一样对待生态环境，建设美丽中国，为人民创造良好生产生活环境，为全球生态安全作出贡献。十是坚持总体国家安全观。必须坚持完善国家安全制度体系，加强国家安全能力建设，坚决维护国家主权、安全、发展利益。十一是坚持党对人民军队的绝对领导。建设一支听党指挥、能打胜仗、作风优良的人民军队，实现党在新时代的强军目标。十二是坚持“一国两制”和推进祖国统一。保持香港、澳门长期繁荣稳定，实现祖国完全统一，是实现中华民族伟大复兴的必然要求。十三是坚持推动构建人类命运共同体。必须统筹国内国际两个大局，始终不渝走和平发展道路、奉行互利共赢的开放战略，始终做世界和平的建设者、全球发展的贡献者、国际秩序的维护者。十四是坚持全面从严治党。必须以党章为根本遵循，把党的政治建设摆在首位，思想建党和制度治党同向发力，统筹推进党的各项建设，抓住“关键少数”，坚持“三严三实”，坚持民主集中制，严肃党内政治生活，严明党的纪律，强化党内监督，发展积极健康的党内政治文化，全面净化党内政治生态，坚决纠正各种不正之风，以零容忍态度惩治腐败，不断增强党自我净化、自我完善、自我革新、自我提高的能力，始终保持党同人民群众的血肉联系。

第三节　习近平新时代中国特色社会主义思想的历史地位

一、马克思主义中国化最新成果

习近平新时代中国特色社会主义思想开辟了马克思主义新境界。习近平新时代中国特色社会主义思想鲜明贯穿着马克思主义立场、观点和方法，始终把马克思主义作为理论起点、逻辑起点、价值起点，处处闪耀着马克思主义真理光辉，“没有丢掉老祖宗”。同时，它又以我们正在做的事情为中心，直面前进道路上的各种困难和矛盾、风险和挑战，着力探索破解难题、推进事业发展的新理念新思想新战略，讲了许多老祖宗没有讲过的新话，具有强烈的时代气息和现实针对性。习近平新时代中国特色社会主义思想以一系列具有原创性的新思想新观点新论断，在理论上实现了重大突破、重大创新、重大发展，写出了马克思主义新版本，对马克思主义在 21 世纪的发展作出了重大原创性贡献，以全新视野深化了对共产党执政规律、社会主义建设规律和人类社会发展规律的认识，充分彰显了科学理论的强大生命力和中国共产党人的理论创造力，是当代最现实最鲜活的马克思主义。

习近平新时代中国特色社会主义思想开辟了中国特色社会主义新境界。中国特色社会主义是改革开放以来党的全部理论和实践的主题。以习近平同志为核心的党中央坚持和发展中国特色社会主义一以贯之，续写中国特色社会主义这篇大文章，形成了系统完备、逻辑严密、内在统一的科学体系，把中国特色社会主义和实现社会主义现代化、实现中华民族伟大复兴有机贯通起来，聚焦

<table>
<tr><td></td><td>“从哪里来、到哪里去”的历史追问，系统阐述了民族复兴的深刻内涵、历史方位、实现路径和战略步骤，为实现中华民族伟大复兴的中国梦提供了强大精神力量，标注了正确前进方向，充分体现了中国特色社会主义理论自信，也向世界展示了社会主义的光明图景。
习近平新时代中国特色社会主义思想对人类文明进步具有重要意义。习近平新时代中国特色社会主义思想洞察时代风云，把握世界发展大势，回答了关系人类前途命运的重大问题，为发展中国家提供了路径启示，拓展了发展中国家走向现代化的途径，给世界上那些既希望加快发展又希望保持自身独立性的国家和民族提供了全新选择。为应对全球性挑战、解决全球性问题贡献了中国智慧和中国方案，为人类文明思想宝库增添了绚丽夺目的瑰宝。
二、新时代的精神旗帜
习近平新时代中国特色社会主义思想扎根于 960 多万平方千米的广袤土地，立足于中华人民共和国成立以来特别是改革开放 40 多年的伟大实践，聚合了 14 亿中国人民的智慧和创造，具有无比深厚的现实基础、十分鲜明的实践特色，是新时代党和人民共同奋斗的精神旗帜。
三、实现中华民族伟大复兴的行动指南
习近平新时代中国特色社会主义思想，是党的意志、国家意志和人民意志的集中体现，为新时代坚持和发展中国特色社会主义提供了根本指引。
习近平新时代中国特色社会主义思想为新时代治国理政提供了基本遵循。
习近平新时代中国特色社会主义思想为全面从严治党、把党建设成为中国特色社会主义事业的坚强领导核心提供了强大思想武器。</td><td></td></tr>
<tr><td>70分钟</td><td></td><td>讲授
讨论</td></tr>
<tr><td>板书设计</td><td colspan="2">第八章 习近平新时代中国特色社会主义思想及其历史地位
第一节 中国特色社会主义进入新时代
一、历史性成就和历史性变革
二、社会主要矛盾的变化
三、新时代的内涵和意义
第二节 习近平新时代中国特色社会主义思想的主要内容
一、习近平新时代中国特色社会主义思想的核心要义和丰富内涵
二、坚持和发展中国特色社会主义的基本方略
第三节 习近平新时代中国特色社会主义思想的历史地位
一、马克思主义中国化最新成果
二、新时代的精神旗帜
三、实现中华民族伟大复兴的行动指南</td></tr>
</table>

课程小结	党的十八大以来，我国取得了历史性成就，发生了历史性变革，中国特色社会主义进入新时代，社会主要矛盾转化为人民日益增长的美好生活需要和不平衡不充分的发展之间的矛盾。 习近平新时代中国特色社会主义思想围绕新时代坚持和发展什么样的中国特色社会主义、怎样坚持和发展中国特色社会主义，提出了“八个明确”核心观点和“十四个坚持”基本方略。 习近平新时代中国特色社会主义思想是马克思主义中国化最新成果，是中国特色社会主义理论体系的重要组成部分，是当代中国马克思主义、21 世纪马克思主义，是党和国家必须长期坚持并不断发展的指导思想，是全党全国人民为实现中华民族伟大复兴而奋斗的行动指南。
作业布置	1. 如何理解中国特色社会主义建设进入了新时代？ 2. 如何理解我国社会主要矛盾发生的变化？ 3. 如何把握习近平新时代中国特色社会主义思想的主要内容和历史地位？

第九章　坚持和发展中国特色社会主义的总任务

<table>
<tr><td>课题</td><td colspan="2">第九章　坚持和发展中国特色社会主义的总任务</td><td>课时</td><td>4 学时</td></tr>
<tr><td>教学目标</td><td colspan="4">帮助学生深刻把握现阶段坚持和发展中国特色社会主义的总任务就是要实现中华民族伟大复兴的中国梦,掌握中华民族伟大复兴的中国梦的科学内涵和基本要求，理解“中国梦”赋予当代青年大学生的历史责任。</td></tr>
<tr><td>教学重点</td><td colspan="4">1. 中国梦的科学内涵
2. 实现中国梦的路径
3. 建成社会主义现代化强国的战略安排</td></tr>
<tr><td>教学难点</td><td colspan="4">“中国梦”赋予当代青年大学生的历史责任</td></tr>
<tr><td>课程类型</td><td>理论课、实践课</td><td>教学方法</td><td colspan="2">讲授、视频、讨论等</td></tr>
<tr><td>课前准备</td><td colspan="4">案例内容资料、图片、视频、讨论题目、课件</td></tr>
<tr><td>教学过程及时间分配</td><td colspan="3">主 要 教 学 内 容</td><td>教学方法运用</td></tr>
<tr><td>5 分钟</td><td colspan="3">第九章　坚持和发展中国特色社会主义的总任务

【课程导入】

本章两节内容以坚持和发展中国特色社会主义总任务为中心逐次展开。第一节“实现中华民族伟大复兴的中国梦”主要点明了“坚持和发展中国特色社会主义总任务”的内容，教学重点是中国梦的科学内涵以及其实现路径。对于中国梦战略思想的提出，应该从我国近代以来的历史进程角度进行讲解。对于“中国梦的科学内涵”，要注意讲清楚“国家”“民族”“人民”三者之间的关系，以及“中国梦”与“人民梦”、“中国梦”与“世界梦”之间的联系。在此基础上引出实现中国梦的实现路径。第二节“建成社会主义现代化强国的战略安排”主要阐述在“三步走”战略目标基础上全面建设社会主义现代化强国的新的战</td><td>讲授</td></tr>
</table>

90 分钟	略内容。本节需要讲清楚“三步走”战略与“两个一百年”奋斗目标的关系，并重点讲解实现社会主义现代化强国“两步走”战略的具体目标要求，解决学生头脑中的困惑，这是本节的重点和难点。 **第一节　实现中华民族伟大复兴的中国梦** **一、中华民族近代以来最伟大的梦想** 坚持和发展中国特色社会主义的总任务，是实现社会主义现代化和中华民族伟大复兴，在全面建成小康社会的基础上，分两步走在本世纪中叶建成富强民主文明和谐美丽的社会主义现代化强国。中国梦是中华民族伟大复兴的形象表达。 只有创造过辉煌的民族，才懂得复兴的意义；只有历经过苦难的民族，才对复兴有如此深切的渴望。中华民族的昨天，“雄关漫道真如铁”。中华民族的今天，“人间正道是沧桑”。中华民族的明天，“长风破浪会有时”。中国梦，反映了近代以来一代又一代中国人的美好夙愿，进一步揭示了中华民族的历史命运和当代中国的发展走向，指明了全党全国各族人民共同的奋斗目标。 **二、中国梦的科学内涵** 中国梦视野宽广、内涵丰富、意蕴深远。习近平指出：“中国梦的本质是国家富强、民族振兴、人民幸福。”国家富强，是指我国综合国力进一步增强，中国特色社会主义事业进一步发展和完善。经济更加发达，科技创新在经济发展中的驱动力更加强劲，政治更加民主，文化更加繁荣，社会更加和谐，生态更加美好。民族振兴，就是通过自身的不断发展与强大，继承并创造中华民族的优秀文化以及先进的文明成果，进而使中华民族再次处于世界领先的地位，再次以高昂的姿态屹立于世界民族之林。民族振兴，也会更好地造福世界人民，共创世界美好的未来。人民幸福，就是人民权利保障更加充分、人人得享共同发展，生活在伟大祖国和伟大时代的中国人民，共同享有人生出彩的机会，共同享有梦想成真的机会，共同享有同祖国和时代一起成长与进步的机会。 中国梦与美国梦的区别（学生思考回答） 教师总结：（略） **三、奋力实现中国梦** 实现中国梦必须走中国道路，这就是中国特色社会主义道路。只有中国特色社会主义道路才能发展中国、稳定中国，这是一条通往复兴梦想的康庄大道、人间正道。要增强对中国特色社会主义的道路自信、理论自信、制度自信、文化自信，坚定不移沿着正确的中国道路奋勇前进。	讲授 视频

85 分钟	实现中国梦必须弘扬中国精神，这就是以爱国主义为核心的民族精神和以改革创新为核心的时代精神。中华文明生生不息，中国精神薪火相传。以爱国主义为核心的民族精神和以改革创新为核心的时代精神，是凝心聚力的兴国之魂、强国之魂。爱国主义是中华民族的精神基因，维系着华夏大地上各个民族的团结统一，激励着一代又一代中华儿女为祖国发展繁荣而不懈奋斗；改革创新体现了中华民族最深沉的民族禀赋，反映了当代中国发展进步的要求，始终是鞭策我们在改革开放中与时俱进的精神力量。 实现中国梦必须凝聚中国力量，这就是全国各族人民大团结的力量。56个民族都是中华民族大家庭的平等一员，共同构成了你中有我、我中有你、谁也离不开谁的中华民族命运共同体。实现中华民族伟大复兴的中国梦是各民族共同的梦，也是各民族自己的梦。中华民族一家亲，同心共筑中国梦。全国各族人民一定要牢记使命，心往一处想，劲往一处使，用近 14 亿人民的智慧和力量汇集起不可战胜的磅礴力量。 实现中华民族伟大复兴是海内外中华儿女的共同梦想。香港、澳门与祖国内地的命运始终紧密相连，实现中国梦需要香港、澳门与祖国内地坚持优势互补、共同发展，需要港澳同胞与内地人民坚持守望相助、携手共进。中国梦与台湾的前途息息相关，两岸同胞要相互扶持，不分党派，不分阶层，不分宗教，不分地域，都参与到民族复兴的进程中来，凝聚两岸一家亲、共圆中国梦的力量。广大海外侨胞有着赤诚的爱国情怀、雄厚的经济实力、丰富的智力资源、广泛的商业人脉，是实现中国梦的重要力量。只要海内外中华儿女紧密团结起来，有力出力，有智出智，团结一心奋斗，就一定能够共同书写中华民族发展的时代华章。 **第二节　建成社会主义现代化强国的战略安排** **一、开启全面建设社会主义现代化强国的新征程** 改革开放之后，我们党对我国社会主义现代化建设作出战略安排，提出“三步走”战略目标。经过全党全国各族人民共同努力，我们先后提前实现了第一步、第二步战略目标，2002 年党的十六大正式宣布人民生活总体达到小康水平。在此基础上，党的十六大提出了全面建设小康社会的奋斗目标，党的十七大、十八大对全面建成小康社会提出了新的要求，作出了新的部署。这就是“两个一百年”奋斗目标，即到建党 100 年时建成惠及十几亿人口的更高水平的小康社会；到新中国成立 100 年时基本实现现代化，建成社会主义现代化国家。	讨论 讲授

	二、实现社会主义现代化强国“两步走”战略的具体安排 1. 从2020年到2035年，基本实现社会主义现代化的目标要求 在经济建设方面，我国经济实力、科技实力将大幅跃升，跻身创新型国家前列。在政治建设方面，人民平等参与、平等发展权利得到充分保障，法治国家、法治政府、法治社会基本建成，各方面制度更加完善，国家治理体系和治理能力现代化基本实现。在文化建设方面，社会文明程度达到新的高度，国家文化软实力显著增强，中华文化影响更加广泛深入。在民生和社会建设方面，人民生活更为宽裕，中等收入群体比例明显提高，城乡区域发展差距和居民生活水平差距显著缩小，基本公共服务均等化基本实现，全体人民共同富裕迈出坚实步伐。在生态文明建设方面，生态环境根本好转，美丽中国目标基本实现。 2. 从2035年到本世纪中叶，建成社会主义现代化强国的目标要求 这一阶段的目标要求是：一是我国将拥有高度的物质文明，社会生产力水平大幅提高，核心竞争力名列世界前茅，经济总量和市场规模超越其他国家，建成富强的社会主义现代化强国。二是我国将拥有高度的政治文明，形成又有集中又有民主、又有纪律又有自由、又有统一意志又有个人心情舒畅生动活泼的政治局面，依法治国和以德治国有机结合，建成民主的社会主义现代化强国。三是我国将拥有高度的精神文明，践行社会主义核心价值观成为全社会自觉行动，国民素质显著提高，中国精神、中国价值、中国力量成为中国发展的重要影响力和推动力，建成文明的社会主义现代化强国。四是我国将拥有高度的社会文明，城乡居民将普遍拥有较高的收入、富裕的生活、健全的基本公共服务，享有更加幸福安康的生活，全体人民共同富裕基本实现，公平正义普遍彰显，社会充满活力而又规范有序，建成和谐的社会主义现代化强国。五是我国将拥有高度的生态文明，天蓝、地绿、水清的优美生态环境成为普遍常态，开创人与自然和谐共生新境界，建成美丽的社会主义现代化强国。 到那时，我国作为具有五千多年文明历史的古国，将焕发出前所未有的生机活力，实现国家治理体系和治理能力现代化，成为综合国力和国际影响力领先的国家，对构建人类命运共同体、推动世界和平与发展将作出更大贡献，中华民族将以更加昂扬的姿态屹立于世界民族之林，实现中华民族伟大复兴的中国梦。	讨论
板书设计	第九章　坚持和发展中国特色社会主义的总任务 第一节　实现中华民族伟大复兴的中国梦 一、中华民族近代以来最伟大的梦想 二、中国梦的科学内涵 三、奋力实现中国梦 第二节　建成社会主义现代化强国的战略安排	

	一、开启全面建设社会主义现代化强国的新征程 二、实现社会主义现代化强国“两步走”战略的具体安排
课程小结	实现中华民族伟大复兴是近代以来中华民族的伟大梦想。中国梦的本质是国家富强、民族振兴、人民幸福。实现中国梦必须走中国道路，弘扬中国精神，凝聚中国力量。中国梦是人民的梦，也是世界的梦，与世界的梦息息相关。 从 2020 年到 2035 年，基本实现社会主义现代化；从 2035 年到本世纪中叶，建成富强民主文明和谐美丽的社会主义现代化强国。从全面建成小康社会到基本实现现代化，再到全面建成社会主义现代化强国，是新时代中国特色社会主义发展的战略安排。
作业布置	1. 如何认识新时代中国特色社会主义的总任务？ 2. 如何看待开启全面建设社会主义现代化强国的新征程？ 3. 如何把握新时代中国特色社会主义发展的战略安排？

10
第十章　“五位一体”总体布局

课　　题	第十章　“五位一体”总体布局	课时	10 学时
教学目标	帮助学生理解新时代的宏伟目标，把握目标实现路径和发展思路，领会重大方针政策，明白当代青年大学生的使命担当。		
教学重点	1. 新发展理念的科学内涵及内在联系 2. 如何深化供给侧结构性改革 3. 建设现代化经济体系的内容 4. 建设现代化经济体系的措施 5. 坚持中国特色社会主义政治发展道路 6. 健全人民当家作主制度体系 7. 巩固和发展爱国统一战线 8. 坚持“一国两制”，推进祖国和平统一 9. 如何掌握意识形态工作领导权 10. 社会主义核心价值观与社会主义核心价值体系 11. 社会主义文化强国的内涵 12. 如何建设社会主义文化强国 13. 如何提高保障和改善民生水平 14. 如何加强和创新社会治理 15. 总体国家安全观的含义和要求 16. 生态文明的理念和要求 17. 生态文明体制改革		
教学难点	1. 新发展理念的科学内涵及内在联系 2. 如何深化供给侧结构性改革 3. 建设现代化经济体系的措施 4. 社会主义核心价值观与社会主义核心价值体系 5. 如何建设社会主义文化强国 6. 如何加强和创新社会治理 7. 总体国家安全观的含义和要求		
课程类型	理论课、实践课	教学方法	讲授、视频、讨论等

<table>
<tr><td>课前准备</td><td colspan="2">案例内容资料、图片、视频、讨论题目、课件</td></tr>
<tr><td>教学过程
及时间分配</td><td>主 要 教 学 内 容</td><td>教学
方法
运用</td></tr>
<tr><td>10
分钟</td><td>

第十章 “五位一体”总布局

【课程导入】

中国特色社会主义是全面发展的社会主义。经济建设、政治建设、文化建设、社会建设、生态文明建设作为一个有机整体，构成中国特色社会主义“五位一体”总体布局，勾勒出富强民主文明和谐美丽的社会主义现代化强国的壮美景象。

本章五节内容以“五位一体”总体布局为中心逐次展开。第一节“建设现代化经济体系”主要回答的是“建设什么样的中国特色社会主义经济，怎样建设现代化经济体系的问题”，主要介绍了新发展理念、供给侧结构性改革的内容以及建设现代化经济体系的主要任务。本节应该从我国全面建成小康社会决胜阶段所面临的复杂的国内外形势讲起，注意讲清新发展理念的内涵，讲清供给侧结构性改革的含义，并在此基础上讲解现代化经济体系的内容。第二节“发展社会主义民主政治”，主要回答的是“走什么样的中国特色社会主义政治发展道路，怎样发展中国特色的社会主义民主政治”的问题。发展中国特色的社会主义民主政治必须坚持中国特色社会主义政治发展道路，即坚持党的领导、人民当家作主和依法治国的有机统一，并且必须坚持正确的政治方向；建设中国特色的社会主义政治，必须坚持人民民主专政、坚持和完善人民代表大会制度、中国共产党领导的多党合作和政治协商制度、民族区域自治制度和基层群众自治制度；必须巩固和发展爱国统一战线；必须坚持“一国两制”，推进祖国统一。第三节“推动社会主义文化繁荣兴盛”，主要回答的是“建设什么样的中国特色社会主义文化，怎样推动社会主义文化繁荣兴盛”的问题。推动社会主义文化繁荣兴盛必须牢牢掌握意识形态工作领导权；必须建设社会主义核心价值体系以及在此基础上提炼出来的社会主义核心价值观；必须坚定文化自信，建设社会主义文化强国。第四节“坚持在发展中保障和改善民生”，主要回答的是“建设什么样的社会主义和谐社会，怎样坚持在发展中保障和改善民生”的问题。坚持在发展中保障和改善民生必须提高保障和改善民生水平；必须加强和创新社会治理，因为社会治理是社会建设的重大任务，是国家治理的重要内容；必须坚持国家总体安全观。第五节“建设美丽中国”，主要回答的是“建设什么样的社会主义生态文明，怎样建设美丽中国”的问题。从社会主

</td><td>讲授

视频</td></tr>
</table>

90 分钟	义生态文明的核心理念入手，强调了建设美丽中国必须形成人与自然和谐发展的新格局，必须加快生态文明体制改革。 由于本章内容和理论要点较多，因此在讲授过程中应避免面面俱到，每节可选择部分内容由学生自学，有选择地突出重点、难点。 **第一节　建设现代化经济体系** **一、贯彻新发展理念** 面对全面建成小康社会决胜阶段复杂的国内外形势，面对经济社会发展的新趋势、新机遇和新矛盾、新挑战，党的十八届五中全会坚持以人民为中心的发展思想，鲜明提出了创新、协调、绿色、开放、共享的新发展理念。 创新是引领发展的第一动力。坚持创新发展，就是把创新摆在国家发展全局的核心位置，不断推进理论创新、制度创新、科技创新、文化创新等各方面创新，让创新贯穿党和国家一切工作，让创新在全社会蔚然成风。 协调是持续健康发展的内在要求。坚持协调发展，要着力推动区域协调发展、城乡协调发展、物质文明和精神文明协调发展，推动经济建设和国防建设融合发展。 绿色是永续发展的必要条件。绿色发展，就是要解决好人与自然和谐共生问题，坚定走生产发展、生活富裕、生态良好的文明发展道路，加快建设资源节约型、环境友好型社会，形成人与自然和谐发展现代化建设新格局，推进美丽中国建设。 开放是国家繁荣发展的必由之路。坚持开放发展，就要奉行互利共赢的开放战略，坚持内外需协调、进出口平衡、引进来和走出去并重、引资和引技引智并举，发展更高层次的开放型经济，积极参与全球经济治理和公共产品供给，提高我国在全球经济治理中的制度性话语权，构建广泛的利益共同体。 共享是中国特色社会主义的本质要求。其内涵主要有四个方面：全民共享，全面共享，共建共享，渐进共享。坚持共享发展，就要不断把“蛋糕”做大，并把不断做大的“蛋糕”分好，让人民群众有更多获得感。 联系：创新、协调、绿色、开放、共享的发展理念，相互贯通、相互促进，是具有内在联系的集合体。创新注重的是解决发展动力问题，协调注重的是解决发展不平衡问题，绿色注重的是解决人与自然和谐问题，开放注重的是解决发展内外联动问题，共享注重的是解决社会公平正义问题。 **二、深化供给侧结构性改革** 只有推进供给侧结构性改革，提高供给体系质量，适应新需求变化，才能在更高水平上实现供求关系新的动态均衡，推动高质量发展。	讲授 讨论

第一，推进增长动能转换，以加快发展先进制造业为重点全面提升实体经济。要推动产业优化升级，加快发展先进制造业；要支持传统产业优化升级，提高传统产业的产品品质和附加值；发挥一体化网络效应，强化基础体系的支撑作用。推进中国制造向中国创造转变、中国速度向中国质量转变、制造大国向制造强国转变。

第二，深化要素市场化配置改革，实现由以价取胜向以质取胜的转变。破除无效供给，调整产业结构；培育新动能，强化科技创新；降低实体经济成本，降低制度性交易成本；优化存量资源配置，提质升级存量供给，扩大优质增量供给，显著增强我国经济质量优势。

第三，加大人力资本培育力度，更加注重调动和保护人的积极性。人是生产力中最活跃的因素。要塑造良好社会文化生态，厚植企业家精神土壤；厘清政府、市场边界，拓展企业家精神生长空间，激发和保护企业家精神。要建设知识型、技能型、创新型劳动者大军。要弘扬劳模精神和工匠精神，营造劳动光荣的社会风尚和精益求精的敬业风气。

第四，持续推进“三去一降一补”，优化市场供求结构。坚持去产能、去库存、去杠杆、降成本、补短板，优化存量资源配置，扩大优质增量供给。

三、建设现代化经济体系的主要任务

建设现代化经济体系的构成：现代化经济体系，是由社会经济活动各个环节、各个层面、各个领域的相互关系和内在联系构成的一个有机整体。六个体系是统一整体，要一体建设、一体推进。

第一，要建设统一开放、竞争有序的市场体系，实现市场准入畅通、市场开放有序、市场竞争充分、市场秩序规范，加快形成企业自主经营公平竞争、消费者自由选择自主消费、商品和要素自由流动平等交换的现代市场体系。第二，要建设体现效率、促进公平的收入分配体系，实现收入分配合理、社会公平正义、全体人民共同富裕，推进基本公共服务均等化，逐步缩小收入分配差距。第三，要建设彰显优势、协调联动的城乡区域发展体系，实现区域良性互动、城乡融合发展、陆海统筹整体优化，培育和发挥区域比较优势，加强区域优势互补，塑造区域协调发展新格局。第四，要建设资源节约、环境友好的绿色发展体系，实现绿色循环低碳发展、人与自然和谐共生，牢固树立和践行绿水青山就是金山银山理念，形成人与自然和谐发展现代化建设新格局。第五，要建设多元平衡、安全高效的全面开放体系，发展更高层次开放型经济，推动开放朝着优化结构、拓展深度、提高效益方向转变。第六，要建设充分发挥市场作用、更好发挥政府作用的经济体制，实现市场机制有效、微观主体有活力、宏观调控有度。

建设现代化经济体系的措施：第一，大力发展实体经济。实体经济是一国经济的立身之本，是财富创造的根本源泉，是国家强盛的重要支柱，是现代化经济体系的坚实基础。第二，加快实施创新驱动发展战略。深入实施科教兴国战略、人才强国战略、创新驱动发展战略，努力实现到 2035 年跻身创新型国家前列的目标。第三，激发各类市场主体活力。要推动国有资本做强做优做大，完善国企国资改革方案，围绕管资本为主加快转变国有资产监管机构职能，改革国有资本授权经营体制。第四，积极推动城乡区域协调发展。优化现代化经济体系的空间布局，实施好区域协调发展战略，坚持协调发展理念，优化区域发展格局，实现基本公共服务均等化，人民生活水平大体相当。第五，着力发展开放型经济。提高现代化经济体系的国际竞争力，更好利用全球资源和市场，继续积极推进“一带一路”框架下的国际交流合作。第六，深化经济体制改革。加快完善社会主义市场经济体制，坚决破除各方面体制机制弊端，激发全社会创新创业活力。

第二节　发展社会主义民主政治

一、坚持中国特色社会主义政治发展道路

90分钟

讲授
讨论

视频

必须坚持党的领导、人民当家作主、依法治国有机统一。党的领导是人民当家作主和依法治国的根本保证，人民当家作主是社会主义民主政治的本质特征，全面推进依法治国是党领导人民治理国家的基本方式，三者统一于我国社会主义民主政治伟大实践。坚持党的领导，就要发挥党总揽全局、协调各方的领导核心作用。改进党的领导方式和执政方式，保证党领导人民有效治理国家。实现人民当家作主，就要扩大人民有序政治参与，保证人民依法实行民主选举、民主协商、民主决策、民主管理、民主监督。巩固基层政权，完善基层民主制度，保障人民知情权、参与权、表达权、监督权。全面推进依法治国，就要维护国家法制统一、尊严、权威，加强人权法治保障，保证人民依法享有广泛权利和自由。健全依法决策机制，构建决策科学、执行坚决、监督有力的权力运行机制。

首先，中国共产党的领导是人民当家作主和依法治国的根本保证。党的十九大提出的新时代坚持和发展中国特色社会主义的十四条基本方略中，摆在第一条的是坚持党对一切工作的领导。报告重申：“党政军民学，东西南北中，党是领导一切的。”在我国这样一个发展中大国，离开了共产党的领导，就不可能把全国人民的力量和意志凝聚起来，发展社会主义民主也就无从谈起。只有坚持党的领导，才能坚持我国民主发展的社会主义方向，人民当家作主和依法治国才能有可靠的保证。因此，发展社会主义民主政治，建设社会主义政治文明，核心在于坚持党的领导。其次，人民当家作主是社会主义民主政治的本质特征。我们党领导人民推翻剥削阶级统治、建立人民政权，就是要组织和支

持人民当家作主，依法管理国家和社会事务，管理各项事业。全面推进依法治国，建设社会主义法治国家，归根到底也是为了实现社会主义民主的制度化、规范化、程序化，为人民当家作主提供政治和法律制度保障。发扬民主是加强和改善党的领导的有效途径，可以使党和国家的权力充分置于人民的监督之下，而对党的民主监督越充分，党犯错误的可能性就越小，党的执政地位就越巩固。最后，全面推进依法治国是党领导人民治理国家的基本方式。习近平总书记在十九大报告中指出，全面推进依法治国是中国特色社会主义的本质要求和重要保障。依法治国的实质是人民在党的领导下，依照宪法和法律治理国家，管理社会事务和经济文化事业，保障自己当家作主的各项民主权利。全面推进依法治国既能从制度上、法律上保证党的执政地位，也能保证我们党科学执政、民主执政，在法治的轨道上推动各项工作的开展，保障公民和法人的合法权益。因此，十九大报告提出，成立中央全面依法治国领导小组，加强对法治中国建设的统一领导。

二、健全人民当家作主制度体系

我国是工人阶级领导的、以工农联盟为基础的人民民主专政的社会主义国家，国家一切权力属于人民。

人民代表大会制度是我国根本政治制度，是符合中国国情、体现中国社会主义国家性质、能够保证人民当家作主的根本政治制度和最高实现形式，也是党在国家政权中充分发扬民主、贯彻群众路线的最好实现形式。

发挥社会主义协商民主的重要作用。实行人民民主，保证人民当家作主，要求治国理政大政方针在人民内部各方面进行广泛商量。协商民主是在中国共产党领导下，人民内部各方面围绕改革发展稳定重大问题和涉及群众利益的实际问题，在决策之前和决策实施中，开展广泛协商，努力形成共识的重要民主形式。

中国共产党领导的多党合作和政治协商制度是我国的一项基本政治制度，人民政协是具有中国特色的制度安排，是社会主义协商民主的重要渠道和专门协商机构。

民族区域自治制度是我国的一项基本政治制度，是中国特色解决民族问题正确道路的重要内容和制度保障。

基层群众自治制度是我国的一项基本政治制度。完善基层群众自治制度，发展基层民主，是社会主义民主政治建设的基础。

三、巩固和发展爱国统一战线

在长期的革命、建设和改革过程中，已经结成了由中国共产党领导的，有各民主党派和各人民团体参加的，包括全体社会主义劳动者、社会主义事业的建设者、拥护社会主义的爱国者、拥护祖国统一和致力于中华民族伟大复兴的爱国者的广泛的爱国统一战线，这个统一战线是党的事业取得胜利的重要法宝，将继续巩固和发展。第一，坚持长期共存、互相监督、肝胆相照、荣辱与共，支持民主党派按照中国特色社会主义参政党要求更好履行职能。第二，深化民族团结进步教育，铸牢中华民族共同体意识。第三，全面贯彻党的宗教工作基本方针，坚持我国宗教的中国化，积极引导宗教与社会主义社会相适应。第四，牢牢把握大团结大联合的主题，做好统战工作。

四、坚持"一国两制"，推进祖国统一

继续推动香港、澳门各项事业向前发展，归根到底是要坚守方向、踩实步伐，全面准确理解和贯彻"一国两制""港人治港""澳人治澳"、高度自治的方针。第一，必须始终准确把握"一国"和"两制"的关系。"一国两制"是一个完整的概念。"一国"是实行"两制"的基础，"两制"从属和派生于"一国"，并统一于"一国"之中。"一国"是根，根深才能叶茂；"一国"是本，本固才能枝荣。第二，必须始终依照宪法和基本法办事。必须把维护中央对香港、澳门特别行政区全面管治权和保障特别行政区高度自治权有机结合起来。第三，必须始终聚焦发展这个第一要务。要以粤港澳大湾区建设、粤港澳合作、泛珠三角区域合作等为重点，全面推进内地与香港、澳门互利合作，更好发挥港澳与内地共同发展的路径和渠道。第四，必须始终维护和谐稳定的社会环境。要增强香港、澳门同胞的国家意识和爱国精神，使爱国爱港爱澳光荣传统薪火相传，使"一国两制"事业后继有人，让香港、澳门同胞同祖国人民共担民族复兴的历史责任、共享祖国繁荣富强的伟大荣光。

五、习近平对台工作重要思想

第一，坚持"和平统一、一国两制"方针；第二，推动两岸关系和平发展；第三，坚持一个中国原则和"九二共识"；第四，坚决反对和遏制任何形式的"台独"；第五，秉持和践行"两岸一家亲"理念；第六，携手同心共圆民族复兴中国梦。

习近平总书记在庆祝中国共产党成立95周年大会上发表"七一讲话"指出，推进祖国和平统一进程、完成祖国统一大业，是实现中华民族伟大复兴的必然要求；无论遇到什么困难和挑战，我们对"一国两制"的信心和决心都绝不会动摇；两岸关系和平发展是维护两岸和平、促进共同发展、造福两岸同胞的正确道路，也是通向和平统一的光明大道；两岸双方应该胸怀民族整体利益，携手为实现中华民族伟大复兴的中国梦共同打拼。

这些内容既体现了我们党对台政策的一贯性、稳定性，同时又赋予对台工作更丰富的内涵、更崇高的目标，即统一目的是为了中华民族整体利益，是为

	了两岸共圆中国梦；统一进程应本着两岸同胞命运与共、“两岸一家亲”理念；统一结果不仅是形式统一，更应实现两岸同胞心灵契合，建设两岸同胞共同精神家园。同时，民族强盛是同胞共同之福，追求中国梦、国家统一与两岸关系和平发展是两岸中国人的共同权力；民族弱乱是同胞共同之祸，两岸中国人都有追求中国梦、实现国家统一和维护两岸关系和平发展的义务。	讲授
	习近平总书记在十九大报告中指出：“我们坚决维护国家主权和领土完整，绝不容忍国家分裂的历史悲剧重演。一切分裂祖国的活动都必将遭到全体中国人坚决反对。我们有坚定的意志、充分的信心、足够的能力挫败任何形式的‘台独’分裂图谋。我们绝不允许任何人、任何组织、任何政党，在任何时候、以任何形式，把任何一块中国领土从中国分裂出去！” 2018年3月，习近平总书记在十三届全国人大一次会议闭幕会上强调：“维护国家主权和领土完整，实现祖国完全统一，是全体中华儿女共同愿望，是中华民族根本利益所在。在这个民族大义和历史潮流面前，一切分裂祖国的行径和伎俩都是注定要失败的，都会受到人民的谴责和历史的惩罚！中国人民有坚定的意志、充分的信心、足够的能力挫败一切的活动！中国人民和中华民族有一个共同信念，这就是：我们伟大祖国的每一寸领土都不能也不可能从中国分割出去！”	讨论
90分钟	**第三节 推动社会主义文化繁荣兴盛** 一、牢牢掌握意识形态工作领导权 意识形态关乎旗帜、关乎道路、关乎国家安全，决定文化前进方向和道路。建设中国特色社会主义文化，必须建设具有强大凝聚力、引领力的社会主义意识形态，使全体人民在理想信念、价值理念、道德观念上紧紧团结在一起，巩固马克思主义在意识形态领域的指导地位，牢牢掌握意识形态工作领导权。 （1）掌握意识形态工作领导权，要旗帜鲜明坚持马克思主义指导地位。 （2）掌握意识形态工作领导权，要加快构建中国特色哲学社会科学。 （3）掌握意识形态工作领导权，要坚持正确的舆论导向。 （4）掌握意识形态工作领导权，要建设好网络空间。 （5）掌握意识形态工作领导权，要落实好意识形态工作责任制。 二、培育和践行社会主义核心价值观 核心价值观是一个民族赖以维系的精神纽带，是一个国家共同的思想道德基础。 1. 社会主义核心价值观的内容 富强、民主、文明、和谐，自由、平等、公正、法治，爱国、敬业、诚信、	讲授

友善是社会主义核心价值观的基本内容。

2. 如何培育和践行社会主义核心价值观

（1）培育和践行社会主义核心价值观，要把社会主义核心价值观融入社会生活各个方面。

（2）培育和践行社会主义核心价值观，要坚持全民行动、干部带头，从家庭做起、从娃娃抓起。

（3）培育和践行社会主义核心价值观，必须立足中华优秀传统文化和革命文化。

（4）培育和践行社会主义核心价值观，还必须发扬中国人民在长期奋斗中培育、继承、发展起来的伟大民族精神。

三、坚定文化自信，建设社会主义文化强国（讲授20分钟）

文化是一个国家，一个民族的灵魂，是人民的精神家园，也是政党的精神旗帜。

1. 建设文化强国的重要性（略）

2. 文化强国的定义

文化强国是指这个国家具有强大的文化力量。这种力量既表现为具有高度文化素养的国民，也表现为发达的文化产业，还表现为强大的文化软实力。

3. 如何建设社会主义文化强国

（1）建设社会主义文化强国，必须培养高度的文化自信。

（2）建设社会主义文化强国，必须大力发展文化事业和文化产业。

（3）建设社会主义文化强国，必须提高国家文化软实力。

第四节　坚持在发展中保障和改善民生

一、提高保障和改善民生水平

民生是人民幸福之基、社会和谐之本。

1. 优先发展教育事业

建设教育强国是中华民族伟大复兴的基础工程，必须把教育事业放在优先位置。

2. 提高就业质量和人民收入水平

就业是最大的民生。要坚持就业优先战略和积极就业政策，实现更高质量和更充分就业。

鼓励勤劳守法致富，扩大中等收入群体，增加低收入者收入，调节过高收入，取缔非法收入。

3. 加强社会保障体系建设

讲授 视频

社会保障体系发挥兜底作用，保障全社会成员基本生存与生活需要，要全面建成覆盖全民、城乡统筹、权责清晰、保障适度、可持续的多层次社会保障体系。

4. 坚决打赢脱贫攻坚战（略）

5. 实施健康中国战略

人民健康是民族昌盛和国家富强的重要标志。要完善国民健康政策，为人民群众提供全方位全周期健康服务。

二、加强和创新社会治理

社会治理是社会建设的重大任务，是国家治理的重要内容。

（1）创新社会治理体制。

（2）改进社会治理方式。

（3）加强预防和化解社会矛盾机制建设。

（4）加强社会心理服务体系建设。

（5）加强社区治理体系建设。

三、坚持总体国家安全观

总体国家安全观是指坚持国家利益至上，以人民安全为宗旨，以政治安全为根本，以经济安全为基础，以军事、文化、社会安全为保障，以促进国际安全为依托，维护各领域国家安全，构建国家安全体系，走中国特色国家安全道路。

（1）完善国家安全体系。

（2）健全公共安全体系。

（3）推进平安中国建设。

（4）加强国家安全能力建设。

（5）加强国家安全教育。

第五节 建设美丽中国

一、坚持人与自然和谐共生

80 分钟

建设生态文明是中华民族永续发展的千年大计，关系人民福祉，关乎民族未来，功在当代、利在千秋。

生态文明建设，指人类在利用和改造自然的过程中，主动保护自然，积极改

90 分钟	善和优化人与自然的关系，建设健康有序的生态运行机制和良好的生态环境。 生态文明的核心是坚持人与自然和谐共生。建设生态文明必须树立尊重自然、顺应自然、保护自然的生态文明理念。 二、形成人与自然和谐发展新格局 在生态环境保护上我们要坚持节约资源和保护环境的基本国策。 （1）把节约资源放在首位。 （2）坚持保护优先、自然恢复为主。 （3）着力推进绿色发展、循环发展、低碳发展。 （4）形成节约资源和保护环境的空间格局、产业结构、生产方式、生活方式。 三、加快生态文明体制改革 （1）推进绿色发展。 （2）着力解决突出环境问题。 （3）加大生态系统保护力度。 （4）改革生态环境监管体制。	
板书 设计	第十章　“五位一体”总体布局 第一节　建设现代化经济体系 一、贯彻新发展理念 二、深化供给侧结构性改革 三、建设现代化经济体系的主要任务 第二节　发展社会主义民主政治 一、坚持中国特色社会主义政治发展道路 二、健全人民当家作主制度体系 三、巩固和发展爱国统一战线 四、坚持“一国两制”，推进祖国统一 五、习近平对台工作重要思想 第三节　推动社会主义文化繁荣兴盛 一、牢牢掌握意识形态工作领导权 二、培育和践行社会主义核心价值观 三、坚定文化自信，建设社会主义文化强国 第四节　坚持在发展中保障和改善民生 一、提高保障和改善民生水平 二、加强和创新社会治理 三、坚持总体国家安全观	

	第五节 建设美丽中国 一、坚持人与自然和谐共生 二、形成人与自然和谐发展新格局 三、加快生态文明体制改革
课程小结	贯彻新发展理念，建设现代化经济体系是中国特色社会主义经济建设的重要内容，以深化供给侧结构性改革为主线，推动经济发展质量变革、效率变革、动力变革，实现高质量增长。 健全人民当家作主的制度体系是中国特色社会主义民主政治的最重要内容。走中国特色社会主义政治发展道路，必须坚持党的领导、人民当家作主、依法治国有机统一。人民代表大会制度是我国的根本政治制度，中国共产党领导的多党合作和政治协商制度、民族区域自治制度、基层群众自治制度是我国的基本政治制度。爱国统一战线是党的事业取得胜利的重要法宝，必须继续巩固和发展。和平统一、“一国两制”是我们实现国家统一的最佳方式。 建设中国特色社会主义文化，必须坚持走中国特色社会主义文化发展道路，牢牢把握意识形态工作领导权，弘扬社会主义核心价值体系和核心价值观，建设社会主义文化强国。 建设社会主义和谐社会，要提高保障和改善民生水平，实施精准扶贫、精准脱贫战略，加强和创新社会治理，形成共建共治共享的社会保障体系，树立国家总体安全观。 建设美丽中国，要树立人与自然和谐共生的基本理念，实现最严格的环境保护政策，坚持绿色发展，加快生态文明体制改革。
作业布置	1. 新时代如何推进现代化经济体系建设？ 2. 如何理解坚持党的领导、人民当家作主和依法治国的有机统一？ 3. 如何推动社会主义文化繁荣兴盛？ 4. 如何建设美丽中国？

第十一章　“四个全面”战略布局

课　　题	第十一章　“四个全面”战略布局	课时	4 学时
教学目标	让学生明白“四个全面”战略布局是习近平总书记总结经验、筹划全局、揭示规律、思考提炼，对党在新形势下治国理政重大战略思想作出的准确表述和精辟概括。“四个全面”战略布局明确了党、国家和军队各项工作的总纲领、总方针。深入领会“四个全面”重大战略思想，协调推进“四个全面”战略布局，全面推进民族复兴伟大事业，是当前和今后一个时期的重大战略任务。		
教学重点	1. 全面深化改革的总目标 2. 走中国特色社会主义法治道路 3. 新时代党的建设总要求 4. “四个全面”之间的逻辑关系		
教学难点	1. 决胜全面建成小康社会的新要求 2. “四个全面”之间的逻辑关系		
课程类型	理论课、实践课	教学方法	讲授、视频、讨论等
课前准备	案例内容资料、图片、视频、讨论题目、课件		
教学过程及时间分配	主 要 教 学 内 容	教学方法运用	
5 分钟	**第十一章 “四个全面”战略布局** 【课程导入】 本章内容主要介绍了“四个全面”战略布局的相关内容以及如何从治国理政顶层设计新高度，深刻认识“四个全面”战略布局的重大意义。本章的逻辑结构是：“四个全面”战略布局是我们党在新形势下治国理政的总方略。全面建成小康社会是战略目标，全面深化改革、全面推进依法治国、全面从严治党是战略举措；全面建成小康社会是实现中华民族伟大复兴中国梦的重要基础、关键一步；全面深化改革的总目标是完善和发展中国特色社会主义制度，推进国家治理体系和治理能力现代化；全面推进依法治国总目标是建设中国特色社	讲授	

40 分钟	会主义法治体系，建设社会主义法治国家；要坚持新时代党的建设总要求，以永远在路上的执着把全面从严治党引向深入。 本章内容共有四节。第一节“全面建成小康社会”共有两目。第一目主要介绍了全面建成小康社会的内涵。在“四个全面”战略布局中，全面建成小康社会是处于引领地位的战略目标，如期全面建成小康社会事关中国梦实现的大格局，事关中华民族伟大复兴。第二目从七个方面对全面建成小康社会的目标进行描述，指出从现在到 2020 年，是全面建成小康社会决胜期，全面建成小康社会标志着我们跨过了实现现代化建设第三步战略目标必经的承上启下的重要发展阶段。 第二节“全面深化改革”共有三目，第一目包含两部分内容。一是说明了全面深化改革的深层原因及重要意义，二是介绍了全面深化改革的总要求。第二目强调了全面深化改革的总目标和主要内容。第三目从五个方面着重介绍了如何处理全面深化改革中的重大关系。 第三节“全面推进依法治国”共有三目，第一目对全面推进依法治国方略的形成发展进行了时间梳理。第二目指出全面推进依法治国的战略措施，强调中国必须走中国特色社会主义法治道路。第三目从两个方面说明了深化推进依法治国实践的重点任务：一个是推进中国特色社会主义法治体系建设，另一个是深化推进依法治国实践。 第四节“全面从严治党”共有四目，第一目主要说明从当前党情、世情、国情的深刻变化出发，坚持党要管党、全面从严治党的必要性和紧迫性，以及新时代党的建设总要求。第二目分为两部分内容，主要回答了我们党为什么要把政治建设放在首位，以及党的政治建设的基本内容。第三目强调全面从严治党永远在路上，回答了新时代我们应如何全面从严治党的重要问题。 **第一节　全面建成小康社会** 党的十八大以来，以习近平同志为核心的党中央从坚持和发展中国特色社会主义全局出发，立足发展实际，坚持问题导向，在统筹推进“五位一体”总体布局的同时，围绕协调推进“四个全面”战略布局，进行了一系列新探索新实践，提出了一系列新思想新观点，为党和国家事业发展提供了重要指导。 党的十八届三中、四中、五中、六中全会，分别对全面深化改革、全面依法治国、全面建成小康社会、全面从严治党进行了专题研究和规划部署。用四次中央全会对“四个全面”战略布局作出整体设计，这是党中央治国理政大逻辑的渐次展开、深层推进，充分显示了党中央宽广的战略视野、科学的战略谋划。 “四个全面”战略布局，是我们党把握我国发展新特征确定的治国理政总方略，是新的时代条件下坚持和发展中国特色社会主义、实现社会主义现代化和中华民族伟大复兴的战略抉择，开辟了我们党治国理政新境界。	讲授 视频

一、全面建成小康社会的内涵

党的十八大提出了到 2020 年全面建成小康社会的奋斗目标。全面建成小康社会标志着我们跨过了实现现代化建设第三步战略目标必经的承上启下的重要发展阶段。全面小康有更高的标准、更丰富的内涵，更全面的要求，即经济更加发展、民主更加健全、科教更加进步、文化更加繁荣、社会更加和谐、人民生活更加殷实。

全面建成小康社会，是我们确定的第一个百年奋斗目标，是我们党向人民、向历史作出的庄严承诺，是建设社会主义现代化、实现中华民族伟大复兴征程上的一座重要里程碑。全面建成小康社会，核心和关键在“全面”，重点和难点也在“全面”。一是覆盖的领域要全面；二是覆盖的人口要全面；三是覆盖的区域要全面。党的十八届五中全会顺应我国经济社会新发展和广大人民群众新期待，赋予“小康”更高的标准、更丰富的内涵，对全面建成小康社会进行了总体部署，规划和设计了未来美好生活的宏伟蓝图，体现了目标导向与问题导向相统一，体现了坚持战略性和操作性相结合。

二、决胜全面建成小康社会

党的十九大进一步明确了决胜全面建成小康社会的战略安排。我们要深入贯彻习近平新时代中国特色社会主义思想和基本方略，紧扣社会主要矛盾的变化，综合施策、精准发力，突出抓重点，补短板、强弱项，赢得全面建成小康社会的最后胜利。第一，坚决打好防范化解重大风险攻坚战；第二，坚决打好精准脱贫攻坚战；第三，坚决打好污染防治攻坚战；第四，确保经济社会持续健康发展。

我们已经进入全面建成小康社会决胜阶段，到了一鼓作气向终点线冲刺的历史时刻。下大气力破解制约如期全面建成小康社会的重点难点问题，这既是必须完成的任务，也是必须迈过的一道坎。

第二节　全面深化改革

一、坚定不移地全面深化改革

党的十八大向全党全国发出了全面深化改革开放新的宣言书、新的动员令，全党全国各族人民要坚定不移走改革开放的强国之路。

改革开放是决定当代中国命运的关键一招，也是决定实现“两个一百年”奋斗目标、实现中华民族伟大复兴的关键一招，实践发展永无止境，解放思想永无止境，改革开放也永无止境，停顿和倒退没有出路，改革开放只有进行时，没有完成时。

45 分钟	改革开放是当代中国发展进步的活力之源，是我们党和人民大踏步赶上时代前进步伐的重要法宝，是坚持和发展中国特色社会主义的必由之路。 现在我国改革已经进入攻坚期和深水区，我们必须以更大的政治勇气和智慧，不失时机深化重要领域改革。我们要坚持改革开放正确方向，敢啃硬骨头，敢涉险滩，既勇于冲破思想观念的障碍，又勇于突破利益固化的藩篱；既不走封闭僵化的老路、也不走改旗易帜的邪路，做到改革不停顿、开放不止步。 二、全面深化改革的总目标和主要内容 党的十八届三中全会讨论通过的《关于全面深化改革若干重大问题的决定》提出全面深化改革的总目标是完善和发展中国特色社会主义制度，推进国家治理体系和治理能力现代化。 怎样推进国家治理体系和治理能力现代化？ 一个国家选择什么样的治理体系，是由这个国家的历史传承、文化传统、经济社会发展水平决定的，是由这个国家的人民决定的。我国今天的国家治理体系，是在我国历史传承、文化传统、经济社会发展的基础上长期发展、渐进改进、内生性演化的结果。我国国家治理体系需要改进和完善，但怎么改、怎么完善，我们要有主张、有定力。 中华民族是一个兼容并蓄、海纳百川的民族，在漫长历史进程中，不断学习他人的好东西，把他人的好东西化成我们自己的东西，这才形成我们的民族特色。 党的十八届三中全会既提出了全面深化改革的总目标，也在总目标统领下明确了：经济体制改革、政治体制改革、文化体制改革、社会体制改革、生态文明体制改革、党的建设制度改革、国防和军队体制改革、国际关系和外交战略等。 六个“紧紧围绕”：一是要紧紧围绕使市场在资源配置中起决定性作用深化经济体制改革；二是紧紧围绕坚持党的领导、人民当家作主、依法治国有机统一深化政治体制改革；三是紧紧围绕建设社会主义核心价值体系、社会主义文化强国深化文化体制改革；四是紧紧围绕更好保障和改善民生、促进社会公平正义深化社会体制改革；五是紧紧围绕建设美丽中国深化生态文明体制改革；六是紧紧围绕提高科学执政、民主执政、依法执政水平深化党的建设制度改革。 总之，我们要勇于推进理论创新、实践创新、制度创新以及其他各方面的创新，让制度更加成熟定型，让发展更有质量，让治理更有水平，让人民更有获得感。	讲授

三、正确处理全面深化改革中的重大关系

处理好解放思想和实事求是的关系、顶层设计和摸着石头过河的关系、整体推进和重点突破的关系、胆子要大和步子要稳的关系、改革发展稳定的关系。要弄清楚整体政策安排与某一具体政策的关系、系统政策链条与某一政策环节的关系、政策顶层设计与政策分层对接的关系、政策统一性与政策差异性的关系、长期性政策与阶段性政策的关系 。

1. 处理好解放思想和实事求的关系

实事求是，是邓小平同志一生最重要的思想特点，也永远是中国共产党人应该遵循的思想方法。

2. 处理好顶层设计和摸着石头过河的关系

摸着石头过河，是富有中国特色、符合中国国情的改革方法。摸着石头过河就是摸规律，从实践中获得真知。摸着石头过河和加强顶层设计是辩证统一的，推进局部的阶段性改革开放要在加强顶层设计的前提下进行，加强顶层设计要在推进局部的阶段性改革开放的基础上来谋划。

3. 整体推进和重点突破的关系

改革开放是一个系统工程，必须坚持全面深化改革，在各项改革协同配合中推进。改革开放是一场深刻而全面的社会变革，每一项改革都会对其他改革产生重要影响，每一项改革又都需要其他改革协同配合。要更加注重各项改革的相互促进、良性互动，整体推进，重点突破，形成推进改革开放的强大合力。

4. 处理好胆子要大、步子要稳的关系

要准确推进改革，认真执行中央要求，不要事情还没弄明白就盲目推进。

要有序推进改革，该中央统一部署的不要抢跑，该尽早推进的不要拖沓，该试点的不要仓促推开，该深入研究后再推进的不要急于求成，该得到法律授权的不要超前推进。要协调推进改革，注重改革的关联性和耦合性，把握全局，力争最大综合效益。要善于把自觉维护中央大政方针的统一性严肃性和因地制宜、充分发挥主观能动性结合起来。任务一经确定，就要一步一个脚印、稳扎稳打向前走，积小胜为大胜，积跬步致千里。

5. 处理好改革、发展、稳定的关系

我们必须处理好改革、发展、稳定三者之间的关系，以更大的政治勇气和智慧，进一步解放思想、解放和发展社会生产力、增强社会创新活力。

	第三节 全面推进依法治国	
	一、全面推进依法治国方略的形成和发展	
	法律是治国之重器，良法是善治之前提。全面推进依法治国是关系我们党执政兴国、人民幸福安康、党和国家长治久安的重大战略问题，是“四个全面”战略布局的重要组成部分。	讲授
45 分钟	党的十九大明确提出，全面推进依法治国是中国特色社会主义的本质要求和重要保障。必须把党的领导贯彻落实到依法治国全过程和各方面，坚定不移走中国特色社会主义法治道路。	
	二、中国特色社会主义法治道路	
	全面推进依法治国，必须走对路。如果路走错了，南辕北辙了，那再提什么要求和举措也都没有意义了。在坚持和拓展中国特色社会主义法治道路这个根本问题上，我们要树立自信、保持定力。	
	三、深化推进依法治国实践的重点任务	
	党的十八届四中全会提出，全面推进依法治国，总目标是建设中国特色社会主义法治体系，建设社会主义法治国家。	
	党的十八届四中全会通过的《中共中央关于全面推进依法治国若干重大问题的决定》在中共党史和中华人民共和国历史上，第一次针对全面推进法治中国建设进行了全面的谋篇布局，指明了治国理政的法治化方向，描绘了法治中国的宏伟蓝图，作出了顶层制度设计，确定了建设法治中国的路线图与时间表，是中国进入现代化时期走向法治国家的指南针。	
	党的十八届四中全会，首次以“依法治国”作为全会主题。各方期待，在改革开放进入第 36 个年头的时候，中国的法治建设该如何换挡提速、转型升级。	讨论
	党的十八大提出“科学立法、严格执法、公正司法、全民守法”。此后，习近平总书记在多次重要讲话中对此进行强调。学者认为，这是中国新时期依法治国的“新十六字方针”，也是法治中国建设的衡量标准。	
	第四节 全面从严治党	
	一、新时代党的建设总要求	讲授
45 分钟	习近平总书记“全面从严治党”思想的提出，是执政的中国共产党面对当今国际、国内、党内情况的现实应对，是执政党加强自身建设审时度势的思考，必然蕴含丰富的时代内涵和新要求。	视频

“坚持党要管党、全面从严治党”是新时代党的建设的根本方针。“全面”是基础。体现为管党治党对象全覆盖、领域全范围、责任全担负，人人、处处、时时纳入其中，无一例外。“严”是关键，“借创事，做于细，成于严”。共产党人最讲认真，全面从严治党讲认真就是坚持严字当头，把严的要求贯彻全过程，做到真管真严、敢管敢严、长管长严。“治”是要害。坚持标本兼治，以猛药去疴、重典治乱的决心，以刮骨疗毒、壮士断腕的勇气，拔“烂树”、治“前树”、正“歪树”。

二、把党的政治建设摆在首位

党的十九大首次把党的政治建设纳入党的建设总体布局，并强调以党的政治建设为引领，“把党的政治建设摆在首位”，凸显党的政治建设的极端重要性，这是党的建设理论和实践的重大创新。第一，旗帜鲜明讲政治是我们党作为马克思主义政党的根本要求。第二，党的政治建设是党的根本性建设，决定党的建设方向和效果。第三，注重抓党的政治建设是党的十八大以来全面从严治党的成功经验。

党的政治建设的基本内容见统编教材 P262。

三、全面从严治党永远在路上

第一，加强党的思想建设。第二，加强党的组织建设。第三，持之以恒正风肃纪。第四，将制度建设贯穿党的各项建设之中。第五，深化标本兼治，夺取反腐败斗争压倒性胜利。

四、“四个全面”之间的逻辑关系

首先，全面建成小康社会是重要目标。无论是全面深化改革、全面推进依法治国，还是全面从严治党，都要有一个统一的奋斗目标来统领，这个奋斗目标就是全面建成小康社会。全面深化改革和全面推进依法治国都是全面建成小康社会的重要内容；同时，全面建成小康社会又是全面深化改革、全面推进依法治国和全面从严治党的重要目标。无论是全面深化改革、全面推进依法治国，还是全面从严治党，其目的都是为了实现全面建成小康社会和富强民主文明和谐的社会主义现代化国家这一战略目标。

其次，全面深化改革是强大动力。改革开放是党和人民事业大踏步赶上时代的重要法宝，也是发展中国特色社会主义、实现中华民族伟大复兴的必由之路。改革开放为社会主义现代化建设提供了强大动力和有力保障。在新的历史条件下，只有全面深化改革，才能进一步解放和发展社会生产力、解放和增强社会活力，努力开拓中国特色社会主义事业更加广阔的前景；只有全面深化改革，才能坚决破除束缚全面推进依法治国的体制机制障碍，彻底解决法治领域

	的突出问题；只有全面深化改革，才能进一步加强和改善党的领导，在发展中国特色社会主义伟大实践中全面从严治党。改革开放是决定当代中国命运的关键抉择，也是全面建成小康社会、全面推进依法治国和全面从严治党的强大动力。 再次，全面推进依法治国是基本方略。全面推进依法治国是党中央治国理政的基本方略。用法治手段来巩固改革成果，引导改革创新，推动改革深化，是全面深化改革的必然要求。党的十八大提出，全面建成小康社会的新目标和新要求无论哪一条都离不开社会主义法治来提供保障。全面推进依法治国是解决党和国家事业发展面临的一系列重大问题，确保全面深化改革和全面从严治党顺利进行，不断解放和增强社会活力、促进社会公平正义、维护社会和谐稳定、确保党和国家长治久安的根本要求。 最后，全面从严治党是重要保障。实现全面建成小康社会奋斗目标，需要全面推进从严治党，因为党是中国特色社会主义事业的坚强领导核心，没有党的坚强领导就根本不可能实现全面建成小康社会目标；全面深化改革需要全面推进从严治党，因为改革开放事业是在党的领导下进行的，只有全面加强党的领导并不断加强党的自身建设，才能确保改革开放事业的正确方向；全面推进依法治国同样需要全面推进从严治党，因为“社会主义法治必须坚持党的领导，党的领导必须依靠社会主义法治”。	
板书设计	第十一章 “四个全面”战略布局 第一节 全面建成小康社会 一、全面建成小康社会的内涵 二、决胜全面建成小康社会 第二节 全面深化改革 一、坚定不移地全面深化改革 二、全面深化改革的总目标和主要内容 三、正确处理全面深化改革中的重大关系 第三节 全面推进依法治国 一、全面推进依法治国方略的形成和发展 二、中国特色社会主义法治道路 三、深化推进依法治国实践的重点任务 第四节 全面从严治党 一、新时代党的建设总要求 二、把党的政治建设摆在首位 三、全面从严治党永远在路上 四、“四个全面”之间的逻辑关系	
课程小结	“四个全面”战略布局是我们党在新形势下治国理政的总方略。全面建成小康社会是战略目标，全面深化改革、全面推进依法治国、全面从严治党是战略举措。	

	全面建成小康社会是实现中华民族伟大复兴中国梦的重要基础、关键一步。全面深化改革的总目标是完善和发展中国特色社会主义制度，推进国家治理体系和治理能力现代化。全面推进依法治国总目标是建设中国特色社会主义法治体系，建设社会主义法治国家。要坚持新时代党的建设总要求，以永远在路上的执着把全面从严治党引向深入。
作业布置	1. 决胜全面建成小康社会提出了哪些新要求？ 2. 如何理解全面深化改革的总目标？ 3. 如何理解新时代党的建设总要求？

第十二章　全面推进国防和军队现代化

<table>
<tr><td>课　　题</td><td colspan="2">第十二章　全面推进国防和军队现代化</td><td>课时</td><td>4 学时</td></tr>
<tr><td>教学目标</td><td colspan="4">帮助学生理解习近平强军思想的主要内容和重大意义；清楚党对军队的绝对领导是中国特色社会主义的本质特征，推进强军事业必须毫不动摇坚持党对军队的绝对领导；掌握党的十九大对全面推进国防和军队现代化作出的新的战略安排，通过牢固树立战斗力这个唯一的根本标准，坚持政治建军、改革强军、科技兴军、依法治军，构建中国特色现代军事力量体系，深入推进练兵备战，尽快把人民军队建设成为世界一流军队；了解我们党坚持富国和强军相统一，积极推动军民融合实践，加快形成军民融合深度发展格局。</td></tr>
<tr><td>教学重点</td><td colspan="4">1. 习近平强军思想
2. 坚持党对人民军队的绝对领导
3. 建设世界一流军队
4. 坚持富国和强军相统一
5. 军民融合深度发展格局</td></tr>
<tr><td>教学难点</td><td colspan="4">1. 习近平强军思想
2. 军民融合深度发展格局</td></tr>
<tr><td>课程类型</td><td>理论课、实践课</td><td>教学方法</td><td colspan="2">讲授、视频、讨论等</td></tr>
<tr><td>课前准备</td><td colspan="4">案例内容资料、图片、视频、讨论题目、课件</td></tr>
<tr><td>教学过程及时间分配</td><td colspan="3">主 要 教 学 内 容</td><td>教学方法运用</td></tr>
<tr><td>5 分钟</td><td colspan="3">第十二章　全面推进国防和军队现代化

【课程导入】

本章共两节内容，主要阐述习近平强军思想是习近平新时代中国特色社会主义思想的重要组成部分，是推进国防和军队现代化的行动纲领，推进强军事业必须毫不动摇坚持党对军队的绝对领导，加快把人民军队建设成为世界一流</td><td>讲授</td></tr>
</table>

85分钟	军队；必须加快形成全要素、多领域、高效益的军民融合深度发展格局，逐步构建军民一体化的国家战略体系。 第一节“坚持走中国特色强军之路”共有三目。第一目深刻阐述习近平强军思想的主要内容和重大意义；第二目着重阐述党对军队绝对领导的主要内容和制度保证，并强调党的领导是人民军队战无不胜的根本保证，推进强军事业必须毫不动摇坚持党对军队的绝对领导；第三目主要阐述党的十九大绘就了建设强大人民军队的路线图、时间表，要牢固树立战斗力这个唯一的根本的标准，坚持政治建军、改革强军、科技兴军、依法治军，构建中国特色现代军事力量体系，深入推进练兵备战，为实现中国梦强军梦提供强大物质技术支撑。 第二节“推动军民融合深度发展”共有三目。第一目主要阐述坚持富国和强军相统一是我们党的一贯主张，是经济建设和国防建设协调发展规律的内在要求，走军民融合式发展路子，是实现富国和强军统一的重要途径；第二目主要介绍我国积极推动军民融合实践取得的丰硕成果，要坚持全国一盘棋，健全体制机制，强化战略规划，突出重点领域，切实做到应融则融、能融尽融，把军民融合发展任务落实到位。军民融合是国家战略，必须站在党和国家事业发展全局的高度思考问题，切实把思想和行动统一到党中央决策部署上来。 **第一节　坚持走中国特色强军之路** 一、习近平强军思想 党的十八大以来，习近平着眼坚持和发展中国特色社会主义、实现中华民族伟大复兴，立足国家安全和发展战略全局，围绕强军兴军作出一系列重要论述，提出系列重大战略思想、重大理论观点、重大决策部署，形成了习近平强军思想。 习近平强军思想深刻回答了“新时代建设一支什么样的强大人民军队、怎样建设强大人民军队”的时代课题，其主要内容有：一是强国必须强军，巩固国防和强大的人民军队是新时代坚持和发展中国特色社会主义、实现中华民族伟大复兴的战略支撑。二是党在新时代的强军目标是建设一支听党指挥、能打胜仗、作风优良的人民军队，必须同国家现代化进程相一致，力争到 2035 年基本实现国防和军队现代化，到本世纪中叶把人民军队全面建成世界一流军队。三是党对军队绝对领导是人民军队建军之本、强军之魂，必须全面贯彻党领导军队的一系列根本原则和制度，确保部队绝对忠诚、绝对纯洁、绝对可靠。四是军队是要准备打仗的，必须聚焦能打仗、打胜仗，创新发展军事战略指导，构建中国特色现代作战体系，全面提高新时代备战打仗能力，有效塑造态势、管控危机、遏制战争、打赢战争。五是作风优良是我军鲜明特色和政治优势，必须加强作风建设、纪律建设，坚定不移正风肃纪、反腐惩恶，大力弘扬我党	讲授

我军光荣传统和优良作风，永葆人民军队性质、宗旨、本色。六是推进强军事业必须坚持政治建军、改革强军、科技兴军、依法治军，更加注重聚焦实战、更加注重创新驱动、更加注重体系建设、更加注重集约高效、更加注重军民融合，全面提高革命化现代化正规化水平。七是改革是强军的必由之路，必须推进军队组织形态现代化，构建中国特色现代军事力量体系，完善中国特色社会主义军事制度。八是创新是引领发展的第一动力，必须坚持向科技创新要战斗力，统筹推进军事理论、技术、组织、管理、文化等各方面创新，建设创新型人民军队。九是现代化军队必须构建中国特色军事法治体系，推进治军方式根本性转变，提高国防和军队建设法治化水平。十是军民融合发展是兴国之举、强军之策，必须坚持发展和安全兼顾、富国和强军统一，形成全要素、多领域、高效益军民融合深度发展格局，构建一体化的国家战略体系和能力。

习近平强军思想，是习近平新时代中国特色社会主义思想的重要组成部分，开拓了马克思主义军事理论和当代中国军事实践发展新境界，标志着党的军事指导理论的与时俱进。

二、坚持党对人民军队的绝对领导

党对军队的绝对领导是中国特色社会主义的本质特征，是党和国家的重要政治优势。推进强军事业，必须毫不动摇坚持党对军队的绝对领导，确保人民军队永远听党话、跟党走。

党对军队的绝对领导，其基本内容是：军队必须完全地无条件地置于中国共产党的领导之下，在思想上政治上行动上始终与党中央、中央军委保持高度一致，坚决维护党中央、中央军委权威，任何时候任何情况下都坚决听从党中央、中央军委指挥。

视频

坚持党对军队绝对领导不是抽象的原则要求，而是有一整套制度作保证的。这些制度主要包括：军队最高领导权和指挥权属于党中央和中央军委，中央军委实行主席负责制；实行党委制、政治委员制、政治机关制；实行党委统一的集体领导下的首长分工负责制；实行支部建在连上制。

坚持党对军队的绝对领导，把党指挥枪的原则落到实处：第一，不折不扣落实好党领导军队的一整套制度。第二，坚持五湖四海、任人唯贤，坚持德才兼备、以德为先，坚持对党忠诚、善谋打仗、敢于担当、实绩突出、清正廉洁的军队好干部标准，完善干部选拔任用机制，增强选人用人的科学性、准确性、公信度，确保枪杆子始终掌握在忠于党的可靠的人手中。第三，严守政治纪律和政治规矩，加大全面从严治党、从严治军力度，强化政治意识、大局意识、核心意识、看齐意识，防止和反对政治上的自由主义，确保全军官兵始终在政治立场、政治方向、政治原则、政治道路上与党中央、中央军委保持高度一致，一切行动听从党中央、中央军委指挥。

90分钟	三、建设世界一流军队 党的十九大对全面推进国防和军队现代化作出新的战略安排：到2020年，国防和军队建设要基本实现机械化，信息化建设取得重大进展，战略能力有大的提升；到2035年，基本实现国防和军队现代化；到本世纪中叶，把人民军队全面建成世界一流军队。 （1）牢固树立战斗力这个唯一的根本的标准。军队强不强，关键看打仗；战场打不赢，一切等于零。把战斗力作为唯一的根本的标准，是有效履行我军根本职能的内在要求，也是提高军队建设质量效益的客观需要，无论过去、现在和将来，战斗力标准始终是军事领域衡量利弊得失的重要标准。 （2）坚持政治建军、改革强军、科技兴军、依法治军。 （3）构建中国特色现代军事力量体系。构建中国特色现代军事力量体系是建设世界一流军队的力量基础。总体来说，就是要加快形成精干、联合、多能、高效的信息化军事力量体系，重点是优化作战力量结构，建设现代化陆军、海军、空军、火箭军、战略支援部队和武警部队，促进各军兵种力量协调发展。 （4）深入推进练兵备战。兵可以千日而不用，不可一日而不备。人民军队永远是战斗队，人民军队的生命力在于战斗力。新形势下人民军队的职能使命不断拓展，但作为战斗队的根本职能始终没有变。 **第二节　推动军民融合深度发展** 一、坚持富国和强军相统一 习近平总书记强调："我们要实现中华民族伟大复兴，必须坚持富国和强军相统一，努力建设巩固国防和强大军队。"富国和强军相统一，从战略层面为在更广范围、更高层次、更深程度上实现经济建设和国防建设协调发展指明了方向。 推进富国和强军相统一，必须用习近平新时代中国特色社会主义思想来指导，这是"纲"，纲举方能目张。"富国"是"强军"的前提和基础，"强军"是"富国"的重要保障和支撑，这是实现中华民族伟大复兴中国梦的两大基石。铸牢这两大基石，涉及全国各地各行各业各条战线。只有坚持党的统一领导，才能统一思想、统一步骤、统一行动，才能保证富国和强军相统一。 坚持富国和强军相统一是经济建设和国防建设协调发展规律的内在要求。富国才能强军，强军才能卫国。富国与强军如同车之两轮、鸟之双翼，不可或缺。走军民融合式发展路子，是实现富国和强军统一的重要途径。坚持军民融合式发展，既有利于国防和军队现代化建设从经济建设中获得更加强大的物质支撑和发展后劲，也有利于经济建设从国防和军队现代化建设中获得更加有力	讲授

	的安全保障和技术支持，因而既是兴国之举又是强军之策。 把国防和军队现代化融入国家现代化的历史进程，是实现富国和强军相统一的关键一环。要科学确定国防建设在国家总体战略中的地位和作用，形成国防建设在国家总体发展中的合理权重和优先顺序；要大力推进军民融合深度发展，努力实现国防建设对经济建设拉动作用和经济建设对国防建设支撑作用的双重最大化，从而形成二者相互作用、相得益彰的发展格局。 二、军民融合发展战略 习近平总书记在党的十九大报告中指出："坚持富国和强军相统一，强化统一领导、顶层设计、改革创新和重大项目落实，深化国防科技工业改革，形成军民融合深度发展格局，构建一体化的国家战略体系和能力。"这是以习近平同志为核心的党中央着眼新时代坚持和发展中国特色社会主义，着眼国家发展和安全全局作出的重大战略部署。在十九大报告中，习近平总书记 3 次强调"军民融合"：明确了"军民融合"是国防和军队建设的"五个更加注重"之一；明确了新时代军民融合发展的战略目标，形成军民融合深度发展格局，构建一体化的国家战略体系和能力；特别是把军民融合发展战略和科教兴国战略、创新驱动发展战略等并列，作为国家必须坚定实施的七大战略之一。 习近平总书记强调，推进军民融合深度发展，要在"统"字上下功夫，在"融"字上做文章，在"新"字上求突破，在"深"字上见实效。 第一，凝聚推进军民融合发展的意志力量。军地各方面要增强政治意识、大局意识、核心意识、看齐意识，把思想和行动统一到以习近平同志为核心的党中央决策部署上来。拓宽战略视野，增强大局观念，牢固树立军地一盘棋思想，自觉站在党和国家事业发展全局的高度思考问题，按照职责和分工抓好军民融合发展工作。强化融合理念，破除自成体系、自我封闭的陈旧观念，克服"大利大干、小利小干、无利不干"倾向性问题，做到应融则融、能融尽融，最大程度凝聚军民融合发展合力。 第二，加强军民融合发展的协调督导。各级军民融合发展领导机构要充分发挥职能作用，相关工作机构要及时沟通会商，协调解决好重大问题。搞好跟进督导，督任务、督进度、督成效，察认识、察责任、察作风，确保军民融合发展各项工作精准落地。加强评估问责，完善绩效评估和追责问责机制，确立军民融合发展的鲜明导向和评价标准规范，提高军民融合发展整体质量效益。 第三，推动军民融合发展改革创新。坚持敢字当先，打通阻碍军民融合的"玻璃门""弹簧门"，充分调动各方面的积极性创造性。创新发展方式，推动军民融合发展由条块分散设计向军地一体筹划转变、由注重增量统筹向增量存量并重转变、由要素松散结合向全要素集成融合转变、由行政手段为主向强化市场运作转变。统筹抓好军民融合重大示范项目，培育先行先试的创新示范载	讨论

体，打造一批龙头工程、精品工程。

第四，营造军民融合发展的良好环境。发挥市场经济条件下新型举国体制优势，优化市场环境，引导经济社会领域更好服务国防建设，促进国防建设成果更好服务经济社会发展。要加强宣传解读，搞好正面引导，创造充满活力、健康有序的融合氛围。地方各级党委和政府要关心支持国防和军队建设，做好退役军人管理保障工作。军队要忠实履行党和人民赋予的使命任务，服务“一带一路”建设、京津冀协同发展、长江经济带建设，以实际行动为人民造福兴利，不断谱写军民鱼水情的时代新篇。

三、加快形成军民融合深度发展格局

军民融合是国家战略，必须站在党和国家事业发展全局的高度思考问题，切实把思想和行动统一到党中央决策部署上来。切实做到应融则融、能融尽融。自觉在大局下行动，切实把军民融合发展任务落实到位。

（1）健全体制机制。在国家层面，成立中央军民融合发展委员会，建立推动军民融合发展的统一领导、军地协调、需求对接、资源共享机制，努力形成统一领导、军地协调、顺畅高效的组织管理体系，国家主导、需求牵引、市场运作相统一的工作运行体系，系统完备、衔接配套、有效激励的政策制度体系。军民融合发展涉及企业、区域、领域、国家四个维度，覆盖微观、中观、宏观三个层次，必须建立和完善横向全覆盖、纵向大贯通的科学权威的军民融合领导管理体系。中央军民融合发展委员会，从国家高端体制上解决了统一领导军民融合组织体制缺位的问题，是有力统领党、政、军各方力量，破解融合管理制度“碎片化”问题的科学制度设计。从国家角度看，要实现经济建设和国防建设发展进程同步、资源配置均衡、要素关系互动、政策制度兼容、国内国外统筹，需要深入研究和探索实践新体制有效运行的诸多问题，比如，如何整合各领域军民融合资源，如何有效布局和协调各区域军民融合发展，如何有效克服现有体制中军地分别从自身利益出发来考虑和推动军民融合的缺陷，如何有效化解长期困扰我们的“军队分散提需求、军地多头搞对接”难题，保证融合需求的“总出口”与融合供给“总入口”的完整对接，等等。只有使新体制具有强大的统筹力、决策力、协调力，实现管方向、管规划、管法规、管执行监督、管解决重大问题，才能真正从国家战略全局高度对军民融合发展全领域、全过程实施统筹规划、合理配置和统一领导。

（2）强化战略规划。进入新时代，进一步推动军民融合深度发展，首先，要以国家为主导，建立顶层组织协调机构。把国民经济和社会发展规划、军队建设发展规划统筹起来、同步论证，以便军地各部门衔接规划重大项目。建立专门资金渠道，落实军民融合发展资金保障；要加强督导检查、建立问责机制，

<table>
<tr><td></td><td>强化规划刚性约束和执行力。其次，要以规划为牵引，抢占技术竞争战略制高点。民用科技向军事领域拓展，促进网络信息、新能源、电子信息、民用航天、高端装备制造等产业升级。再次，要以目标为核心，引领国家战略发展方向。全面推进国防和军队建设是军民融合发展的重要目的，是全党全军全国各族人民的共同事业。全党全军全国各族人民要大力弘扬军爱民、民拥军的光荣传统，不断发展坚如磐石的军政军民关系，为实现中华民族的强国梦、强军梦而奋斗。最后，要以法规为保障，加强战略规划落实尺度。习近平总书记指出：“要强化法治保障，善于运用法治思维和法治方式推动军民融合发展，充分发挥法律法规的规范、引导、保障作用，提高军民融合发展法治化水平。”加快对国防事权和支出责任进行立法，协调处理好军民融合过程中中央政府和地方政府之间的利益关系。明确军队机关和政府职能部门在军民融合中的权利，协调处理好军队和地方之间的利益关系。加快制定推进军民融合深度发展的相关法规，协调处理好军口企业和民口企业之间的利益关系。
（3）突出重点领域。推动军民融合深度发展，必须向重点领域聚焦用力，以点带面推动整体水平提升。加强军民通用产品研究开发，承接国防所需装备制造、技术研发任务；发展高新技术武器装备，吸纳和利用民用先进技术，引导国家经济社会资源有序进入装备被建设领域；重大基础设施建设应考虑国防需求，增强国家基础设施对提升核心军事能力的支撑和保障功能；人才资源共育共享，依托国家和军队重大科研项目培养军队高层次人才和创新团队；构建物资储备网络布局，形成骨干在军、主体在民的后勤社会化保障新模式；积极推进海洋、太空、网络空间、生物、新能源等领域的军民融合，抢占经济、科技、军事竞争制高点，夺取未来战争主动权。
总之，军民融合是国家战略，关乎国家安全和发展全局。在军民融合由初步融合向深度融合的过渡转型阶段，尽管我们还面临着各种困难和考验，但只要健全体制机制，提高统筹统管力，强化战略规划，形成新的引领力，突出重点领域，激发融合内动力，就一定能够早日形成全要素、多领域、高效益的军民融合深度发展格局。</td><td></td></tr>
<tr><td>板书设计</td><td colspan="2">第十二章　全面推进国防和军队现代化
第一节　坚持走中国特色强军之路
一、习近平强军思想
二、坚持党对人民军队的绝对领导
三、建设世界一流军队
第二节　推动军民融合深度发展
一、坚持富国和强军相统一
二、军民融合发展战略
三、加快形成军民融合深度发展格局</td></tr>
</table>

课程小结	习近平强军思想，是习近平新时代中国特色社会主义思想的重要组成部分，是建设世界一流军队的强大思想武器，是加快推进国防和军队现代化的行动纲领。 推进强军事业、把人民军队全面建成世界一流军队，必须毫不动摇坚持党对军队的绝对领导，坚持政治建军、改革强军、科技兴军、依法治军，构建中国特色现代军事力量体系，深入推进练兵备战，确保部队召之即来、来之能战、战之必胜。 军民融合，既是兴国之举，又是强军之策。必须做好军民融合这篇大文章，加快形成全要素、多领域、高效益的军民融合深度发展格局，逐步构建军民一体化的国家战略体系和能力。
作业布置	1. 如何理解习近平强军思想的主要内容？ 2. 如何坚持富国和强军相统一？

第十三章　中国特色大国外交

<table>
<tr><td>课　　题</td><td colspan="2">第十三章　中国特色大国外交</td><td>课时</td><td>4</td></tr>
<tr><td>教学目标</td><td colspan="4">学生能够认识到世界正处于大发展大变革大调整时期，和平与发展仍是当今时代的主题，和平、发展、合作、共赢成为不可阻挡的时代潮流；掌握中华人民共和国成立以来中国的外交政策演变以及中国共产党外交工作的基本原则；明确中国坚持独立自主和平外交政策，同国际社会一道致力于推动建立相互尊重、公平正义、合作共赢的新型国际关系。了解“一带一路”倡议顺应时代潮流，符合各国人民利益，具有广阔前景，中国致力于促进“一带一路”国际合作，得到了全球多个国家和国际组织的参与和支持，并取得积极成果；理解构建人类命运共同体思想的内涵，以及如何共商共建人类命运共同体。</td></tr>
<tr><td>教学重点</td><td colspan="4">1. 世界正处于大发展大变革大调整时期
2. 坚持独立自主和平外交政策
3. 推动建立新型国际关系
4. 构建人类命运共同体思想的内涵
5. 促进“一带一路”国际合作
6. 共商共建人类命运共同体</td></tr>
<tr><td>教学难点</td><td colspan="4">1. 促进“一带一路”国际合作
2. 共商共建人类命运共同体</td></tr>
<tr><td>课程类型</td><td>理论课、实践课</td><td colspan="2">教学方法</td><td>讲授、视频、讨论等</td></tr>
<tr><td>课前准备</td><td colspan="4">案例内容资料、图片、视频、讨论题目、课件</td></tr>
<tr><td>教学过程及时间分配</td><td colspan="3">主 要 教 学 内 容</td><td>教学方法运用</td></tr>
<tr><td>5
分钟</td><td colspan="3">第十三章　中国特色大国外交

【课程导入】

本章主要阐述世界正处于大发展大变革大调整时期，中国坚持独立自主和</td><td>讲授</td></tr>
</table>

	平外交政策，积极推动建立新型国际关系，并站在人类道义制高点，提出“一带一路”倡议和构建人类命运共同体重大理念，呼吁世界各国携手合作，共同努力构建人类命运共同体，建设一个更加美好的世界。 本章内容共有两节。第一节“坚持和平发展道路”共有三目。第一目深刻阐述世界正处于大发展大变革大调整时期，世界多极化在曲折中发展、经济全球化深入发展、文化多样性持续推进、社会信息化快速发展、科学技术孕育新突破，世界面临的不稳定性、不确定性突出，人类面临许多共同挑战，推进人类和平与发展的崇高事业任重道远；第二目着重阐述中华人民共和国成立以来中国的外交政策演变以及中国共产党外交工作的基本原则，中国坚持独立自主和平外交政策，强调坚定不移致力于维护世界和平、促进共同发展；第三目主要阐述中国积极倡导建设相互尊重、公平正义、合作共赢的新型国际关系，坚决维护国家核心利益，在和平共处五项基本原则的基础上发展同世界各国的友好合作，积极参与全球治理体系改革和建设，不断贡献中国智慧和中国力量。 第二节“推动构建人类命运共同体”共有三目。第一目主要阐述构建人类命运共同体思想的内涵，强调其核心是“建设持久和平、普遍安全、共同繁荣、开放包容、清洁美丽的世界”；第二目主要介绍我国大力促进“一带一路”国际合作，并取得丰硕的成果，“一带一路”倡议对推动构建人类命运共同体具有重要的意义和作用；第三目主要阐明构建人类命运共同体既是中国外交的崇高目标，也是世界各国的共同责任和历史使命，世界各国应携手合作共商共建人类命运共同体。	
	第一节　坚持和平发展道路	
90分钟	**一、世界正处于大发展大变革大调整时期** （1）世界多极化在曲折中发展。进入21世纪以来，世界格局正处在一个加快演变的历史性进程中，国际力量对比发生前所未有的积极变化，新兴市场国家和发展中国家群体性崛起正在改变全球政治经济版图，世界多极化和国际关系民主化大势难逆，以西方国家为主导的全球治理体系出现变革迹象。多极化格局有利于遏制霸权主义和强权政治，有利于推动建立公正合理的国际政治经济新秩序，也有利于广大发展中国家抓住机遇、发展自己。但也要清醒地看到，世界多极化进程是一个长期的、曲折的过程，要充分估计国际格局发展演变的复杂性，更要看到世界多极化向前推进的态势不会改变。 （2）经济全球化深入发展。所谓经济全球化，是指在现代科学技术进步加快、社会分工和国际分工不断深化的前提下，把世界的生产、贸易、金融等活动紧密联系在一起，使各国各地区之间的经济活动相互依存、密不可分。就其本质来说，由于生产力的迅猛发展，国际分工的不断细化，人类经济活动开始	讲授

大规模地突破国家、民族界限，各国经济逐渐融为一体的历史过程。

经济全球化的主要特征是生产、交换、分配、消费的全球化。科技革命和生产力的发展是经济全球化的根本动力。新科技革命是当代经济全球化浪潮的重要推动力。新科技革命大大提高了劳动生产率和财富的增长速度，促使各国在世界范围内寻找资源和市场；新兴产业的不断涌现和生产过程的分解，为世界各国参与国际分工创造了新的机会和条件；而运输和通信技术的发展大大缩短了各国在时间和空间上的距离，降低了商品和生产要素跨国流动的成本，导致国际贸易、投资和金融活动的日益全球化。经济全球化在本质上是资本的跨国流动，是资本国际循环与周转的形成。经济全球化实际上是全球经济市场化的过程。

经济全球化是一把“双刃剑”。一方面，从经济全球化对世界经济影响的积极方面看，经济全球化浪潮和科学技术的迅猛发展，各个国家和地区间在经济上形成了你中有我、我中有你、相互依存、共同发展的格局，在客观上促进了世界经济的融合，给世界经济注入了活力。另一方面，经济全球化在推动全球生产力大发展、加速世界经济增长的同时，也带来了各国和全球共同面临的社会经济问题，加剧了国际竞争，增多了国际投机，增加了国际风险，并对国家主权和发展中国家的民族工业造成了严重冲击。少数西方国家凭借其在经济实力和科学技术上的优势地位，谋求世界霸权。当前的经济全球化又是在不公正不合理的国际经济旧秩序没有根本改变的情况下发生和发展的，西方国家试图主导经济全球化，更加剧了发达国家与发展中国家的差距与矛盾。同时，全球化引起的人口的自由流动，导致许多全球性问题的解决越来越复杂化。如生态环境恶化、产业结构发展不平衡、资本紧缺、贫富差距问题凸显等。因此，对发展中国家来说，经济全球化是一个难得的历史机遇，也是一个巨大的挑战。

经济的全球化使各国经济的相互依存、相互影响日益加深。因此，全球化的经济需要全球性的合作。各国应本着责任与风险共担的精神，加强国际合作，共同维护国际经济稳定发展。国际社会还应共同努力，推动建立公正合理的国际经济新秩序，以有利于各国的共同发展。

（3）文化多样化持续推进。文化多样化是人类文明进步的重要动力，维护和促进世界文化多样化是大多数国家的共同愿望。伴随着经济全球化和世界多极化的推进，文化与经济、政治的联系日益紧密，经济的文化含量日益提高，文化已经成为国家核心竞争力的重要因素，越来越多的国家把提高国家文化软实力作为重要发展战略，在经济全球化和信息化、网络化的条件下，世界范围内各种思想文化交流交锋更加频繁，国际思想文化领域斗争依然深刻而复杂，不同意识形态的斗争仍将长期存在，有时还会相当复杂、尖锐。

（4）社会信息化快速发展。当今世界，社会信息化与经济全球化所带来的商品流、信息流、技术流、人才流、文化流汹涌而来，势不可挡，世界正进入以信息为主导的新经济发展时期。社会信息化的一个重要标志是互联网的飞速发展和广泛应用。互联网让世界变成了地球村，让国际社会联系越来越紧密。同时，互联网发展对国家主权、安全、发展利益提出了新的挑战，迫切需要国际社会认真应对、谋求共治、实现共赢。

（5）科学技术孕育新突破。20 世纪 90 年代以来，以信息技术和生物科学技术为核心的现代科学技术迅猛发展，对经济、社会的影响日益增强。新一轮科技革命和产业变革正在孕育兴起，信息技术、生物技术、新材料技术、新能源技术广泛渗透，带动几乎所有领域发生了以绿色、智能、泛在为特征的群体性技术革命，大数据、云计算、移动互联网等新一代信息技术同机器人和智能制造技术相互融合步伐加快，科技创新链条更加灵巧，技术更新和成果转化更加快捷，产业更新换代不断加快。科技创新活动不断突破地域、组织、技术的界限并演化为创新体系的竞争，创新战略竞争在综合国力竞争中的地位日益重要。

二、坚持独立自主和平外交政策

中国坚定不移奉行独立自主和平外交政策，是由我国的社会主义性质和在国际上的地位所决定的，是从历史、现实、未来的客观判断中得出的结论，是思想自信和实践自觉的有机统一。

实现和平发展，是中国人民的真诚愿望和不懈追求。中华人民共和国成立前夕，毛泽东就强调，中国必须独立自主，不容许任何帝国主义国家有一丝一毫的干涉。

讨论

中华人民共和国成立到 20 世纪 50 年代中期，中国外交的中心任务是：巩固新生的人民政权，为社会主义和平建设争取一个有利的国际环境。1953 年 12 月，周恩来在会见印度政府代表团时，首次系统地提出了和平共处五项基本原则，这五项基本原则后来进一步完整地表述为：互相尊重主权和领土完整、互不侵犯、互不干涉内政、平等互利、和平共处。此后，五项基本原则一直是我国对外关系的基本准则。

党的十一届三中全会以后，我国的外交战略强调要反对霸权主义，维护世界和平，坚持在和平共处五项原则基础上发展同所有国家的友好合作关系。

冷战结束后，我国强调在和平共处五项基本原则的基础上建立国际政治经济新秩序，进一步加强同发展中国家的团结与合作，努力发展大国间长期稳定的友好合作关系；主张国际关系民主化和发展模式多样化，积极推动经济全球化朝着有利于实现共同繁荣的方向发展，推动国际秩序向公正合理的方向发展，为推动建设持久和平、共同繁荣的和谐世界作贡献。

党的十八大以来，以习近平同志为核心的党中央坚定不移致力于维护世界和平、促进共同发展。只有坚持走和平发展道路，只有同世界各国一道维护世界和平，中国才能实现自己的目标，才能为世界作出更大贡献。

<table>
<tr>
<td>85
分钟</td>
<td>中国独立自主的和平外交政策，就是把国家主权和安全放在第一位，坚定地维护我国的国家利益，反对任何国家损害我国的独立、主权、安全和尊严；就是从我国人民和世界人民的根本利益出发，对一切国际事务，都要根据事情本身的是非曲直决定自己的立场和政策，秉持公道，伸张正义，不屈从于任何外来压力；就是坚持各国的事务应由本国政府和人民决定，世界上的事情由各国政府和人民平等协商，反对一切形式的霸权主义和强权政治；就是主张和平解决国际争端和热点问题，反对动辄诉诸武力或以武力相威胁，反对颠覆别国合法政权，反对一切形式的恐怖主义。

三、推动建立新型国际关系

维护世界和平、促进共同发展，是中国外交政策的宗旨。推动建设相互尊重，公平正义合作共赢的新型国际关系，是党中央立足时代发展潮流和我国根本利益作出的战略选择。新型国际关系，“新”在相互尊重，“新”公平正义，特别是“新”在合作共赢。
推动建立新型国际关系，要坚决维护国家核心利益。推动建立新型国际关系，要在和平共处五项原则基础上发展同世界各国的友好合作。推动建立新型国际关系，要积极参与全球治理体系改革和建设。推动建立新型国际关系，要加强涉外法律工作，完善涉外法律法规体系。推动建立新型国际关系，还要把相互尊重、公平正义、合作共赢理念体现到政治、经济、安全、文化等对外合作的方方面面，推动构建人类命运共同体。

第二节　推动构建人类命运共同体

一、构建人类命运共同体思想的内涵

1. 人类命运共同体思想提出的过程
习近平总书记在十九大报告中指出，当今世界处于大发展、大变革与大调整的时期，但和平与发展仍是时代的主题。虽然全球的治理体系与国际秩序的变革正加速推进，世界各国相互联系与依存也日益加深，但是，国际力量更趋于平衡，并且和平与发展的大势仍不可逆转。与此同时，世界面临的不稳定性与不确定性非常突出，全球增长动力不足，贫富分化严重，恐怖主义问题、网络安全问题、传染性疾病问题等威胁蔓延，当今人类面临着许多共同的挑战。这是倡导人类命运共同体的全球现实依据，全球的问题需要人类共同面对、共同应对，没有哪个国家能够单独应对面临的各种挑战。
2013 年 3 月，习近平在当选国家主席后首次出访时就提出：“这个世界，各国相互联系、相互依存的程度空前加深……越来越成为你中有我、我中有你的命运共同体。”</td>
<td>讲授
视频</td>
</tr>
</table>

2015年在以“亚洲新未来：迈向命运共同体”为主题的博鳌亚洲论坛上，习近平在演讲中主张：“共同营造对亚洲、对世界都更为有利的地区秩序，通过迈向亚洲命运共同体，推动建设人类命运共同体。”2015年9月，在第七十届联合国大会一般性辩论时，习近平再次强调：“我们要继承和弘扬联合国宪章的宗旨和原则，构建以合作共赢为核心的新型国际关系，打造人类命运共同体。”

2017年1月，在联合国日内瓦总部演讲时，习近平为“世界怎么了、我们怎么办？”提出的中国方案是：“构建人类命运共同体，实现共赢共享。”2017年2月10日，联合国社会发展委员会通过《非洲发展新伙伴关系的社会层面》决议，“构建人类命运共同体”理念被正式写入联合国决议，表明这一理念已经得到国际社会广泛认可。2017年10月，习近平总书记在党的十九大报告中明确指出，中国特色大国外交要推动构建新型国际关系，推动构建人类命运共同体。“两个构建”重要论断的提出，彰显了5000多年中华文明的优良传统和中华人民共和国和平外交的核心价值。2017年12月1日，习近平总书记在首次“中国共产党与世界政党高层对话会”上发表《携手建设更加美好的世界》的主旨讲话，阐明构建“人类命运共同体”的可行路径，承诺中国共产党的世界贡献，开辟了新时代中国政党外交新境界，彰显了大国与大党领袖的大担当。

2018年十三届全国人大一次会议表决通过了《中华人民共和国宪法修正案》，将“推动构建人类命运共同体”写入宪法，标志着推动构建人类命运共同体被确立为全党、全国人民的集体意志和奋斗目标。

2. 构建人类命运共同体思想的内涵

构建人类命运共同体思想，是一个科学完整、内涵丰富、意义深远的思想体系，其核心是“建设持久和平、普遍安全、共同繁荣、开放包容、清洁美丽的世界”。

第一，政治上，要相互尊重、平等协商，坚决摒弃冷战思维和强权政治，走对话而不对抗、结伴而不结盟的国与国交往新路。国家之间要构建对话不对抗、结伴不结盟的伙伴关系。大国要尊重彼此核心利益和重大关切，管控矛盾分歧，努力构建不冲突不对抗、相互尊重、合作共赢的新型关系。大国对小国要平等相待，不搞唯我独尊、强买强卖的霸道。要全面禁止并最终彻底销毁核武器，实现无核世界。要秉持和平、主权、普惠、共治原则，把深海、极地、外空、互联网等领域打造成各方合作的新疆域，而不是相互博弈的竞技场。

第二，安全上，要坚持以对话解决争端、以协商化解分歧，统筹应对传统和非传统安全威胁，反对一切形式的恐怖主义。各国应该树立共同、综合、合作、可持续的安全观。要恪守尊重主权、独立和领土完整、互不干涉内政等国际关系基本准则，统筹维护传统和非传统安全。各国都有平等参与地区安全事务的权利，也都有维护地区安全的责任，要以对话协商、互利合作的方式解决安全难题。

第三，经济上，要同舟共济，促进贸易和投资自由化便利化，推动经济全球化朝着更加开放、包容、普惠、平衡、共赢的方向发展。各国特别是主要经济体要加强宏观政策协调，维护世界贸易组织规则，支持开放、透明、包容、非歧视性的多边贸易体制，构建开放型世界经济。要引导经济全球化健康发展，加强协调、完善治理，推动建设一个开放、包容、普惠、平衡、共赢的经济全球化，着力解决公平公正问题。要着力优化发展伙伴关系，让发展成果更多惠及全体人民，为世界经济全面可持续增长提供新动力。

第四，文化上，要尊重世界文明多样性，以文明交流超越文明隔阂、文明互鉴超越文明冲突、文明共存超越文明优越。人类文明多样性是世界的基本特征，也是人类进步的源泉。文明差异不应该成为世界冲突的根源。不同文明要取长补短、共同进步，让文明互鉴成为推动人类社会进步的动力、维护世界和平的纽带。

第五，生态上，要坚持环境友好，合作应对气候变化，保护好人类赖以生存的地球家园。我们应该遵循天人合一、道法自然的理念，寻求永续发展之路。要倡导绿色、低碳、循环、可持续的生产生活方式，平衡推进《2030 年可持续发展议程》，不断开拓生产发展、生活富裕、生态良好的文明发展道路。

3. 人类命运共同体思想的时代价值

习近平总书记在十九大报告中指出："中国将继续发挥负责任大国作用，积极参与全球治理体系改革和建设，不断贡献中国智慧和力量。"并且强调中国人民愿同各国人民一道，推动人类命运共同体建设，共同创造人类的美好未来。

首先，人类命运共同体思想为全球生态和谐贡献了中国方案和中国智慧。人类命运共同体，首先是生命共同体、生态共同体。日益严重的气候变暖和环境污染等问题警示我们，地球生态危机问题越来越严重，地球已达到其能承受人类过度消费和浪费的极限，生态一旦崩溃，任何国家都不能幸免。尽管中国承载着巨大的发展压力，但是仍主动承担责任，将"绿色"列为"五大发展理念"的基本内容，作为经济社会发展的根本指南；同时推动经济结构转型升级、创新绿色科技，积极落实《巴黎协定》等国际合作项目。

其次，人类命运共同体思想为国际和平事业贡献了中国方案和中国智慧。作为世界人口最多的发展中国家，中国保持长期团结稳定、繁荣发展、社会进步；同时，妥善处理好周边关系，广泛参与区域合作和全球事务。与奉行强权政治、霸权主义、单边主义的西方强国通过入侵战争、策划政变、经济制裁等手段到处插手他国事务不同的是，中国是在奉行和平发展、合作共赢原则的基础上，通过对内改革、对外开放，主动参与国际合作，经过数十年努力奋斗实现自身强大之后，顺应世界格局演变的趋势，应世界各国的强烈呼吁而积极参与国际事务，维护世界和平。当前，我们秉持和平、主权、普惠、共治原则，把深海、极地、外空、互联网等领域打造成各方合作的新疆域，而不是相互博弈的竞技场。人类命运共同体思想蕴含着中国维护生态和谐与世界和平的智慧，是变革全球治理体系应当遵守的基本价值规范。

再次，人类命运共同体思想为变革全球治理体系贡献了中国方案和中国智慧。“一花独放不是春，百花齐放春满园”，习近平在多个国际场合，以此表达同世界各国共赢共享构建人类命运共同体的博大胸怀和历史担当。共赢、共享不仅是中国对世界秩序的美好希冀，也是世界人民的共同愿望。当今世界，“和平发展的大势日益强劲，变革创新的步伐持续向前。各国之间的联系从来没有像今天这样紧密，世界人民对美好生活的向往从来没有像今天这样强烈，人类战胜困难的手段从来没有像今天这样丰富”。因推行霸权主义而造成的难民问题，因推行新自由主义而造成的金融危机，均对作为始作俑者的西方强国造成严重的影响。因此，已经在经济全球化中获益而率先发展起来的发达国家，更应该担负起帮扶落后国家的责任。

最后，人类命运共同体思想为构建全球公平正义的新秩序贡献了中国方案和中国智慧。国家只有大小之别，没有高下之分；文明只有特色之别，没有优劣之分。构建全球公平正义的新秩序，必须秉持共商共建的发展新理念。习近平在多个国际场合的讲话中，系统地阐述了推动构建全球公平正义新秩序的方案。在经济方面，要引导经济全球化健康发展，反对逆全球化的保守主义倾向，避免不公正的贸易战争，“需要加强协调、完善治理，推动建设一个开放、包容、普惠、平衡、共赢的经济全球化，既要做大蛋糕，更要分好蛋糕，着力解决公平公正问题”。在政治方面，着力解决恐怖主义、难民问题、武装冲突等急切而棘手的重大问题，“当事各方要通过协商谈判，其他各方应该积极劝和促谈，尊重联合国发挥斡旋主渠道作用”。在文化方面，海纳百川，有容乃大，不同文明要平等交流、共同进步，“让文明交流互鉴成为推动人类社会进步的动力、维护世界和平的纽带”。

构建人类命运共同体思想顺应了历史潮流，回应了时代要求，凝聚了各国共识，为人类社会实现共同发展、持续繁荣、长久治安绘制了蓝图，成为中国引领时代潮流和人类文明进步方向的鲜明旗帜，已被多次写入联合国文件，对中国的和平发展、世界的繁荣进步都有重大和深远的意义。

二、促进“一带一路”国际合作

1.“一带一路”倡议

2013年9月，习近平出访哈萨克斯坦，在纳扎尔巴耶夫大学提出用创新的合作模式共同建设“丝绸之路经济带”；同年10月，习近平出访东盟，在印度尼西亚提出发展海洋合作伙伴关系，共同建设“21世纪海上丝绸之路”。自此，“一带一路”倡议逐步走进世界视野。

2014年6月，在中阿合作论坛第六届部长级会议开幕式上，习近平提出“中阿共建‘一带一路’，应该坚持共商、共建、共享原则”。9 月，在印度世界事务委员会发表重要演讲时，习近平指出，“一带一路”倡议就是要以加强传统陆海丝绸之路沿线国家互联互通，实现经济共荣、贸易互补、民心相通，“希望以‘一带一路’为双翼，同南亚国家一道实现腾飞”。在博鳌亚洲论坛 2015 年年会开幕式上，习近平发出真诚邀约，欢迎沿线国家和亚洲国家积极参与共建“一带一路”，欢迎五大洲朋友共襄盛举。在新加坡国立大学发表演讲时，习近平再次强调“一带一路”是发展的倡议、合作的倡议、开放的倡议，强调共商、共建、共享的平等互利方式，欢迎周边国家参与到合作中来，携手实现和平、发展、合作的愿景。

2016 年，在推进“一带一路”建设工作座谈会上，习近平强调，要“坚持各国共商、共建、共享，遵循平等、追求互利”，牢牢把握重点方向，聚焦重点地区、重点国家、重点项目，抓住发展这个最大公约数，不仅造福中国人民，更造福沿线各国人民。

2017 年 5 月，“一带一路”国际合作高峰论坛在北京举行，29 个国家的元首和政府首脑，140 多个国家、80 多个国际组织的 1600 多名代表共赴盛会。在开幕式上，习近平用 4 年来“一带一路”取得的丰硕成果向世界表明，“一带一路”倡议顺应时代潮流，适应发展规律，符合各国人民利益，具有广阔前景，标志着共建“一带一路”倡议已经进入从理念到行动、从规划到实施的新阶段。

2017 年 10 月 18 日，习近平总书记在十九大报告中强调，要以“一带一路”建设为重点，坚持引进来和走出去并重，遵循共商共建共享原则，加强创新能力开放合作，形成陆海内外联动、东西双向互济的开放格局。党的十九大关于《中国共产党章程（修正案）》的决议明确提出，将推进“一带一路”建设等内容写入党章。这充分体现了在中国共产党领导下，中国高度重视“一带一路”建设、坚定推进“一带一路”国际合作的决心和信心。

“一带一路”是“丝绸之路经济带”和“21 世纪海上丝绸之路”的简称。中国政府倡议，共建“一带一路”恪守联合国宪章的宗旨和原则，坚持开放合作、和谐包容、市场运作，互利共赢。秉持和平合作、开放包容、互学互鉴、互利共赢的理念，以政策沟通、设施联通、贸易畅通、资金融通和民心相通为主要内容加强合作。自该倡议提出以来，得到了全球 140 多个国家和 80 多个国际组织的积极支持和参与，联合国大会、联合国安理会等重要决议纳入相关内容。

2017 年 5 月，首届“一带一路”国际合作高峰论坛成功举办，29 位外国国家元首和首脑、130 多个国家的高级代表和 70 多个国际组织的负责人踊跃参会，达成 270 多项合作成果，形成各国合力推进“一带一路”建设的全球共识。截至 2017 年年底，中国已经同 80 个国家和组织签署“一带一路”合作协议，同 30 多个国家开展了机制化产能合作，在沿线 24 个国家推进建设 75 个境外经贸合作区，中国企业对沿线国家投资累计超过 500 亿美元，创造了近 20 万个就业岗位。丰硕的成果表明，“一带一路”倡议符合全球化的时代特征，符合经济发展的规律，更符合世界各国人民的共同利益，是国际合作以及全球治理模式的积极探索，将为世界和平发展增添正能量。

2.“一带一路”建设对推动构建人类命运共同体的重要意义

“一带一路”是促进共同发展、实现共同繁荣的合作共赢之路，是增进理解信任、加强全方位交流的和平友谊之路。“一带一路”建设不是对现有国际合作机制的挑战和替代，而是与现有机制互为助力、相互补充，针对国际合作中的瓶颈和制约因素提出“中国方案”，以开放、合作、共赢的理念为世界经济注入正能量。“一带一路”建设聚焦“五通”，把中国发展同沿线各国发展结合起来，把中国梦与世界梦衔接起来，推动沿线各国联动发展并加深经济融合。各国在此过程中将形成“一荣俱荣、一损俱损”的利益共同体，从而为打造人类命运共同体奠定基础。

一是坚持引进来和走出去并重，深化双向投资合作，“一带一路”倡议从理念转化为行动、从愿景转变为现实，不断释放合作共赢的红利，营造投资合作良好环境，促进贸易双向平衡。为推动全球发展产生积极影响，为构建人类命运共同体注入强劲持久动力。二是坚持共商共建共享原则。充分尊重各国差异，共同探讨符合各国国情的合作模式；深度对接有关国家和地区发展战略，实现优势互补，协同并进；不断增强各参与方的获得感，充分调动各方面积极性。三是加强创新能力开放合作，主要是加强技术创新合作、理论创新交流互鉴、创新人才资源交流合作。四是把“一带一路”与构建人类命运共同体更加紧密结合起来，打造国际合作新平台，增添共同发展新动力。“一带一路”已经成为构建人类命运共同体的具体抓手。任何好的外交政策和倡议必然是从本国利益出发，又符合相关国家的利益，“一带一路”倡议也是如此。截至 2015 年，全世界经联合国认定的最不发达国家有 44 个，其中亚洲就占到 9 个，这些国家又主要集中在中国周边。如果说“一带一路”的长远目标是服务于实现中华民族伟大复兴的话，那么对周边而言，就是要实现和周边国家的共同复兴。“一带一路”作为促进共同发展、实现共同繁荣的合作共赢之路，不仅局限于中国周边。以中美合作为例，美国在基础设施建设上存在上万亿美元的缺口，而且中美两国在“一带一路”沿线地区存在许多共同利益，推进“一带一路”符合双方利益。由于“一带一路”侧重于经济合作，因而有利于中美两国首先在经济上合作，然后带动在安全等议题上的合作，有利于地区与世界的和平与稳定。

随着“一带一路”建设的深入实施，一批战略性、示范性大项目将逐步生根开花结果。中国不仅能进一步实现发展，相关国家的经济发展也必将因此迈

	向新台阶，这将进一步推动中国与相关国家政治安全关系的改善，届时中国所提倡的人类命运共同体思想一定会逐步变成现实。 三、共商共建人类命运共同体 第一，坚持和平发展道路，推动建设新型国际关系。第二，不断完善外交布局，积极发展全球伙伴关系。第三，深度参与全球治理，积极引导国际秩序变革方向。第四，推动国际社会伙伴关系、安全格局、经济发展、文明交流、生态建设等方面为建立人类命运共同体作出努力。
板书设计	第十三章　中国特色大国外交 第一节　坚持和平发展道路 一、世界正处于大发展大变革大调整时期 二、坚持独立自主和平外交政策 三、推动建立新型国际关系 第二节　推动构建人类命运共同体 一、构建人类命运共同体思想的内涵 二、促进“一带一路”国际合作 三、共商共建人类命运共同体
课程小结	世界正处于大发展大变革大调整时期，和平、发展、合作、共赢成为不可阻挡的时代潮流，和平与发展仍然是当今时代的主题。 维护世界和平、促进共同发展是中国外交政策的宗旨。中国将坚定不移奉行独立自主的和平外交政策，同国际社会一道致力于推动建立以相互尊重，公平正义、合作共赢为核心的新型国际关系。 “一带一路”倡议顺应时代潮流，适应发展规律，符合各国人民利益，具有广阔前景。 推动构建人类命运共同体，就是要各国人民同心协力，建设持久和平、普遍安全、共同繁荣、开放包容、清洁美丽的世界。
作业布置	1. 独立自主和平外交政策的内容是什么？ 2. 如何推动建立新型国际关系？ 3. 怎样理解构建人类命运共同体思想？ 4. 如何共商共建人类命运共同体？

第十四章　坚持和加强党的领导

<table>
<tr><td>课　　题</td><td colspan="2">第十四章　坚持和加强党的领导</td><td>课时</td><td>4</td></tr>
<tr><td>教学目标</td><td colspan="4">让学生明白为什么党的领导是社会主义现代化建设的根本保证，从而让学生认识坚持党的领导的重要性。让学生认识到在新的历史条件下，坚持党的领导，必须坚持党对一切工作的领导，提高党把方向、谋大局、定政策、促改革的能力和定力，全面增强党的执政本领，确保党始终总揽全局、协调各方。</td></tr>
<tr><td>教学重点</td><td colspan="4">1. 中国共产党是工人阶级的先锋队，又是中国人民和中华民族的先锋队
2. 中国共产党的执政地位是历史的选择、时代的选择、人民的选择
3. 党的领导是中国特色社会主义最本质的特征
4. 新时代中国共产党的历史使命
5. 全面增强党的执政本领</td></tr>
<tr><td>教学难点</td><td colspan="4">1. 中国共产党是工人阶级的先锋队，又是中国人民和中华民族的先锋队
2. 新时代中国共产党的历史使命</td></tr>
<tr><td>课程类型</td><td>理论课、实践课</td><td>教学方法</td><td colspan="2">讲授、视频、讨论等</td></tr>
<tr><td>课前准备</td><td colspan="4">案例内容资料、图片、视频、讨论题目、课件</td></tr>
<tr><td>教学过程及时间分配</td><td colspan="3">主 要 教 学 内 容</td><td>教学方法运用</td></tr>
<tr><td>5分钟</td><td colspan="3">第十四章　坚持和加强党的领导

【课程导入】

本章主要回答的是面对新时代新挑战新要求，中国特色社会主义建设事业由谁来领导这样一个至关重要的问题。本章的逻辑结构是：实现中华民族伟大复兴关键在党；党的领导是中国特色社会主义最本质的特征；新时代中国共产党的历史使命，就是统揽伟大斗争、伟大工程、伟大事业、伟大梦想，在全面建成小康社会的基础上全面建成社会主义现代化强国，实现中华民族伟大复兴的中国梦；党是最高政治领导力量，必须毫不动摇坚持党对一切工作的领导。</td><td>讲授</td></tr>
</table>

	要提高党把方向、谋大局、定政策、促改革的能力和定力，全面增强党的执政本领，确保党始终总揽全局、协调各方。	
	本章内容共有二节。第一节“实现中华民族伟大复兴关键在党”共有三目。第一目是从分析党的性质和宗旨出发，说明中国共产党是中国工人阶级的先锋队，是中国人民和中华民族的先锋队，说明党的宗旨和党领导的社会主义现代化建设目标在本质上是一致的。中国共产党人的初心和使命，就是为中国人民谋幸福，为中华民族谋复兴。这个初心和使命是激励中国共产党人不断前进的根本动力。第二目是从两个方面对中国特色社会主义最本质的特征展开分析：一是通过三个“决定”说明党的领导是中国特色社会主义最本质的特征；二是从三个方面说明党的领导是中国特色社会主义制度的最大优势，只有坚持党的领导，才能确保中国特色社会主义事业始终沿着正确轨道前进。第三目进一步指出新时代中国共产党的历史使命。通过对“四个伟大”逻辑关系的辩证解析说明实现中华民族伟大复兴的中国梦是新时代我们党的根本奋斗目标。	
	第二节“坚持党对一切工作的领导”共有三目，第一目主要说明党是最高政治领导力量，这是马克思主义政党学说的基本原则，是对历史经验的深刻总结，是推进伟大事业的根本保证。第二目强调坚持党总揽全局、协调各方的领导核心地位，是党作为最高政治力量在治国理政中的重要体现。各个领域、各个方面都必须自觉坚持党的领导，突出党的核心领导地位，发挥好领导核心作用。第三目通过八个“增强”指出，面对新时代新挑战新要求，党只有勇于自我革命，不断增强执政本领，才能把坚持和发展中国特色社会主义这场伟大社会革命进行好，才能在新的历史起点，带领全国各族人民实现“两个一百年”奋斗目标。	
	第一节　实现中华民族伟大复兴关键在党	
	一、中国共产党的领导地位是历史和人民的选择	
85分钟	从历史的发展看，只有用马克思主义理论武装起来的中国工人阶级的先锋队——中国共产党，才能领导中国人民推翻压在中国人民头上的三座大山，使中国获得民族独立和国家解放。抗日战争胜利后，存在着三种建国方案：一是以国民党统治集团为代表，主张实行地主买办阶级专政，继续走半殖民地半封建的道路；二是以资产阶级为代表，主张建立资产阶级共和国，走独立发展的资本主义道路；三是以中国共产党为代表，主张建立工人阶级领导的、以工农联盟为基础的人民共和国，经过新民主主义走向社会主义。中国的工人、农民、城市小资产阶级乃至民族资产阶级，通过对这三种建国方案的比较，最终选择了与广大人民群众利益相关的建立人民共和国的方案。中华人民共和国成立后，党顺应中国人民希望国家繁荣富强过上幸福美好生活的愿望，顺利地实现	讲授

了对农业、手工业和资本主义工商业的社会主义性质的改造，使中国走上了社会主义道路。历史的发展已经证明，中国共产党的执政地位不是自封的，是在长期革命斗争中逐渐形成的，是近代中国历史发展的必然，是历史的选择和人民的选择。

《中国共产党党章》明确规定："中国共产党是中国工人阶级的先锋队，同时又是中国人民和中华民族的先锋队。"中国共产党之所以是中国工人阶级的先锋队，一是因为中国共产党的阶级基础是工人阶级。任何政党都有阶级性，都代表一定阶级的利益，都有自己赖以存在和发展的阶级基础。中国共产党以工人阶级作为自己的阶级基础，从党诞生起就是明确的。中国工人阶级是近代以来我国社会化大生产发展的产物，代表着先进的生产力和生产关系，是最先进、最革命的阶级。二是中国共产党是由中国工人阶级中具有共产主义觉悟的先进分子组成。中国共产党虽然是以工人阶级为阶级基础，但党绝不是工人阶级的一般组织，而是工人阶级的先进组织。在工人阶级中，只有那些具有共产主义觉悟，对工人阶级的解放事业表现出无限忠诚的先进分子，通过一定的程序，才能加入党组织。三是中国共产党是以马克思主义为理论基础和行动指南的。党从成立伊始，就坚持了马克思主义的建党原则，是按照马克思主义的建党理论建立和发展起来的中国工人阶级先锋队，是用马克思主义武装起来的党。在我们党的发展过程中，从思想上建设党，始终是加强党自身建设的首要任务。加强党的思想建设，就是用马克思主义武装全党，统一全党思想。

中国共产党不仅是中国工人阶级的先锋队，同时也是中国人民和中华民族的先锋队，这是因为：第一，中国工人阶级的根本利益同中国人民和中华民族的根本利益是一致的。马克思主义认为，工人阶级只有解放全人类才能最后解放自己，从中国共产党的产生、发展、壮大的历史进程来看，它既代表了工人阶级的利益，也代表了中国人民和中华民族的利益。正因如此，中国共产党才会赢得中国社会各个阶层、各民族最广大人民群众的认可和支持，才能够领导中国人民在革命、建设和改革的各个历史时期，不断取得胜利。第二，中国共产党成为中华民族的先锋队，是马克思主义执政党执政的内在要求。中国共产党执政的实质在于把人民赋予的权力用来为人民服务，其执政使命归结到一点，就是要把中国最广大人民的根本利益以及集中体现这种根本利益的国家利益维护好、实现好、发展好。只有这样，中国共产党才不仅能得到本阶级的认可，而且也会得到全体人民的认可，党的执政基础才能牢固，党才能做到长期执政。第三，中国共产党成为中华民族的先锋队，是党以实现民族振兴为己任的必然选择。实现中华民族伟大复兴，是中国共产党的崇高历史使命。要实现这一历史使命，中国共产党就必须自觉地成为中国人民和中华民族的先锋队。只有这样，党才能最大限度地凝聚民族力量，调动和发挥一切积极因素，真正肩负起实现中华民族伟大复兴的历史重任，成为中华民族复兴的"脊梁"。

中国共产党要始终成为中国工人阶级的先锋队，与自觉成为中国人民和中华民族的先锋队，这二者相互依存，相互裨益。前一个“先锋队”主要是指党的阶级属性和阶级基础，是从阶级性的角度规定和支撑党的先进性。后一个“先锋队”，主要是从代表性的角度体现和拓展党的先进性。在任何时候、任何情况下，我们党都要同时成为“两个先锋队”，都要自觉坚持二者的统一。只有这样，党才能永葆先进性。

二、中国特色社会主义最本质的特征

中国共产党的领导是中国特色社会主义最本质的特征，这是十八大以来习近平总书记提出的重要论断。这一论断符合科学社会主义的基本原则，反映中国特色社会主义的历史经验，适应新时代历史使命的实践要求。

（1）中国共产党的领导是中国特色社会主义最本质的特征。第一，这是由科学社会主义的理论逻辑所决定的。第二，这是由中国特色社会主义产生与发展的历史逻辑所决定的。第三，这是由中国特色社会主义迈向新征程的实践逻辑所决定的。

（2）党的领导是中国特色社会主义制度的最大优势。中国特色社会主义制度是中国共产党领导人民创建的，党的领导是中国特色社会主义制度优势发挥的根本保障，党的优势是中国特色社会主义制度的优势资源。

三、新时代中国共产党的历史使命

中国共产党的最高理想和最终目标是实现共产主义。

新时代中国共产党的历史使命就是统揽伟大斗争、伟大工程、伟大事业、伟大梦想，在全面建成小康社会的基础上全面建成社会主义现代化强国，实现中华民族伟大复兴的中国梦。

十九大报告把党的历史使命和国家的未来紧密结合在“四个伟大”所展现的壮阔奋斗图景中，完成了“四个伟大”的理论集成。

1.“四个伟大”由来及历史演进

第一个“伟大”是伟大斗争。伟大斗争的完整表述是“必须进行具有许多新的历史特点的伟大斗争”。第一次出现这个表述的党的文件是党的十八大报告。这句话的内涵是极其丰富和深刻的，党的十八大以来的5年实践完全证明了这一点。如果不进行伟大斗争，我们就不会取得5年来党和国家事业的历史性成就，党和国家的面貌就不会发生历史性的变革。党的十九大报告所讲的伟大斗争是对党的十八大以来我们经常使用的“必须进行具有许多新的历史特点的伟大斗争”的概括和提炼。

第二个“伟大”是伟大工程。伟大工程是从哪里来的呢？这个概念在“四个伟大”中出现时间最早，可以追溯到20世纪30年代。1939年10月，毛泽东同志在《〈共产党人〉发刊词》一文中总结了中国革命取得胜利的三大法宝，即武装斗争、统一战线、党的建设。他认为在这三个法宝中，党的建设是起关键作用的，并把党的建设称为一个“伟大的工程”。改革开放后，我们党深刻认识到，要取得改革开放和社会主义现代化建设事业的成功，必须大力加强党的建设。换句话说，如果没有党的坚强领导，没有党的坚强有力，改革开放就不能顺利进行，社会主义现代化建设的奋斗目标也就不能顺利实现。党的十四届四中全会根据世情国情党情发展变化的实际，提出坚持和加强党的领导，加强和改进党的建设，并把党的建设作为一个宏大的工程来实施，提出了“党的建设新的伟大工程”的命题和概念。从党的十四届四中全会开始，“党的建设新的伟大工程”的概念一直使用到现在。党的十九大报告用“伟大工程”对以往使用的“党的建设新的伟大工程”进行了进一步的提炼，形成了“伟大工程”的概念。

第三个“伟大”是伟大事业。伟大事业就是中国特色社会主义伟大事业。党的十九大报告指出：中国特色社会主义是改革开放以来党的全部理论和实践的主题。这就告诉我们，中国特色社会主义的起始点是党的十一届三中全会，即党的改革开放和社会主义现代化建设新的时期以来。“走自己的道路，建设有中国特色的社会主义”的命题和概念，是邓小平同志在党的十二大开幕词的讲话中第一次提出来的。从那时起到现在，在党的每一次全国代表大会的主题中都强调和突出了这个主要内容。然而，中国特色社会主义不是凭空产生的，不是从天上掉下来的，是中国共产党人长期奋斗、创造、积累的根本成就。中华人民共和国成立后，以毛泽东同志为核心的党的第一代中央领导集体带领全党全国人民进行不懈探索，进行社会主义革命和社会主义建设，为新的历史时期开创中国特色社会主义提供了宝贵经验、理论准备、物质基础。可以说，从1956年我国社会主义基本制度建立后，我们进行的事业就是社会主义的事业。党的十一届三中全会以来，我们开创了中国特色社会主义。改革开放40年来，我们干的事业就是中国特色社会主义伟大事业。党的十九大报告，对中国特色社会主义伟大事业用“伟大事业”进行了高度凝练。

第四个“伟大”是伟大梦想。2012年11月29日，党的十八大刚刚结束不久，习近平总书记带领中央政治局常委在国家博物馆参观《复兴之路》展览时发表重要讲话，提出了实现中华民族伟大复兴的中国梦。这个命题一经提出，就在国内外产生了巨大反响，成为激励中华儿女团结奋进、开辟未来的精神旗帜。“实现中华民族伟大复兴”这个概念，在党的十三大报告中就已经出现了，这个概念是从“振兴中华”一词逐渐演变而来。从党的十三大一直沿用到党的十八大后，习近平总书记在此基础上用“中国梦”三个字对它进行了新的高度提炼，成为画龙点睛之笔，进一步丰富了它的思想和内涵。党的十九大报告对实现中华民族伟大复兴的中国梦又进行了概括，提出了“伟大梦想”的命题和概念。

90 分钟	2.“四个伟大”之间的关系 伟大斗争、伟大工程、伟大事业、伟大梦想是一个紧密联系、相互贯通、相互作用、有机统一的整体，统一于新时代坚持和发展中国特色社会主义伟大实践。伟大梦想是目标，指引前进主方向；伟大斗争是手段，激发前进动力；伟大工程是保障，提供前进保证；伟大事业是主题，开辟前进道路。 **第二节　坚持党对一切工作的领导** **一、党是最高政治领导力量** 党是最高政治领导力量，这是马克思主义政治学说的基本原则，是对历史经验的深刻总结，是推进伟大事业的根本保证。第一，这是马克思主义政党的基本要求。第二，这是对党领导革命、建设和改革历史经验的深刻总结。第三，这是推进伟大事业的根本保证。 **二、确保党始终总揽全局协调各方** 坚持党总揽全局协调各方的领导核心地位，是党作为最高政治力量在治国理政中的重要体现。 确保党始终总揽全局、协调各方，必须增强政治意识、大局意识、核心意识、看齐意识，坚决维护习近平总书记在党中央的核心、全党的核心地位，坚决维护党中央权威和集中统一领导，自觉在思想上政治上行动上同党中央保持高度一致。 确保党始终总揽全局、协调各方，必须坚持和完善党的领导体制机制。 确保党始终总揽全局、协调各方，必须坚持党的民主集中制原则。 **三、全面增强党的执政本领** 站在中国特色社会主义新时代的历史方位上，面对人民日益增长的美好生活需要和不平衡不充分的发展之间的矛盾，新时代赋予的实现中华民族伟大复兴的新使命，都对执政党的执政能力和领导水平提出了新的更高的要求。 1. 全面增强党的执政本领的深层原因 首先，增强执政本领是中国特色社会主义新时代的必然要求。中国特色社会主义进入新时代，我们党一定要有新气象新作为。在新的历史条件下要继续夺取中国特色社会主义伟大胜利，中国共产党要带领全国各族人民从站起来、富起来到强起来，这就要求执政党首先要强起来。实现全面建设社会主义现代化强国的目标，实现由大国向强国的转变，这些都要求党在执政能力上和领导水平上强起来。中国特色社会主义进入新时代，要求我们增强学习本领，跟上	讲授

时代前进的步伐，适应新时代的发展要求。中国特色社会主义进入新时代，我国社会主要矛盾已经转化为人民日益增长的美好生活需要和不平衡不充分的发展之间的矛盾。我国社会主要矛盾的变化是关系全局的历史性变化，对党和国家工作提出了许多新要求，对党的执政能力和领导水平提出了新的更高的要求。我们要不断提高执政本领，在继续推动发展的基础上，着力解决好发展不平衡不充分问题，不断满足人民日益增长的美好生活需要。

其次，增强执政本领是中国共产党新使命的必然要求。中国共产党人的初心和使命，就是为中国人民谋幸福，为中华民族谋复兴。实现中华民族伟大复兴是近代以来中华民族最伟大的梦想。中华民族伟大复兴，绝不是轻轻松松、敲锣打鼓就能实现的。全党必须准备付出更为艰巨、更为艰苦的努力。提高执政本领是实现伟大梦想，进行具有许多新的历史特点的伟大斗争的需要。这就要求必须充分认识到这场伟大斗争的长期性、复杂性、艰巨性，不断夺取伟大斗争新胜利。提高执政本领是实现伟大梦想，深入推进党的建设新的伟大工程的需要。推进党的建设新的伟大工程就是要通过不断增强执政本领，从而不断增强党的政治领导力、思想引领力、群众组织力、社会号召力，确保我们党永葆旺盛生命力和强大战斗力。提高执政本领是实现伟大梦想、推进伟大事业的需要。只有不断增强执政本领，坚持实干兴邦，始终坚持和发展中国特色社会主义，才能确保党在世界形势深刻变化的历史进程中始终走在时代前列，在应对国内外各种风险和考验的历史进程中始终成为全国人民的主心骨，在坚持和发展中国特色社会主义的历史进程中始终成为坚强领导核心。

最后，增强执政本领是决胜全面建成小康社会，开启全面建设社会主义现代化国家新征程的必然要求。十九大报告明确了到本世纪中叶，把我国建成富强民主文明和谐美丽的社会主义现代化强国的宏伟目标。从全面建成小康社会到基本实现现代化，再到全面建成社会主义现代化强国，前景光明，任务光荣而艰巨。当前，我们仍然面临许多困难和挑战，脱贫攻坚任务艰巨，发展不平衡不充分的问题需要解决，解决这些问题都需要不断提高党的执政本领。中国共产党始终把为人类作出新的更大的贡献作为自己的使命，面对一些全球性难题，世界期待中国智慧和方案。我们只有不断增强执政本领，夺取中国特色社会主义伟大事业的胜利，不断拓展发展中国家走向现代化的途径，才能为解决人类问题作出中国贡献。

2. 全面增强执政本领的八个方面

一要增强学习本领。我们党要始终成为时代先锋、民族脊梁，始终成为马克思主义执政党，自身必须始终过硬。世情、国情、党情总是在不断发展变化，新情况新问题每时每刻都在出现，各种困难、风险、挑战层出不穷。面对日益复杂的形势和问题，唯有努力增强学习本领，才能避免“本领恐慌”。增强本领的途径就是学习和实践。党员、干部学习，要正确把握学习的方向，关键是认真学习马克思主义理论。中国特色社会主义道路，为我们提供了无比广阔的时代舞台，党员干部要用习近平新时代中国特色社会主义思想武装头脑、指导实践、推动工作。

二要增强政治领导本领。坚持党对一切工作的领导，是习近平新时代中国特色社会主义思想的基本方略的重要内容。中国特色社会主义最本质的特征是中国共产党领导，中国特色社会主义制度的最大优势是中国共产党领导，党是最高政治领导力量。十九大报告提出新时代党的建设总要求，强调把党的政治建设摆在首位。党的政治建设是党的根本性建设，决定党的建设方向和效果。保证全党服从中央，坚持党中央权威和集中统一领导，是党的政治建设的首要任务。全党要坚定执行党的政治路线，严格遵守政治纪律和政治规矩，在政治立场、政治方向、政治原则、政治道路上同党中央保持高度一致。提高政治本领就是要提高党把方向、谋大局、定政策、促改革的能力和定力，确保党始终总揽全局、协调各方。旗帜鲜明讲政治是我们党作为马克思主义政党的根本要求。全党同志特别是高级干部要加强党性锻炼，不断提高政治觉悟和政治能力，把对党忠诚、为党分忧、为党尽职、为民造福作为根本政治担当，永葆共产党人政治本色。要坚持战略思维、创新思维、辩证思维、法治思维、底线思维，科学制定和坚决执行党的路线方针政策，把党总揽全局、协调各方落到实处，不断增强党的政治领导力、思想引领力、群众组织力、社会号召力，确保我们党永葆旺盛生命力和强大战斗力。

三要增强改革创新本领。世界形势正在发生深刻变化，科学技术飞速发展，互联网、大数据、人工智能等，给我们提出了许多新的课题和挑战。创新是引领发展的第一动力，十九大报告提出加快建设创新型国家，要建设科技强国、质量强国、航天强国、网络强国、交通强国、数字中国、智慧社会。实现治理体系和治理能力现代化，就必须增强改革创新本领，克服消极懈怠、故步自封的思想，保持锐意进取的精神风貌，把党建设成为始终走在时代前列、人民衷心拥护、勇于自我革命、经得起各种风浪考验、朝气蓬勃的马克思主义执政党。在领导方式和工作方式上，也要善于结合实际创造性推动工作，善于运用互联网技术和信息化手段开展工作。

四要增强科学发展本领。全面建成小康社会，会面对不少困难和挑战，发展是解决一切问题的基础和关键，发展必须是科学发展。因此，我们必须坚定不移贯彻创新、协调、绿色、开放、共享的发展理念，增强科学发展本领，着力解决好发展不平衡不充分问题，大力提升发展质量和效益，不断开创发展新局面，更好满足人民在经济、政治、文化、社会、生态等方面日益增长的需要，更好推动人的全面发展、社会的全面进步。

五要增强依法执政本领。全面推进依法治国是国家治理的一场深刻革命，必须坚持依法治国、依法执政、依法行政共同推进，坚持法治国家、法治政府、

	法治社会一体建设，坚持依法治国和以德治国相结合，依法治国和依规治党有机统一。这就要求党员干部不断增强依法执政本领，加快形成覆盖党的领导和党的建设各方面的党内法规制度体系，加强和改善对国家政权机关的领导。提高领导干部运用法治思维和法治方式深化改革、推动发展、化解矛盾、维护稳定能力。健全依法决策机制，构建决策科学、执行坚决、监督有力的权力运行机制。 六要增强群众工作本领。我们必须坚持立党为公、执政为民，践行全心全意为人民服务的根本宗旨，把党的群众路线贯彻到治国理政全部活动之中，把人民对美好生活的向往作为奋斗目标，依靠人民创造历史伟业。坚持把人民群众的小事当作自己的大事，从人民群众关心的事情做起，从让人民群众满意的事情做起，带领人民不断创造美好生活。习近平同志指出，领导干部要得到群众的信任，绝不仅仅靠权力，更主要的是靠人格魅力和工作能力，靠做群众工作的方法和本领。领导干部要坚持工作重心下移，从群众的实践中汲取影响、增长智慧。要创新群众工作体制机制和方式方法，组织动员广大人民群众坚定不移跟党走。 七要增强狠抓落实本领。抓落实，是我们党执政能力的重要展现，也是对各级领导干部工作能力的重要检验。“一分部署，九分落实。”为此，必须坚持说实话、谋实事、出实招、求实效，把雷厉风行和久久为功有机结合起来，勇于攻坚克难，以“钉钉子”精神做实做细做好各项工作。领导干部在抓落实过程中，必须具有知难而进、锲而不舍的奋斗精神，多干打基础、利长远的事，做出经得起实践、人民、历史检验的实绩。 八要增强驾驭风险本领。我们党要团结带领人民有效应对重大挑战、抵御重大风险、克服重大阻力、解决重大矛盾，必须进行具有许多新的历史特点的伟大斗争。这就要求我们增强驾驭风险本领，不断提高攻坚克难、化解矛盾、驾驭复杂局面的能力，健全各方面风险防控机制，善于处理各种复杂矛盾，勇于战胜前进道路上的各种艰难险阻，牢牢把握工作主动权，更好地把中国特色社会主义事业推向前进。	
板书设计	第十四章　坚持和加强党的领导 第一节　实现中华民族伟大复兴关键在党 一、中国共产党的领导地位是历史和人民的选择 二、中国特色社会主义最本质的特征 三、新时代中国共产党的历史使命 第二节　坚持党对一切工作的领导 一、党是最高政治领导力量 二、确保党始终总揽全局协调各方 三、全面增强党的执政本领	

课程小结	中国共产党的领导地位是历史的必然，是人民的选择。中国共产党是中国特色社会主义事业的坚强领导核心。中国共产党领导是中国特色社会主义最本质的特征，是中国特色社会主义制度的最大优势。 党是最高政治领导力量，必须毫不动摇坚持党对一切工作的领导。要提高党把方向、谋大局、定政策、促改革的能力和定力，全面增强党的执政本领，确保党始终总揽全局、协调各方。
作业布置	1. 为什么说中国共产党是工人阶级的先锋队，又是中国人民和中华民族的先锋队？ 2. 为什么说中国共产党的执政地位是历史的选择、时代的选择、人民的选择？ 3. 为什么说党的领导是中国特色社会主义最本质的特征？ 4. 新时代中国共产党的历史使命是什么？ 5. 怎样全面增强党的执政本领？

第二编

思想道德修养与法律基础

绪　论

课　题	绪　论	课时	
教学目的	让学生了解中国特色社会主义新时代的特征与要求，让大学生珍惜历史机遇，胸怀实现中华民族伟大复兴的中国梦，从而自觉肩负历史使命。		
教学重点	1. 新时代的内涵 2. 新时代大学生的历史责任		
教学难点	1. 中国特色社会主义新时代的特征 2. 以中华民族伟大复兴为己任		
课程类型	理论课	教学方法	讲授与讨论
课前准备	多媒体课件及教案		
教学过程及时间分配	主 要 教 学 内 容		教学方法运用
	【导入语】 “要想把握自己的一生，就必须把握大学这段最美好、最值得珍惜的时光。” “思想道德修养与法律基础”是普通高等学校马克思主义政治理论课教育的重要课程之一，是高等学校对大学生进行系统马克思主义理论思想道德教育和法律教育的主要渠道和主阵地，是每个大学生的必修课。其目的在于树立正确的世界观、人生观、价值观，提高大学生法律素养，使其成为社会主义现代化建设的跨世纪接班人。 我们要引领大学生真正理解学习本门课程的意义和价值，好好规划自己的大学生涯，让自己大学四年的生活变得更有意义！		

<table>
<tr>
<td></td>
<td>
一、“思想道德修养与法律基础”的性质和任务

“思想道德修养与法律基础”是一门以马列主义、毛泽东思想、邓小平理论、“三个代表”重要思想、科学发展观、习近平新时代中国特色社会主义思想为指导，以人生观、价值观、道德观、法律价值观教育为主线，综合运用相关学科知识，依据大学生成长的基本规律，教育、引导大学生加强自身思想道德修养和法律素养的课程。它进行以为人民服务为核心、以集体主义为原则的社会主义思想道德修养教育，帮助同学们树立科学的世界观、人生观和价值观，形成良好的思想道德品质，将自己培养成为有理想、有道德、有文化、有纪律的一代新人。同时，加强对大学生的法律思维、法律价值、实体法与程序法的教育，让当代大学生成为懂法、明法、守法的一代新人。

二、“思想道德修养和法律基础”的基本内容

“思想道德修养”部分的主要内容是政治、思想、道德、心理素质和学习成才等方面的知识，以使大学生树立科学的世界观、人生观和价值观。其中，政治修养是核心，思想修养和道德修养是重点，心理修养是基础，学习成才修养是出发点和落脚点。具体可以分为：积极适应转变、身心健康成长，树立理想信念、正确把握人生，弘扬中国精神、立志报效祖国，提高道德修养、完善人格体系，积极践行社会主义核心价值观、树立正确价值导向等部分。思想道德修养的学习重点，在适应转变、健康成长部分，是使学生充分认识自己所处时代的特征、历史使命与成才目标，树立为社会主义现代化建设而努力学习的决心，树立科学的世界观和坚定正确的政治方向和政治态度；在树立理想、把握人生部分，是帮助学生树立崇高的理想、科学的信念，树立正确的人生观、价值观，做坚定的爱国主义者和共产主义接班人；在提高修养、完善人格部分，是培养学生良好的道德品质，使其继承和弘扬中华民族优良道德传统，具有完善的人格和良好的心理素质。

“法律基础”部分的主要内容为法学基础理论、基本法律知识以及法治观念和法律意识方面的知识。同学们要重点掌握马克思主义的基本观点，了解宪法和有关法律的基本精神、主要规定，增强社会主义法治观念和法律意识。法律修养部分的学习重点，在法学基础理论部分，是掌握法的本质特征和含义，了解法律的形成和发展的简要过程、法律与道德的关系，了解提高法治观念和法律意识的重要性和必要性，了解我国社会主义法治的本质、特征和作用等；在宪法部分，是了解宪法的本质及其产生和发展历史、重要意义，了解我国的国体、政体和国家政治结
</td>
<td>讲授与讨论</td>
</tr>
</table>

构，以及政治体制改革的方向和精神文明建设的基本任务，了解我国公民的基本权利和义务的内容，公民自由行使权利时应遵循的基本原则；在部门法部分，是掌握我国行政法、刑法、民商法、经济法、诉讼法等基本法律部门的基本原则和制度，学会理论联系实际，依法维护自身合法权益。

三、我们处在中国特色社会主义新时代

大学阶段，是人生发展的重要时期，是世界观、人生观、价值观形成的关键时期。怎样处理好理想与现实、个人与集体、竞争与合作、权利与义务、自由与纪律、友谊与爱情、学习与工作等方面的关系，做什么样的人，怎样做人，怎样的生活才有意义，怎样的人生追求才有价值等，这一系列的人生课题，都需要大学生去观察、思索、选择、实践。步入人生新阶段，确立新目标，开启新征程，需要对新时代有深入的了解和真切的感悟。

新时代是我们理解当前所处历史方位的关键词。中国特色社会主义进入新时代，意味着近代以来久经磨难的中华民族迎来了从站起来、富起来到强起来的伟大飞跃，迎来了实现中华民族伟大复兴的光明前景；意味着科学社会主义在21世纪的中国焕发出强大生机活力，在世界上高高举起了中国特色社会主义伟大旗帜；意味着中国特色社会主义道路、理论、制度、文化不断发展，拓展了发展中国家走向现代化的途径，给世界上那些既希望加快发展又希望保持自身独立性的国家和民族提供了全新选择，为解决人类问题贡献了中国智慧和中国方案。这个新时代，是承前启后、继往开来、在新的历史条件下继续夺取中国特色社会主义伟大胜利的时代，是决胜全面建成小康社会进而全面建设社会主义现代化强国的时代，是全国各族人民团结奋斗、不断创造美好生活、逐步实现全体人民共同富裕的时代，是全体中华儿女勠力同心、奋力实现中华民族伟大复兴中国梦的时代，是我国日益走近世界舞台中央、不断为人类作出更大贡献的时代。身处新时代，勤劳勇敢的中国人民更加自信自尊自强，中国这个古老而又现代的东方大国朝气蓬勃、气象万千；中国特色社会主义道路、理论、制度、文化焕发出强大生机活力，奇迹正在中华大地上不断涌现。

中国梦是历史的、现实的，也是未来的。它凝结着无数仁人志士的不懈努力，承载着全体中华儿女的共同向往，昭示着国家富强、民族振兴、人民幸福的美好前景。今天，在习近平新时代中国特色社会主义思想的指引下，中华民族的追梦之路更清晰、筑梦之基更坚实、圆梦之策更精准。站在新时代的起点，我们比历史上任何时期都更接近中华民族

伟大复兴的目标，比历史上任何时期都更有信心、有能力实现这个目标。

中国梦是国家的、民族的，也是每一个中国人的。只有每个人都为美好梦想而奋斗，才能汇聚起实现中国梦的磅礴力量。在实现民族复兴梦想的伟大征程中，青年不懈追求的梦想始终与振兴中华的责任担当紧密相连。在革命战争时期，青年一代满怀革命理想，为争取民族独立、人民解放冲锋陷阵，抛洒热血；在社会主义建设时期，青年一代响应党的号召，在新中国的广阔天地忘我劳动、艰苦创业；在改革开放时期，青年一代发出了团结起来、振兴中华的时代强音，为祖国的繁荣富强开拓奋进、锐意创新。现在20岁左右的大学生，到2035年社会主义现代化基本实现时，还不到40岁；到本世纪中叶全面建成社会主义现代化强国时，刚过50岁。当代大学生是民族复兴伟大进程的见证者和参与者，也是社会主义事业的生力军。新时代为大学生成长成才、勤学报国提供了广阔的舞台和无限的机遇。新时代属于每一个人，每一个人都是新时代的见证者、开创者、建设者。在新时代的中国，经济建设主战场、文化发展大舞台、社会建设新领域、科技创新最前沿、基层实践大熔炉，都是当代大学生贡献聪明才智、书写青春篇章的热土福地，中华民族伟大复兴终将在广大青年的接力奋斗中变为现实。

四、时代新人要以民族复兴为己任

党的十九大提出了“培养担当民族复兴大任的时代新人”的战略要求。大学生应该以有理想、有本领、有担当为根本要求，夯实综合素质基础，着力提升思想道德素质和法治素养，展现新的风貌、新的姿态，成为中国特色社会主义事业的合格建设者和可靠接班人，成为走在时代前列的奋进者、开拓者、奉献者。

引导学生观看视频《开讲啦——何镜堂院士》，并组织学生思考：大学生活对同学们提出了什么新问题、新担当。

（一）做有理想有本领有担当的时代新人

青年兴则国家兴，青年强则国家强。青年一代有理想、有本领、有担当，国家就有前途，民族就有希望。大学生是国家宝贵的人才资源，是民族的希望、祖国的未来，肩负着人民的重托、历史的重任。新时代的大学生朝气蓬勃、好学上进、视野宽广、开放自信，是可爱、可信、可为的一代。坚定理想信念，志存高远，脚踏实地，勇做时代的弄潮儿，大学生才能真正成为担当民族复兴大任的时代新人，承担起自己的历史使命和时代责任。

要有崇高的理想信念，牢记使命，自信自励。“功崇惟志，业广惟勤。”理想指引人生方向，信念决定事业成败。崇高的理想信念是事业和人生的灯塔，决定我们的方向和立场，也决定我们的精神状态和实际行动，直接关系着人生目标的选择、人生价值的实现。没有崇高的理想信念，就会导致精神上的“软骨病”，人生勇气、意志与毅力都会出现严重问题，从而极易受到各种不良思想行为的诱惑、误导、传染，难以在时代洪流中成为砥柱新人，甚至被时代洪流所淘汰。中国梦是全国各族人民的共同理想，中国特色社会主义是党带领人民历经千辛万苦找到的实现中国梦的正确道路。从全面建成小康社会到基本实现现代化，再到全面建成社会主义现代化强国，是新时代中国特色社会主义发展的战略安排。建设社会主义现代化强国的任务书、时间表、路线图，为广大青年清晰指明了历史使命、奋斗目标和前进方向。大学生要有作为中华儿女的骄傲和自豪，爱党、爱国、爱社会主义，树立坚定的政治方向和远大的人生志向，坚定中国特色社会主义的道路自信、理论自信、制度自信、文化自信，把理想信念建立在对科学理论的理性认同上，建立在对历史规律的正确认识上，建立在对基本国情的准确把握上。大学生要保持对理想信念的激情和执着，将实现“两个一百年”奋斗目标、实现中华民族伟大复兴中国梦的历史使命内化为自觉的担当，外化为实际的行动，从容自信、坚定自励。

要有高强的本领才干，勤奋学习，全面发展。不断增强的本领才干，是青春焕发光彩的重要源泉。新时代大学生素质和本领的强弱，直接影响着民族复兴的进程。身处日新月异的新时代，国内外环境发生深刻变化，知识更新周期大大缩短，大学生要有本领不够、才干不足的紧迫感，自觉加强学习、勤奋探索，在社会实践中全面发展。“学如弓弩，才如箭镞，识以领之，方能中鹄。”大学生既要惜时如金、孜孜不倦，下一番心无旁骛、静谧自怡的功夫，又要突出主干、择其精要，做到又博又专、愈博愈专；既打牢扎实基础，又及时更新知识；既刻苦钻研理论知识，又积极掌握实践技能；既向书本学，又向实践学、向群众学；既向传统学，又向现代学，努力成为兼收并蓄、融会贯通、本领高强、全面发展的优秀人才。概言之，大学生应把学习作为首要任务，树立梦想从学习开始、事业靠本领成就的观念，让勤奋学习成为青春远航的动力，让增长本领成为青春搏击的能量。

要有天下兴亡、匹夫有责的担当精神，讲求奉献，实干进取。青春至美是担当，青年的担当是决定人生价值的最大砝码，是影响时代发展进程的重要力量。“历尽天华成此景，人间万事出艰辛。”我们越接近中华民族伟大复兴，越需要付出更为艰巨、更为艰苦的努力。作为实现中华民族伟大复兴的生力军，大学生的担当精神体现为奉献祖国、奉献人民、尽心尽力、勇于担责，必须讲求奉献，实干进取，自觉树立国家意识、民族意识、责任意识，把个人前途命运与国家、民族的前途命运紧紧地联系在一起，在尽责集体、服务社会、贡献国家中实现人生理想和人生价值；应坚持实践第一、知行合一，求真务实、有为善为，勇于面对实际生活中的各种挫折考验，勤奋刻苦、磨砺意志、脚踏实地；应始终保持昂扬向上的精神状态，富有求新求变的朝气锐气，敢于站在变革前沿，引领潮流之先，以新的实践创造更大成就。

有信念、有梦想、有奋斗、有奉献的人生，才是有意义的人生。当代大学生建功立业的舞台空前广阔，梦想成真的前景空前光明，每个人都有机会在实现中国梦的伟大实践中创造自己的精彩人生。当代大学生一定要担当起党和人民赋予的历史重任，在激扬青春、开拓人生、奉献社会的进程中书写无愧于时代的壮丽篇章！

（二）提升思想道德素质与法治素养

做有理想有本领有担当的时代新人，必须具备良好的思想道德素质和法治素养。思想道德素质和法治素养，是思想政治素质、道德素质和法治素养的有机融合，是新时代大学生必须具备的基本素质。

人的本质是一切社会关系的总和。一个人要安身立命、成长成才、贡献社会，需要不断地调整自身与他人的关系，不断实现人的社会化。其中最为重要的，就是要正确认识自己、认识他人、认识社会，学习掌握运用道德和法律规范，正确调整自己的行为。思想道德和法律都是调节人们思想行为、协调人际关系、维护社会秩序的重要手段。思想道德和法律虽然在调节领域、调节方式、调节目标等方面存在很大不同，但是二者都是上层建筑的重要组成部分，共同服务于一定的经济基础。在我国，中国特色社会主义思想道德建设和中国特色社会主义法治建设紧密联系、相互促进，为中国特色社会主义事业提供坚实的思想基础、精神支撑和法治保障。坚持和发展中国特色社会主义，既要发挥思想道德的引领和教化作用，又要发挥法律的规范和强制作用。一方面，思想道德为法律提供思想指引和价值基础。思想道德为法律的制定、发展和完善提供价值准则，是社会主义法律正当性和合理性的重要基础；思想道德能够促进人们自觉尊法、学法、守法、用法，维护法律权威；思想道德调整社会关系的范围和方式更加广泛灵活，可以弥补法律调整的短板，与法律一道共同促进良好社会秩序的形成。另一方面，法律为思想道德提供制度保障。法律通过对思想道德的基本原则予以确认，为思想道德建设提供国家强制力保障。科学立法和民主立法，可以将思想道德有机融入法律体系，使法律具有鲜明道德导向，让法治成为良法善治；严格执法和公正司法，有利于维护社会公平正义，弘扬真善美、打击假恶丑，使思想道德要求在实践中得到切实遵循；全民普法和全民守法，有助于增强人们信守法律的思想道德水平，引导人们自觉履行法定义务、家庭责任、社会责任。

思想道德素质和法治素养是人应该具有的基本素质。思想道德素质是人们的思想观念、政治立场、价值取向、道德情操和行为习惯等方面品质和能力的综合体现，反映了一个人的思想境界和道德风貌，是促进个体健康成长、社会发展进步的重要保障。法治素养是指人们通过学习法律知识、理解法律本质、运用法治思维、依法维护权利与依法履行义务的素质、修养和能力，对于保证人们尊崇法治、遵守法律具有重要的意义。再多再好的法律，必须转化为人们内心自觉才能真正为人们所遵行。良好的思想道德素质和法治素养，是在学习中升华、内省中完善、自律中养成、实践中锤炼的结果，同时也是大学生把握发展机遇、创造人生精彩的基础条件和宝贵资源。大学生应当通过理论学习和实践体验，牢固树立坚定的理想信念和正确的价值观念，陶冶高尚的道德情操，增强尊法、学法、守法、用法的自觉性，不断提高自身的思想道德素质和法治素养。

"思想道德修养与法律基础"，是一门融思想性、政治性、科学性、理论性、实践性于一体的思想政治理论课。本课程针对大学生成长过程中面临的思想道德和法律问题，开展马克思主义的世界观、人生观、价值观、道德观、法治观教育，引导大学生提高思想道德素质和法治素养，成长为自觉担当民族复兴大任的时代新人。学习本课程，有助于大学生领悟人生真谛，坚定理想信念，践行社会主义核心价值观，做新时代的忠诚爱国者和改革创新的生力军；有助于大学生形成正确的道德认知，积极投身道德实践，做到明大德、守公德、严私德；有助于大学生全面把握社会主义法律的本质、运行和体系，理解中国特色社会主义法治体系和法治道路的精髓，增进法治意识，养成法治思维，更好行使法律权利、履行法律义务，做到尊法学法守法用法，从而具备优秀的思想道德素质和法治素养。

五、学习"思想道德修养和法律基础"的重要意义和方法

"思想道德修养与法律基础"课是在总结大学德育工作和法律教育工作的丰富经验和在长期科学研究的基础上形成的关于大学生思想、政治、道德和心理素质教育、法律素养培养的系统理论和知识。

学习"思想道德修养"的意义在于：了解党和国家对大学生思想、政治、道德和心理素质等方面的基本要求，明确自己的努力方向和奋斗目标，提高精神文明素养，掌握提高思想道德修养的方法，以指导自己的思想和行为实践，为在大学期间健康成长打下良好的思想基础。"思想道德修养"课是一门融政治性、思想性、科学性、知识性和实践性为一

体，以应用为中心的多学科知识相结合的思想教育课。学习这门课必须有科学的态度、正确的方法，掌握理论，付诸实践，不断总结，才能取得良好效果。

这是一门不断发展、不断改革和充满活力的课程。课程的活力在于，它要及时反映历史的发展趋势、时代的特征和要求，反映青年学生健康成长和发展的新经验。面对青年学生在学习、生活、成才道路上不断出现的各种新问题，准确地、有说服力地予以回答。学好这门课，学生在学习过程中要打消停步、满足、差不多的思想，积极追求，不断更新观念，真正有所思考、有所收获，达到不断净化灵魂、提升境界的目的。这个过程本身又需要注重锻炼韧性，持之以恒。

“法律基础”课是我国大学生必修的公共法制教育课。本课程的学习，能够使大学生了解马克思主义法学的基本观点，掌握我国宪法和有关法律的基本精神和内容，增强法律意识，提高法律素质。学习本课程，是培养大学生遵纪守法、维护社会稳定和谐发展的需要，是大学生正确理解和坚持施行全面依法治国方略、推进社会主义法治国家的需要，是完善和优化大学生的知识结构和文化素质的需要。

六、大学的科学含义（本部分穿插讨论 10 分钟）

何谓大学？大学的精神和实质是什么？大学生应该具备哪些能力和素质？大学应该学什么？

引导同学正确理解《礼记·大学》篇的《大学》一文。

在中国古代，也有大学与小学之分，但其蕴涵的内容和意义不同。《汉书·艺文志》《白虎通》《尚书大传》等文献皆对大学和小学的学习内容和目的有所论述。朱熹在《大学章句序》和《朱子语类》卷十四中对小学和大学的教学内容和目的作了详尽的阐述。总之，古代小学和大学的教学内容和方法对当今大学教育之内容和目的仍有诸多积极的意义和价值，可资借鉴。

伟大的教育家蔡元培先生对“大学”及其目的有经典的论述。他说：“教育是帮助被教育的人，给他能发展自己的能力，完成他的人格，于人类文化上尽一分子的责任；不是把被教育的人，造成一种特别器具，给抱有他种目的的人去应用的。”爱因斯坦说：“学校应该以此为目标：学生离开学校时是一个和谐的人，而不是一个专家。”

“大学”之所以被称为“大学”，不仅仅是因为这里有“大楼”。“大楼”里蕴藏着丰富的图书、仪器和先进的试验设备。这些涵盖古今中外各种专门领域的书籍和各种先进的仪器设备，会让大学生接触到最广博、最现代、最新鲜的知识。“大学”之所以被称为“大学”，是因为这里有

"大师"。进入大学学习，不只是要从这些教师和大师那里获取专业知识和技能，还要从这些教师和大师那里学习做人的道理，吸取思想道德的营养，接受他们人格的熏陶和感召，从而为自己的成长和成才创造有利条件，打下坚实基础。

大学之所以被称为"大学"，更重要的还在于它担负着培养作为国家专门人才的"大学生"的任务。在这里学习的学生，从一定意义上，已经不是一般的学生，而是国家的英才、社会的栋梁、民族未来的希望。大学就是这些英才和栋梁聚集在一起学习、深造、交流、成长的地方。因此，大学之所以被称为"大学"，还在于它是一个陶冶人文气质、引领精神文明、促进学术争鸣、推动科技进步的重要园地。应当说，这才是"大学"的灵魂之所在。

大学文化的使命是培育公民的自我意识、独立意志、公平竞争、社会责任、公共道德等理性素养。大学文化和大学生文化运动是社会转型的稳定力量，是新文化秩序的建设力量。

现代大学的精神在于思想的自由、精神的独立、学术之原创，其根本目的在于培养德才兼备的复合型人才，即儒家之"成人与成器"。大学的精神实际上可以从其校训中窥见。每所大学皆有独具特色的校训，如北京大学：爱国、进步、民主、科学。清华大学：自强不息，厚德载物。北京航空航天大学：德才兼备，知行合一。对外经济贸易大学：诚信、博学、求索、笃行。中央民族大学：团结、求实、文明、创新。厦门大学：自强不息，止于至善。西南交通大学：精勤求学，敦笃励志；果毅力行，忠恕任事。南京大学：诚朴雄伟、励学敦行。这些校训各具特色，体现了其办学的方针和原则。我们贵阳学院的校训是：博、新、雅、信，这四个字含义非常丰富："博"指博大、广博、博爱、博施，既涉及知识能力，又涵盖德性品质；"新"涵盖知识、视野、眼界、态度等方面；"雅"既指行为举止优雅，也指内在修为之雅；"信"是中国传统文化的核心，是为人之本、为商之道，指诚信、信仰、信念等。

现代大学的任务在于培养学生成就高尚的德性、全面的能力，尤其是独立的自学能力和与人沟通交往的能力。

大学生既应学习基础知识，又要学习专业知识，更应学习社会知识，锻炼适应社会的多种能力。

七、认识大学生活的新特点（本部分穿插讨论 10 分钟，要求同学们以"我对大学的初体验"为主题展开讨论，说说大学与中学生活的不同）

进入大学，应很快融入新的环境。与中学相比，大学的学习环境、

	生活环境、人际交往环境、管理制度等方面已经发生了极大的变化，同学们应尽快适应新环境、迎接新挑战、解决新问题、实现新突破、开启新人生。 在学习环境方面，大学与中学相比，学习目的、内容、方式、自主性等方面都产生了较为明显的变化。中学时期的学习更多属于被动的接受型学习，而大学时期的学习则更多侧重于自主的研究型学习。在学习内容方面，大学不再是应试型的学习，而侧重于某一专业领域知识的学习。在学习自主性方面，大学生必须既要在课堂上学到知识，又要掌握在课外获得知识的本领。 在生活环境方面。中学时期，学生的学生基本上生活在父母身边。进入大学之后，一方面在地域上远离家庭，离开了随时依赖的父母，必须要独立处理好自己衣食住行等日常生活中的问题。另一方面，大学生活本身，也把独立生活能力作为对大学生培养教育的重要内容，要求在不断变化的环境中培养优良的素质。 在人际环境方面。中学时期，学生的交往对象较为单一。而大学的同学来自五湖四海，彼此兴趣、爱好差异较大。进入大学后，新的环境要求大学生独立主动地与各种人交往，及时建立友好的协调关系。 在管理制度方面。在教学管理上，中学实行的是学年制，学生必须修满三学年才能毕业。大学一般实行学分制，按能否修满所规定的学分提前毕业或者延期毕业；在管理方法上，中学对学生各方面都实行严格的管理，学生的言行都有老师管教，而大学更多的是靠学生自我管理和自我约束。大学新生如果不迅速培养起自我教育管理能力，在学习生活中将会感到无所适从。 大学生应该充分利用图书馆和互联网，培养独立学习和研究的本领，为适应今后的工作或进一步的深造做准备。首先，除了学习老师规定的课程以外，大学生一定要学会查找书籍和文献，以便接触更广泛的知识和研究成果。例如，我们在一门课上发现了自己感兴趣的课题，就应当积极去图书馆查阅相关文献，了解这个课题的来龙去脉和目前的研究动态。熟练和充分地使用图书馆资源，这是大学生特别是那些有志于科学研究的大学生的必备技能之一。读书时，应尽量多读一些原版教材。有些原版教材写得深入浅出，附有大量实例。其次，在书本之外，互联网也是一个巨大的资源库，大学生们可以借助搜索引擎在网上查找各类信息。有些同学很容易相信网上的谣言，而不会利用搜索引擎自己查考、求证。除了搜索引擎以外，网上还有许多网站和社区也是很好的学习园地。 同学们应该懂得如何将一门学科的知识、理论、方法与具体的实践应用结合起来，尤其是工科生。	

	无论学习何种专业、何种课程，如果能在学习中努力实践，做到融会贯通，我们就可以更深入地理解知识体系，牢牢地记住学过的知识。实践时，最好是几个同学合作，这样既可通过实践理解专业知识，也可以学会如何与人合作，培养团队精神。如果有机会在老师手下做些实际的项目，或者走出校门打工，只要不影响课业，这些做法都是值得鼓励的。外出打工或做项目时，不要只看重薪酬待遇（除非生活上确实有困难），有时即便待遇不满意，但有许多培训和实践的机会，我们也值得一试。 大学生应该寻找自己的兴趣：快乐和兴趣是一个人成功的关键。你如果对某个领域充满激情，就有可能在该领域发挥自己所有的潜力，甚至废寝忘食。孔子说：“知之者不如好之者，好之者不如乐之者。”寻找兴趣点最好的方法是开阔自己的视野，接触众多领域。唯有接触你才能尝试，唯有尝试你才能找到自己的最爱。而大学正是这样一个可以让你接触并尝试众多领域的独一无二的场所。 大学生应当更好地把握在校时间，充分利用学校的资源，通过使用图书馆资源、旁听课程、搜索网络、听讲座、打工、参加社团活动、与朋友交流、使用电子邮件和电子论坛等不同方式接触更多的领域、更多的工作类型和更多的专家学者。 从大学的第一天开始，你就必须从被动转向主动，必须成为自己未来的主人，必须积极地管理自己的学业和将来的事业。理由很简单：因为没有人比你更在乎你自己的工作与生活。“让大学生活对自己有价值”是你的责任。许多同学到了大四才开始做人生和职业规划，而一个主动的学生应该从进入大学时就开始规划自己的未来。
板书设计	绪论 一、“思想道德修养与法律基础”的性质和任务 二、“思想道德修养和法律基础”的基本内容 三、我们处在中国特色社会主义新时代 四、时代新人要以民族复兴为己任 五、学习“思想道德修养和法律基础”的重要意义和方法 六、大学的科学含义 七、认识大学生活的新特点
课堂小结	了解本门课程的性质、任务、内容、意义及学习该门课程的方法，清晰认识到大学的精神和大学的真正含义。了解中国特色社会主义新时代，以民族振兴为己任，积极主动地适应大学的生活，尽快转换角色，更好地承担历史使命，做一个优秀的大学生。
作业布置	1. 预习第一章的内容。 2. 谈谈自己对大学生活的憧憬与规划。（分小组讨论，并撰写小论文）

第一章 坚定理想信念

<table>
<tr><td>课　　题</td><td colspan="2">第一章　坚定理想信念</td><td>课时</td><td colspan="2">9</td></tr>
<tr><td>教学目的</td><td colspan="5">让大学生领会什么是人生，人生的意义、人生的价值应主要体现在哪里，如何在自己的人生道路上树立起崭新的人生里程碑，从而树立正确的人生观，成就出彩人生。</td></tr>
<tr><td>教学重点</td><td colspan="5">1. 个人与社会的辩证关系
2. 树立正确的人生观
3. 辩证对待人生矛盾</td></tr>
<tr><td>教学难点</td><td colspan="5">1. 个人与社会的辩证关系
2. 辩证对待人生矛盾</td></tr>
<tr><td>课程类型</td><td>理论课</td><td colspan="2">教学方法</td><td colspan="2">讲授、讨论、视频</td></tr>
<tr><td>课前准备</td><td colspan="5">多媒体课件、教案和视频资料</td></tr>
<tr><td>教学过程
及时间分配</td><td colspan="4">主 要 教 学 内 容</td><td>教学
方法
运用</td></tr>
<tr><td>简单复习
上周内容
5 分钟

导入新课
10 分钟</td><td colspan="4">【导入语】

人生是一条河。这条河永远没有回头的路。每个人的人生都会因为自己的选择而与众不同。我们应该选择怎样的人生道路呢？
人们说，我们不能选择人生的长度，但是我们可以选择人生的宽度。那人生的宽度应该由什么来决定呢？
路遥的短篇小说《人生》，给了我们对人生的思考，给了我们理解人生观的第一个台阶。
在人生的旅途中，正确的人生观指引我们走向康庄大道，而错误的人生观只能让我们嗟叹人生的蹉跎，让我们后悔不已。
对大学生来说，在人生的黄金时期，我们应该树立正确的人生观、价值观和世界观，为我们的未来铺垫一条正确的道路，成就我们有意义、有价值的人生历程！
组织学生观看视频《我们走在大路上》（央视），通过视频引发学生</td><td></td></tr>
</table>

思考人生如何努力与奋斗。

讲授前先组织学生讨论“对人生的认识”

第一节 人生观是对人生的总看法

习近平同青年大学生座谈时强调：“要树立正确的世界观、人生观、价值观，掌握了这把总钥匙，再来看看社会万象、人生历程，一切是非、正误、主次，一切真假、善恶、美丑，自然就洞若观火、清澈明了，自然就能作出正确判断、作出正确选择。”大学生思考和规划自己的人生之路，首先要学会科学看待人生的根本问题，认识个人与社会的辩证关系，掌握人生观的基本理论。

讲授
讨论
视频

一、人生与人生观

人的生命历程不同于其他动物的生命过程，人不仅要维系自身的生存和繁衍，还要生产、交往、创造，在极为丰富的社会生活中观察、思索、判别和选择。人生观就是人们关于人生目的、人生态度、人生价值等问题的总观点和总看法。

（一）正确认识人的本质

思考人生，树立正确的人生观，首先需要对“人是什么”和“人的本质是什么”等问题有科学的认识。

人类来源于自然界，和自然界的其他生物一样，也要进行新陈代谢、繁衍后代，经历生老病死的自然过程。但是，人的生命活动不同于动物的生命活动，人以劳动求得生存和发展。人类在脱离动物状态而转变为人的过程中，劳动发挥了决定性的作用。人的实践活动是有意识的，正如马克思所指出的：“蜘蛛的活动与织工的活动相似，蜜蜂建筑蜂房的本领使人间的许多建筑师感到惭愧。但是，最蹩脚的建筑师从一开始就比最灵巧的蜜蜂高明的地方，是他在用蜂蜡建筑蜂房以前，已经在自己的头脑中把它建成了。”人能够对自己的存在和活动的内容、方式有所“观”，并且根据一定的“观”作出选择、采取行动。

人对自身的认识，既是一个古老的问题，又是一个常新的问题。在中外思想史上，许多思想家对此曾从不同的角度提出过自己的见解，其中不乏真知灼见，为科学揭示人的本质提供了大量的思想资料。对人的认识，核心在于认识人的本质。马克思运用辩证唯物主义和历史唯物主义的立场、观点、方法，揭开了人的本质之谜。他指出：“人的本质不是单个人所固有的抽象物，在其现实性上，它是一切社会关系的总和。”这一论断，在人类历史上第一次科学说明了人的本质，为人们认识人生、形成正确的人生观提供了科学的方法论。

任何人都是处在一定的社会关系中从事社会实践活动的人。社会属性是人的本质属性。每一个人从来到人世的那天起，就从属于一定的社会群体，同周围的人发生各种各样的社会关系，如家庭关系、地缘关系、业缘关系、经济关系、政治关系、法律关系、道德关系等。人的社会关系的总和决定了人的本质。人们正是在这种客观的、不断变化的社会关系中塑造自我，成为真正现实的、具有个性特征的人。因此，认识人的本质，只能立足于具体的、历史的社会关系中从事社会实践的人，而不能从抽象的人性论出发，更不能依靠神的启示。正是在一定的社会历史条件下，人们面对各种各样的境遇，在客观的不断变化的社会关系中实践人生，通过现实的生活逐渐感悟人生，形成了相应的人生观。

1. 人是什么（人的本质问题）

人的本质有以下内涵：一是人的自然属性。人是从动物进化来的，动物所具有的属性人也有。二是人的社会属性。人是社会的人，社会是由各种规则制约的人的聚合体。三是人的思维属性。从体力和从灵活程度上看，人比不过许多动物，但人类能征服自然，征服动物，成为世界的主宰，靠的是大脑。

2. 马克思主义的人的本质观

人的本质是由社会关系决定的。对于一个社会人来说，其社会关系可分为两类：一类是物质的社会关系，另一类是思想关系。这些关系互相渗透、互相影响、互相作用，从总体上决定着人的本质，即从现实性来看，它是一切社会关系的总和。其中，生产关系是最基本的社会关系，它在社会关系的总和中起着主导、支配作用。

人的本质是由人的社会关系决定并通过社会关系反映出来的，而社会关系不是固定不变的。因此，人的本质也必然随之发展变化。不同的社会形态的社会关系不同，人的本质也不同。就个体人来说，人的本质也是可变的。例如，人可能改恶从善，也可能从善变恶，这就是人道德本质的可变性或可塑性。

3. 人的道德本性问题

人的道德本质也就是人性的善恶。中国从春秋战国起，儒家思想中一直就有对人性的讨论。著名的儒家代表孟轲就是“人性善”的代表，他认为，人人都有“四心”，即恻隐之心、羞恶之心、恭敬之心、是非之心，由这“四心”引发出了“仁义礼智”四种道德，而且这是生而有之的。思想家荀况则是“人性恶”的代表，他认为人天生拥有各种欲望，如果不加以限制和约束，就可能办坏事、成坏人，只有通过教化，才能使人走上正轨。

马克思主义者认为“人的本性不是自私的”。首先，本性是指人天生的本来就有的自然之性，是不学而能、与生俱来的属性或特征。简而言之，就是人的本能。其次，道德作为一种社会意识形态，是对社会存在的反映。每个人道德境界是受社会环境及教育、阅历和个人修养等各种因素综合影响而形成的。自私或有自私行为不是先天就有的，而是后天的各种因素导致的。最后，从整个人类的发展历史来看，自私的观念并不是从来就有的，原始社会生产资料公有，氏族公社的领导者平等参加劳动，平均分配产品，没有特权，还没有私有财产的观念。

（二）人生观的主要内容

阅读《习近平的青年时代》，引导学生思考“人生观的系列问题”。

人生观决定着人生道路的方向，也决定着人们行为选择的价值取向和用什么样的方式对待实际生活。每个人都会对“做什么人”和“怎样做人”的问题形成一定的认识。无论自觉与否，都会在这种认识的影响下实践自己的人生。因此，有什么样的人生观就会有什么样的人生。人的生命只有一次，理应严肃认真地思考人生，努力领悟人生的真谛，选择正确的人生道路，树立崇高的人生追求，实现应有的人生价值。

人生观的主要内容包括人生目的、人生态度和人生价值。人生目的回答人为了什么活着，人生态度回答人应当如何活着，人生价值回答什么样的人生才有价值。这三个方面相互联系、相辅相成，统一为一个有机整体。

人生目的是指生活在一定历史条件下的人在人生实践中关于自身行为的根本指向和人生追求。人生目的是对“人为什么活着”这一人生根本问题的认识和回答，是人生观的核心，在人生实践中具有重要的作用。首先，人生目的决定人生道路。人生目的规定了人生的方向，对人们所从事的具体活动起着定向的作用。为实现人生目的，人们会注重培养能力、磨炼意志、奋发进取、努力拼搏。古今中外众多创造了辉煌壮丽人生的志士仁人，多在青年时期就确立了正确的人生目的，从而在面对人生的一系列重大课题时，能作出正确的选择，始终朝着正确的人生发展方向前进。其次，人生目的决定人生态度。人生道路上有时会一帆风顺，有时会崎岖不平，面对各种各样的矛盾和斗争，不同的人生目的会使人持有不同的人生态度。正确的人生目的可以使人无所畏惧、顽强拼搏、积极进取、乐观向上；错误的人生目的则会使人或投机钻营、违法犯罪，或虚度人生、放纵人生，或悲观消沉、厌世轻生。在历史上和现实生活中，许多事业有成者，无不是在正确的人生目的的支配下，以昂扬乐观的人生态度正确对待人生道路上的顺逆曲直。最后，人生目的决定人生价值选择。正确的人生目的会使人懂得人生的价值首先在于奉献，从而

讲授中穿插央视视频“开讲啦”	在工作中尽心、尽力、尽责。错误的人生目的则会使人把人生价值理解为向社会或他人索取，从而把追逐个人私利视为有价值、有意义的人生，而漠视对国家、社会、集体和他人的义务与责任。 　　人生态度是指人们通过生活实践形成的对人生问题的一种稳定的心理倾向和精神状态。人生态度是人生观的重要内容。一个人有什么样的人生观就会有什么样的人生态度。当一个人对自己的人生观作出了某种明确的选择，实际上就在主要方面决定了他将如何对待生活，决定了他在实践中将以怎样的方式处理各种人生问题。反过来，一个人对人生的态度如何，往往又制约着他对整个世界和人生的看法，从而对个人的世界观、人生观产生重要的影响。正确的人生态度可以使人在追求有意义的人生中保持积极进取、乐观向上的精神状态。人生态度是人生观的表现和反映。一个人如果不思考人的生命应有的意义，对什么事都显得无所谓，当一天和尚撞一天钟，这实际上是庸碌无为的人生观的表现。一个人如果抱着“浮生如梦”“及时行乐”“今朝有酒今朝醉”的混世态度，其背后必然是低俗、庸碌和沉沦的人生观。一个人如果看破红尘，满眼只见烦恼、痛苦和荒谬，以悲怨愤懑、心灰意冷的倦怠态度对待生活，其背后必然是消极悲观的人生观。与上述情况相反，一个人如果满怀希望和激情，热爱生活，珍视生命，勇敢坚强地战胜困难并不断开拓人生新境界，其背后一定有正确的人生观作为精神支柱。 　　人生价值是指人的生命及其实践活动对于社会和个人所具有的作用和意义。选择什么样的人生目的，走什么样的人生道路，如何处理生命历程中个人与社会、现实与理想、付出与收获、生与死等一系列重大问题，人们总是有所取舍、有所好恶，对于赞成什么、反对什么，认同什么、抵制什么，总会有一定的标准。这些都与人们对人生价值的看法密切相关。人生价值内在地包含人生的自我价值和社会价值两个方面。人生的自我价值，是个体的人的活动对自己的生存和发展所具有的价值，主要表现为对自身物质和精神需要的满足程度。人生的社会价值，是个体的实践活动对社会、他人所具有的价值。人生的自我价值和社会价值，既相互区别，又密切联系、相互依存，共同构成人生价值的矛盾统一体。一方面，人生的自我价值是个体生存和发展的必要条件，人生的自我价值的实现是个体为社会创造更大价值的前提。个体的人生活动不仅具有满足自我需要的价值属性，还必然地包含满足社会需要的价值属性。个体通过努力提高自我价值的过程，也是其创造社会价值的过程。另一方面，人生的社会价值是社会存在和发展的重要条件，人生社会价值的实现是个体自我完善、全面发展的保障。没有社会价值，人生的自我价值就无法存在。人是社会的人，这不仅意味着个体物质和精神的需要必须	

在社会中才能得到满足，还意味着以怎样的方式和在多大程度上得到满足也是由社会决定的。

总之，人生目的表明人的一生追求什么，人生态度表示以怎样的心态实现人生目标，人生价值判定一个具体人生的价值和意义。其中，人生目的决定着人们对待实际生活的基本态度和人生价值的评判标准，人生态度影响着人们对人生目的的持守和人生价值的评判，人生价值制约着人生目的和人生态度的选择。大学生只有深刻理解人生目的、人生态度、人生价值三者间的辩证统一关系，才能准确把握人生，树立正确的人生观。

（三）人生观与世界观

人生观与世界观有密切的关系。世界观是人们对生活在其中的世界以及人与世界的关系的总体看法和根本观点。一个人思考生活的意义，树立追求的理想目标，确定以怎样的方式对待生活，探讨协调身与心、自我与他人、个人与社会的关系，总是以其世界观为根据，受到其世界观的制约和影响。

世界观决定人生观，有什么样的世界观，就会有什么样的人生观。辩证唯物主义认为，人和人类社会是自然界长期发展的产物，人的一切认识都来自实践，并在实践中不断发展。在这样的世界观指导下，人们就能更好地立足现实，客观地对待人生，在人生道路上勇于拼搏，在实际社会生活过程中寻找解答人生问题的正确答案。概言之，对人生意义的正确理解，需要建立在对客观世界发展规律正确认识的基础之上。树立正确的人生观，思考人生为了什么、该如何对待人生、怎样的人生是有意义的人生等问题，离不开马克思主义科学世界观的指导。同时，人生观又对世界观的巩固、发展和变化起着重要作用。

二、个人与社会的辩证关系（难点、重点）

引用马克思在这个问题上的精彩论述，讲解（马克思恩格斯全集）。引用习近平《之江新语》一书中的内容进一步阐述这个问题。

人是社会的人，每一个人都存在和活动于具体的、基于特定历史的现实社会当中。人生的内容与复杂多样的社会关系和社会活动密不可分。个人与社会的关系问题是认识和处理人生问题的重要着眼点和出发点。

个人与社会是对立统一的关系，两者相互依存、相互制约、相互促进。社会是由一个个具体的人组成的，离开了人就没有社会，社会是人的存在形式。同时，人是社会的人，离开社会的人也无法生活。社会犹如一个有生命、有活力的有机体，个人犹如这个有机体中的细胞。只有有机体的所有细胞都充满活力，这个有机体才是生气勃勃和生长旺盛的；

细胞如果脱离了有机体，也将失去赖以存在的必要条件。社会成员素质的不断提高是社会发展的重要基础，推动和实现人的全面发展是社会发展的根本目标。

个人与社会的关系，最根本的是个人利益与社会利益的关系。社会需要是个人需要的集中体现，是社会全体成员带有根本性、全局性、长远性需要的反映。个人利益的满足只能在一定的社会条件下、通过一定的社会方式来实现。在社会主义社会中，个人利益与社会利益在根本上是一致的。社会利益离不开个人利益，个人利益也离不开社会利益。社会利益不是个人利益的简单相加，而是所有人利益的有机统一。社会利益体现了作为社会成员的个人的根本利益和长远利益，是个人利益得以实现的前提和基础，同时它也保障着个人利益的实现。

人的社会性决定了人只有在推动社会进步的过程中，才能实现自我的发展。如果人人都只是关心自己的利益，甚至以损害他人利益、社会利益的方式满足一己之私，人赖以生存的社会不仅难以发展进步，还将最终因私欲的膨胀而走向崩溃。大学生思考人生问题，应该正确认识和处理个人与社会的关系，把小我和大我更好地统一起来，把自己的人生追求同社会的发展进步紧密结合起来，在为社会作贡献的过程中成长进步，实现自己的人生价值。

第二节 正确的人生观

大学时期是世界观、人生观、价值观形成的关键时期。大学生应深刻领会马克思主义关于人生问题的基本理论，准确掌握面对和解决人生问题的科学方法，树立正确的人生观，明确人生目的、端正人生态度、认识人生价值，为创造有意义有价值的人生奠定良好的基础。

一、科学高尚的人生追求

古往今来，人们对人生目的的探索从未停止过，思想家们孜孜以求留下了诸多答案。在各式各样的关于人生目的的思想中，高尚的人生目的总是与奋斗奉献联系在一起。大学生只有把自己的人生目的与国家前途、民族命运、人民幸福联系在一起时，才能自觉自愿地把自己的一生奉献于利国利民的事业。

“服务人民、奉献社会”的思想以其科学而高尚的品质，代表了人类社会迄今最先进的人生追求。人民群众是社会历史的主体，是社会物质财富和精神财富的创造者，是社会变革的决定力量，如毛泽东所讲：“人民，只有人民，才是创造世界历史的动力。”服务人民、奉献社会的人生追求，以历史唯物主义关于人民群众是历史的创造者的基本观点为理论基础，指明了人在成长和发展过程中应确立的人生目标和方向。在不同的历史时期，中国共产党人将马克思主义与中国革命、建设、改革的具体实际相结合，阐述了倡导服务人民和奉献社会的人生观的深刻道理。不论在革命战争年代，还是在和平建设时期，服务人民、奉献社会这一高尚的人生追求，熏陶、感染了一代代革命者和建设者，对中国革命、建设、改革事业产生了重要的推动作用。大学生要把为国家和人民事业无私奉献作为人生的最高追求，在服务他人、奉献社会中收获成长和进步。

一个人确立了服务人民、奉献社会的人生追求，才能清楚地把握人的生命历程和奋斗目标，深刻理解人为了什么而活、应走什么样的人生之路等道理。一个人的能力有大小、职业有差异、职位有高低，但只有自觉把个人之小我融入社会之大我，不为狭隘私心所扰，不为浮华名利所累，不为低俗物欲所惑，才能够在推动社会进步中做出业绩。一个人有服务人民、奉献社会的人生追求，才能以正确的人生态度对待人生、解决实际生活中的各种问题，以人民利益为重，始终对祖国和人民具有高度的责任感，在服务人民、奉献社会中实现自己的人生价值。一个人有服务人民、奉献社会的人生追求，才能掌握正确的人生价值标准，才能懂得人生的价值首先在于奉献，自觉用真善美来塑造自己，不断培养高洁的操行和纯朴的情感，努力使自己成为一个高尚的人。

二、积极进取的人生态度

没有积极进取的人生态度，再崇高的人生目标也难以真正实现。走好人生之路，需要大学生正确认识、处理生活中各种各样的困难和问题，保持认真务实、乐观向上、积极进取的人生态度。

人生须认真。以认真的态度对待人生，就是要严肃思考人的生命应有的意义，明确生活目标和肩负的责任，既要清醒地看待生活，又要积极认真地面对生活。虽然人生道路很长，但关键处只有几步；虽然人生问题很复杂，但要害在于把握最基本的东西。大学生要学会对自己负责，对亲人负责，对周围的人和更多的人负责，进而对民族、国家、社会负责，做一个有价值、负责任的人。要正确认识和处理人生中遇到的各种问题，不能得过且过、放纵生活、游戏人生，否则就会虚掷光阴，甚至误入歧途。

人生当务实。要从人生的实际出发，以科学的态度看待人生，以务实的精神创造人生。要把远大的理想寓于具体的行动中，不能好高骛远、空谈理想、眼高手低、浅尝辄止，否则就会脱离实际、一事无成。要坚持实事求是的思想方法和人生态度，正确面对人生目的与现实生活之间

讲授中穿插视频《地球》	的矛盾，遵循客观规律，透过复杂现象把握事物的本质，更好地把人生意愿与个人情况和社会实际结合起来，从小事做起，从身边的事做起，脚踏实地、一步一个脚印地实现人生目标。 人生应乐观。只有热爱生活的人，才能真正拥有生活。乐观豁达、热爱生活、对人生充满自信，体现了对自己、对生活、对社会的积极态度，这种态度是人们承受困难和挫折的心理基础。人生是丰富多彩的，也充满了各种矛盾和问题。大学生处于人生特定的成长阶段，在学习、就业、恋爱等各种实际问题上，不会总是一帆风顺的，也可能有失望和暂时的困难、挫折。同学们要始终保持乐观向上的人生态度，不能因为没有满足自己的期望或者遇到困难和挫折，就消极悲观、畏难退缩，甚至颓废堕落、自暴自弃。要相信生活是美好的，前途是光明的，遇事要想得开，做人要心胸豁达。在生活实践中要不断调整心态，磨炼意志，培养乐观向上的人生态度。 人生要进取。人生实践是一个创造的过程。适应历史发展的趋势，以开拓进取的态度迎接人生的各种挑战，才能不断领悟美好人生的真谛，体验生活的快乐和幸福。逆水行舟，不进则退。大学生要积极进取，不断丰富人生的意义，不能贪图安逸、满足现状、因循守旧、故步自封，否则人生就会失去应有的光彩。要发扬自强不息、敢为人先、百折不挠、坚忍不拔的精神，充分发挥创造力，在创新创造中不断书写人生的新篇章。 三、人生价值的评价与实现 人生的意义，需要从人生价值的角度进行审视和评价。对人生价值及其相关问题的正确认识，是人们自觉朝着选定的目标努力，以全部的情感、意志、信念去创造有价值的人生的重要前提。 （一）正确评价人生价值 人的社会性决定了人生的社会价值。评价人生价值的根本尺度，是看一个人的实践活动是否符合社会发展的客观规律，是否促进了历史的进步。在今天，衡量人生价值的标准，最重要的就是看一个人是否用自己的劳动和聪明才智为国家和社会真诚奉献，为人民群众尽心尽力服务。客观、公正、准确地评价社会成员的人生价值，除了要掌握科学的标准外，还需要掌握恰当的评价方法。 坚持能力有大小与贡献须尽力相统一。每个人的职业不同、能力大小不同，对社会贡献的绝对量也不同，不能简单地认为能力大的人就可以实现人生价值，能力小的人就不能实现人生价值。考察一个人的人生价值，要把个人对社会的贡献同他的能力以及与能力相对应的职责联系起来。只要一个人在自己的岗位上尽职尽责、兢兢业业，就应该对他的	

人生价值给予积极肯定的评价。

坚持物质贡献与精神贡献相统一。人的生产劳动是物质生产劳动和精神生产劳动的统一，两种生产劳动成果也会相互转化。社会的发展与进步是物质文明和精神文明的共同发展与进步。评价人生价值，既要看一个人对社会作出的物质贡献，也要看他对社会作出的精神贡献。

坚持完善自身与贡献社会相统一。人生的社会价值是实现人生自我价值的基础，评价人生价值的大小应主要看一个人对社会所作的贡献，但这并不意味着要否认人生的自我价值。人的自我完善和全面发展、人生自我价值的实现，是社会发展的根本目标；而人生自我价值的实现，又有助于个体为社会创造更大的价值。

（二）人生价值的实现条件

人们在实践中努力实现自己的人生价值。但是，人们的实践活动从来都不是随心所欲的，任何人都只能在一定的主客观条件下去实现自己的人生价值。因此，正确把握人生价值实现的条件至关重要。

实现人生价值要从社会客观条件出发。人生价值是在社会实践中实现的，人的创造力的形成、发展和发挥都要依赖于一定的社会客观条件。在人类历史上，许多有抱负有才能的人之所以未能实现自己的人生价值，就是因为缺乏一定的社会客观条件。一般来说，随着社会的进步，人生价值实现的社会客观条件也在不断改善。改革开放以来，我国经济社会发展取得的巨大成就，中国特色社会主义制度的自我完善和发展，为人们实现人生价值提供了有利条件和机遇。大学生要珍惜难得的历史机遇，把自己的人生追求建立在正确把握当今中国社会发展实际的基础上，努力实现自己的人生价值。

实现人生价值要从个体自身条件出发。人的自身条件会有一定的差异，某一个具体的价值目标，对这个人来说是恰当的、比较容易实现的，而对另一个人来说却未必如此。大学生正处在自己一生中最美好的时期，长身体、长知识、长才干，风华正茂，每天都有新收获，每天都有新期待。在这样一个特殊阶段，大学生或多或少会受自身社会经验偏少、知识储备不够等方面的限制，容易把主观的想象当作对自身条件的认知。因此，大学生要针对自己成长成才过程的实际，注重完善知识结构、丰富社会实践，坚持实事求是，努力客观地认识自己，准确把握影响人生价值实现的自身条件。

不断增强实现人生价值的能力和本领。人在实现人生价值的过程中不可避免地要受到客观条件的限制，但这并不是说人的主观努力就不起作用。事实上，个人的主观努力，在相当大的程度上也决定着人生价值实现的程度。正如人们经常说的，没有条件可以创造条件。人的能力具有累积效应，能够通过学习、锻炼而得以提升。大学生可塑性强，可以通过各种方式和途径，全面提高自身的综合素质和能力，努力创造实现人生价值的良好条件。

第三节　创造有意义的人生

结合 2020 年新冠疫情讲解本部分内容，重点用在抗疫战线上作出卓越贡献的青年榜样来引导学生创造有价值和意义的人生。

美好的人生目标要靠社会实践才能转化为现实。大学生要在科学高尚的人生观指引下，正确对待人生矛盾，自觉抵制错误观念，努力提升人生境界，成就出彩人生。

一、辩证对待人生矛盾（重点、难点）

“看似寻常最奇崛，成如容易却艰辛。”大学生的人生成长之路还很长，未来前进途中，有平川也有高山，有缓流也有险滩，有丽日也有风雨，有喜悦也有哀伤。大学生要科学认识实际生活中的各种问题，勇敢面对和正确处理各种人生矛盾。

树立正确的幸福观。幸福都是奋斗出来的。“奋斗本身就是一种幸福。只有奋斗的人生才称得上幸福的人生。”奋斗者是精神最为富足的人，也是最懂得幸福、最享受幸福的人。什么是人生的真正幸福，追求什么样的幸福，通过什么样的方式实现幸福，是大学生应该认真思考的人生课题。首先，幸福是一个总体性范畴，它意味着人总体上生活得很美好，家庭和睦、职业成功、行为正当、人格完善等都是幸福的重要因素。幸福总是相对的，不是尽善尽美的，不同的人有不同的幸福标准。追求幸福的过程就是不满足于现状、不断追求和创造更美好生活的过程。幸福不是毛毛雨，不是免费午餐，不会从天而降，而是努力奋斗的结果。人世间的一切幸福都需要靠辛勤的劳动来创造。其次，实现幸福离不开一定的物质条件，物质需要的满足、物质生活的富足是幸福的重要方面，但人的幸福不能仅仅局限于物质方面，精神需要的满足、精神生活的充实也是幸福的重要方面。在追求物质生活水平提高的同时，要更加注重追求德性和人格的高尚，注重追求健康向上的精神生活。最后，在追求幸福的过程中，我们不能把自己的幸福建立在损害社会和他人利益的基础上。相反，只有在为社会作贡献、为他人服务的过程中，我们才能获得幸福所需要的环境和条件，产生更大的幸福感，实现个人幸福与社会进步的相互促进。

树立正确的得失观。正确认识和对待人生发展过程中的得与失这对矛盾，对一个人走好人生之路、实现人生价值有重要影响。大学生要以积极进取的态度去面对生活中的成败得失，使一时的成败得失成为人生的财富而不是人生的包袱。首先，不要拘泥于个人利益的得失。个人利益的得失只能部分地衡量人生价值的大小，在奉献社会中才能实现更大的人生价值。只有追求高尚的道义，跳出对狭隘利益的计较，才能赢得他人和社会的尊重。其次，不要满足于一时的得。一个人如果总是满足于一时的得，往往会停步在小小的成功和已有的成绩之上，放弃接下来的努力，以致造成最后的失败。历史上无数成败、得失的事例都诠释了这条人生道理。生活从不眷顾因循守旧、满足现状者，从不等待不思进取、坐享其成者，而是将更多机遇留给善于和勇于创新创造的人们。最后，不要惧怕一时的失。正所谓“吃一堑，长一智”“塞翁失马，焉知非福”，得到的不一定是好事，失去了也不一定是坏事。在失意之际坚持不懈，在坎坷之时不断努力，这样的人生才能更有意义。

树立正确的苦乐观。苦与乐既对立又统一，又在一定条件下可以相互转化。毛泽东在《七律·长征》一诗中，用“红军不怕远征难，万水千山只等闲”，形象地写出了红军长征的艰苦卓绝；用“更喜岷山千里雪，三军过后尽开颜”的豪迈诗句，生动描述了红军夺取胜利的喜悦心情，阐明了苦与乐的辩证统一关系。“宝剑锋从磨砺出，梅花香自苦寒来”，奋斗是艰辛的，艰难困苦，玉汝于成。真正的快乐只能由奋斗中的艰苦转化而来。不经历风雨怎能见彩虹，不经历人生的苦难，怎能享受到人生的乐趣？大学生在成长过程中，要准确把握苦与乐的辩证关系，努力做迎难而上、艰苦奋斗的开拓者。

树立正确的顺逆观。顺境和逆境是人生历程中两种不同的境遇。在顺境中前进，如同顺水行舟，天时、地利、人和等有利因素，使人们更容易接近和实现目标。但是，顺境中的宽松气氛、优越条件，又容易使人滋生骄娇二气，自满自足，意志衰退。在逆境中奋斗，犹如逆水行舟，不进则退，需要付出更大的努力和更多的艰辛才可能成功。在逆境中奋斗，会有顺境中难以得到的获得感和成就感。逆境的恶劣环境，对于挑战者而言，可以磨炼意志、陶冶品格、积累战胜困难的经验、丰富人生阅历。顺势而快上，乘风而勇进，这是身处顺境的学问，是善于抓住机遇不断丰富与完善自己的途径；处低谷而力争，受磨难而奋进，这是身处逆境的学问，是将压力变成动力之所为。在人生旅途中没有永远的顺境，也没有永远的逆境。因此，无论是顺境还是逆境，对人生的作用都是双重的，关键是怎样去认识和对待它们。只有善于利用顺境，勇于正视逆境和战胜逆境，人生价值才能够实现。

树立正确的生死观。生命的历程是一个从生到死的过程，有生必有死，这是恒常不变的自然现象。生与死是贯穿人生始终的一对基本矛盾。

	从一定意义上说，正是因为生命短促，每个人只有一次生命，人生才更显得弥足珍贵。如何认识、对待生与死，体现了一个人人生境界的高低，更直接影响着他的实际生活。大学生要牢固树立生命可贵的意识，倍加爱护自己和他人的生命，理性面对生老病死的自然规律，努力使自己的生命绽放人生应有的光彩。同时，孔子谓“杀身成仁”，孟子曰“舍生取义”，司马迁认为“人固有一死，或重于泰山，或轻于鸿毛”，这些千古名句说明，人的生命是有限的，而生命的价值却是无限的。我们无法增加生命的长度，但却能追求生命应有的高度。大学生应珍惜韶华，在服务人民、投身民族复兴伟大事业中开发出生命所蕴藏的巨大潜能，努力给有限的个体生命赋予更有价值的意义。 树立正确的荣辱观。荣辱是一对基本道德范畴，“荣”即荣誉，是指社会对个人履行社会义务所给予的褒扬与赞许，以及个人所产生的自我肯定性心理体验；“辱”即耻辱，是指社会对个人不履行社会义务所给予的贬斥与谴责，以及个人所产生的自我否定性心理体验。荣辱观是人们对荣辱问题的根本看法和态度，是一定社会思想道德原则、规范的体现和表达。中国古人向来注重荣与辱，并通过“知耻”来进行道德评价和判断。孔子提出“知耻近乎勇”，孟子认为“无羞恶之心，非人也”，管仲提出“礼义廉耻，国之四维”，把知耻之心与人的文明程度、社会的治乱安危紧密联系在一起。荣辱观对个人的思想行为具有鲜明的导向和调节作用。大学生只有明确是非、对错、善恶、美丑的界限，坚持社会主义荣辱观，才会在纷繁复杂的社会生活中明确应当坚持和提倡什么、反对和抵制什么，从而为自身判断行为得失、作出道德选择、确定价值取向提供基本的价值准则和行为规范。 二、反对错误人生观 **过犹不及，凡事必须辩证看待。引导同学们认真思考“极端”两字，正确对待人生观方面的一些误区和错误。** 是非明，方向清，路子正，人们付出的辛劳才能结出果实，人生实践才能获得应有的价值和意义。由于受国内外各种错误思潮、腐朽观念等因素的影响，现实中还存在拜金主义、享乐主义和极端个人主义等种种错误观念和看法。这些错误人生观容易侵蚀大学生的心灵，不利于大学生树立科学高尚的人生观、价值观。大学生要学会思考、善于分析、正确抉择，认清这些错误思想观念的实质，警惕和自觉抵制它们的侵蚀。 反对拜金主义。（**注意引导学生把拜金主义与马克思主义的物质基础概念和经济基础概念相区别**）金钱作为物质财富，为人所创造并为人服务。人应当是金钱的主人，而不是金钱的奴隶；应当依靠自己的劳动创	

造财富，合理合法获取金钱。同时，金钱不是万能的，生活中还有许多远比金钱更有意义的东西值得我们去追寻。正如剧作家易卜生所说：“金钱能买来食物，却买不来食欲；金钱能买来药品，却买不来健康；金钱能买来熟人，却买不来朋友；金钱能用来奉承，却带不来信赖。”拜金主义认为金钱可以主宰一切，把追求金钱作为人生的至高目的。在人类历史上，视钱如“神”的观念早已有之，但拜金主义作为一种社会思潮却是伴随着资本主义的发展而形成的，这种思潮至今还对一些人思考和认识人生目的有着不可忽视的影响。拜金主义将金钱神秘化、神圣化，视金钱为圣物，把追逐和获取金钱作为人生的目的和生活的全部意义，金钱成为他们衡量人生价值的唯一标准。迷陷于拜金主义，并由此确立人生目的，其危害显而易见：“神圣”的金钱成为人的存在和全部实践活动的目的，个人生命的意义就会如人们所形容的那样：“可怜到只剩下钱了”；人与人之间除了赤裸裸的利害关系、冷酷无情的金钱交易，再没有其他的关系，人的尊严和情感被淹没在金钱的铜臭之中。拜金主义是引发自私自利、钱权交易、行贿受贿、贪赃枉法等丑恶现象的重要思想根源。

反对享乐主义。健康有益的、适度的物质生活和文化生活，是人的正当需要，也有利于促进经济社会的发展。享乐主义是一种把享乐作为人生目的，主张人生就在于满足感官的需求与快乐的思想观念。把享乐尤其是感官的享乐变成人生的唯一目的，作为一种“主义”去诠释人生的根本意义，是对人的需要的一种错误理解。一些大学生用父母辛苦劳作挣来的血汗钱追逐名牌和奢侈品，比阔气、讲排场，有的甚至因此负债累累。这些错误的观念和行为，不仅危害大学生的健康成长，而且败坏社会风气。

反对极端个人主义。个人主义是以个人利益为出发点和归宿的一种思想体系和道德原则，它主张个人本身就是目的，具有最高价值，社会和他人只是达到个人目的的手段。个人主义是生产资料私有制的产物，是资产阶级人生观的核心。在资产阶级革命的早期，在争取个人权利和自由、反对封建专制方面，个人主义具有一定的积极意义，但是一些敏锐的资产阶级思想家很早就已经意识到它同时还具有销蚀社会的一面。极端个人主义是个人主义的一种表现形式，它突出强调以个人为中心，在个人与他人、个人与社会的关系上表现为极端利己主义和狭隘功利主义。同学们应旗帜鲜明地反对极端个人主义。

拜金主义、享乐主义、极端个人主义等错误的人生观，没有正确把握个人与社会的辩证关系，忽视或否认社会性是人的存在和活动的本质属性，对人的需要的理解极端、狭隘和片面，其出发点和落脚点都是一己之私利。大学生应当顺应时代潮流，在科学理论的指导下，认清这些

	错误思想和腐朽观念的实质，选择并追求高尚的人生目的，在服务人民、奉献社会的人生实践中完善自我、创造人生的美好价值。 三、成就出彩人生 **引导同学们思考：什么样的人生是出彩的？可以通过不同人物的人生历程来对比思考。比如，袁隆平先生的一生、邓稼先先生的一生、杨绛女士的一生等。** 当代大学生担当新时代赋予的历史责任，应当与历史同向、与祖国同行、与人民同在，在服务人民、奉献社会的实践中创造有意义的人生。 与历史同向。历史车轮滚滚向前，时代潮流浩浩荡荡。历史只会眷顾坚定者、奋进者、搏击者，而不会等待犹豫者、懈怠者、畏难者。当代大学生要正确认识世界和中国发展大势，尊重顺应历史的选择和人民的选择，准确把握中国发展的重要战略机遇期，提升民族自信心，增强时代责任感，与历史同步伐，与时代共命运。 与祖国同行。青年只有自觉将人生目标同国家和民族的前途命运紧紧联系在一起，才能最大限度地实现人生价值。回溯历史，五四运动时期，青年学生勇立时代潮头，为救亡图存奔走呐喊；新民主主义革命时期，为国捐躯的青年典范不胜枚举；中华人民共和国成立以来，更有无数青年学生积极投身社会主义现代化建设事业，展现时代风貌，勇于开拓进取。当代中国正处于中华民族伟大复兴的关键时期，建设社会主义现代化强国任重道远。当代大学生要正确认识国家和民族赋予的历史责任和使命，自觉与国家和民族共奋进、同发展。 与人民同在。人民群众是历史的创造者，是国家的主人。大学生要在为人民群众服务、实现人民群众利益的过程中实现人生价值。只有走与人民群众相结合的道路，向人民群众学习，从人民群众中汲取营养，做中国最广大人民根本利益的维护者，才能使自己的人生大有作为。人的一生只能享受一次青春，一个人在青年时就把自己的人生与人民的事业紧密相连，他的青春就是多彩的。 社会实践是科学理论、创新思维的源泉，是检验真理的试金石，也是青年锻炼成长的有效途径。美好的人生目标要靠社会实践才能转化为现实。人生之所以有价值，是因为人能够自觉地、有意识地认识和改造客观世界与主观世界，创造物质财富和精神财富，通过创造性的社会实践把人生提升到一个更高的境界。因此，社会实践是实现人生价值的必由之路。同时，人生价值终究要通过自己所从事的事业展现出来。不是每个人都能成为杰出人物，但是只要每个人都能在自己的岗位上脚踏实地、埋头苦干，发挥聪明才智，为社会作出贡献，就可以实现自己的人	

	生价值。好高骛远，畏惧劳苦，贪图安逸，最终只能虚度年华，抱憾终生。 青年是时代最灵敏的晴雨表，时代的责任赋予青年，时代的光荣属于青年。在当今中国，最重要的社会实践，就是全面建成小康社会、加快推进社会主义现代化强国、实现中华民族伟大复兴的实践。大学生要坚持理论联系实际，积极投身社会实践，在基层一线砥砺品质，在同人民群众的密切联系中锤炼作风，在实践中发现新知、运用真知，在解决实际问题的过程中增长才干，不断提高实践能力、创新能力，实现最大的人生价值，创造无悔的青春。 结束语： 世间万象、人生百态，都是一个人思考和判断的素材。有的人，有的事，能唤起人们由衷的尊重敬仰，也有一些人和事招致鄙夷、怨恨或者嘲弄。价值观引导人们在纷繁复杂的情境中做出选择，决定人们的行为方式，影响人们对是非对错、轻重缓急做出判断，主导人们对自己所置身的现实做回应。在一个人的成长和发展过程中，价值观决定了人生的成败。当代大学生在致力于做学问的同时，更应该端正自己的人生观与价值观，找准人生前进的方向。	
板书设计	第二章　坚定理想信念 第一节　人生观是对人生的总看法 一、人生与人生观 二、个人与社会的辩证关系 第二节　正确的人生观 一、科学高尚的人生追求 二、积极进取的人生态度 三、人生价值的评价与实现 第三节　创造有意义的人生 一、辩证对待人生矛盾 二、反对错误人生观 三、成就出彩人生	副板
课堂小结	人生对于我们每一个人而言都只有一次，因此在决定人生宽度的时候，树立一种科学的人生态度和价值观就显得尤为重要。大学生不仅需要树立正确的人生观以指引自己的人生道路，更需要在社会中凸显自己的社会价值和自我价值。人生的关系错综复杂，大学生不仅需要处理好人与人之间的关系，还需要处理好人与社会、人与自然之间的关系。我们不仅需要营造一个和谐的私人环境，更需要增强环保意识。	
作业布置	1. 课后观看影片《美丽人生》《一个共产党人的宣言》。 2. 以“我的一生应该这样度过”为题，撰写一篇小论文。	

第二章　弘扬中国精神

<table>
<tr><td>课　　题</td><td colspan="2">第二章　弘扬中国精神</td><td>课时</td><td colspan="2">9</td></tr>
<tr><td>教学目的</td><td colspan="5">帮助学生深入认识实现中华民族伟大复兴的中国梦，必须弘扬中国精神，这就是以爱国主义为核心的民族精神和以改革创新为核心的时代精神。要求大学生理解爱国主义这一优良传统在历史发展中的重要作用，自觉担当起民族复兴的伟大使命，用实际行动展现出中国精神的青春风采。</td></tr>
<tr><td>教学重点</td><td colspan="5">1. 什么是中国精神
2. 民族精神和时代精神的科学内涵</td></tr>
<tr><td>教学难点</td><td colspan="5">1. 如何弘扬中国精神
2. 大学生如何做改革创新的实践者</td></tr>
<tr><td>课程类型</td><td>理论课</td><td colspan="2">教学方法</td><td colspan="2">讲授、讨论、案例启发</td></tr>
<tr><td>课前准备</td><td colspan="5">多媒体课件及教案</td></tr>
<tr><td>教学过程
及时间分配</td><td colspan="4">主 要 教 学 内 容</td><td>教学
方法
运用</td></tr>
<tr><td></td><td colspan="4">【导入语】
“人无精神则不立，国无精神则不强。精神是一个民族赖以长久生存的灵魂，唯有精神上达到一定的高度，这个民族才能在历史的洪流中屹立不倒、奋勇向前。”实现中华民族伟大复兴的中国梦，必须弘扬中国精神，这就是以爱国主义为核心的民族精神和以改革创新为核心的时代精神。爱国主义始终是把中华民族坚强团结在一起的精神纽带，改革创新始终是鞭策我们在改革开放中与时俱进的精神力量。当代大学生担当着民族复兴的时代使命，要努力做忠诚的爱国者和走在时代前列的奋进者，用实际行动展现出中国精神的青春风采。
组织学生观看视频《国家记忆》，引导学生讨论在面临全球战疫的时候，中国政府与中国人民的表现。</td><td></td></tr>
</table>

<table>
<tr><td></td><td>

第一节 中国精神是兴国强国之魂

习近平指出："实现中国梦必须弘扬中国精神。这就是以爱国主义为核心的民族精神，以改革创新为核心的时代精神。这种精神是凝心聚力的兴国之魂、强国之魂。"

引导同学们思考中国精神的主要表现，并发表自己的看法。

一、重精神是中华民族的优秀传统

引用东坡词、陆游诗，引导同学们关注中国优秀传统文化，并由此关注中国先贤们的精神世界，强调家国情怀。

1. 对物质生活与精神生活相互关系的独到理解

古圣先贤认为，人之所以异于禽兽，在于人有道德，有精神追求。物质生活固然为人所必需，但如果只沉溺于物欲而不能自拔，则无异于禽兽。

2. 中国古人对理想的不懈追求

陆游《长歌行》："人生不作安期生，醉入东海骑长鲸；犹当出作李西平，手枭逆贼清旧京。金印煌煌未入手，白发种种来无情。成都古寺卧秋晚，落日偏傍僧窗明。岂其马上破贼手，哦诗长作寒螿鸣？兴来买尽市桥酒，大车磊落堆长瓶。哀丝豪竹助剧饮，如钜野受黄河倾。平时一滴不入口，意气顿使千人惊。国雠未报壮士老，匣中宝剑夜有声。何当凯还宴将士，三更雪压飞狐城。"这首诗所表现出来的壮志豪情体现了一个文人对人生的感悟，他把自己的理想信念与祖国的前途命运紧紧联系在一起。

立德、立功、立言是中国先哲们实现生命不朽的方式。

理想是激励个体的精神内驱力，是凝聚社会整体的精神力量。矢志不渝地坚守理想，是中国古人崇尚精神的典型体现。

3. 对道德修养和道德教化的重视

中国传统文化十分强调道德修养和道德教化，将"立德"置于"三不朽"（立德、立功、立言）之首，重视人的精神品格的养成。

4. 对理想人格的推崇，关注人的精神品格

节选革命先烈的先进事迹进行阐述和讲解。

此部分设计为翻转课堂、对分课堂。

</td><td>讲授</td></tr>
</table>

二、中国精神是民族精神和时代精神的统一

以爱国主义为核心的民族精神和以改革创新为核心的时代精神，构成了中国精神的基本内容。我们需要大力弘扬中国精神，培育中华民族共同的精神家园。

（一）以爱国主义为核心的民族精神

翻转课堂十分钟：要求同学们以组为单位，以音乐艺术的形式歌唱祖国。

民族精神是一个民族在长期共同生活和社会实践中形成的，为本民族大多数成员所认同的价值取向、思维方式、道德规范、精神气质的总和，是一个民族赖以生存和发展的精神支柱。

爱国主义是千百年来人们在社会实践中形成的对自己的祖国极其忠诚和热爱的深厚情感。中华民族从来就有爱国主义的光荣传统，一部中华民族的发展史，就是一部中华儿女的爱国奋斗史。

中国人民在长期奋斗中培育、继承、发展起来的伟大民族精神，为中国发展和人类文明进步提供了强大精神动力。主要表现在：伟大创造精神，伟大奋斗精神，伟大团结精神，伟大梦想精神。

引导同学们思考：为什么在众多的民族精神中，爱国主义精神是核心？爱国主义与其他民族精神之间的关系是什么？

（二）以改革创新为核心的时代精神

引导同学们认真思考：创新的本质及特点。什么是创新，与标新立异的本质区别在哪里。

时代精神是一个国家和民族在新的历史条件下形成和发展的，是体现民族特质并顺应时代潮流的思想观念、价值取向、精神风貌和社会风尚的总和，是一种对社会发展具有积极影响和推动作用的集体意识。改革创新精神是时代精神的核心，贯穿于改革开放的全部实践，体现在时代精神的各个方面。改革是破除社会发展障碍、激发社会发展活力的引擎，创新则是民族进步的灵魂、国家兴旺发达的动力。改革创新精神既是对中华民族革故鼎新优良传统的继承弘扬，也是当代中国改革开放伟大实践中体现出来的精神品格和精神特征。

改革创新精神的要求体现在以下两个方面。

（1）体现为突破陈规、大胆探索、敢于创造的思想观念，勇于打破与社会和历史发展规律不相吻合的思维方式、行为规范的束缚，从不合实际、不合规律的观念和体制的束缚中解放出来，从错误和教条式的思想观念中解放出来。

（2）体现为不甘落后、奋勇争先、追求进步的责任感和使命感，不自甘落后、故步自封，也不满足于取得的成就，躺在历史的功劳簿上自满自足、裹足不前，而是以“落后就会挨打”的危机感和忧患意识自我警醒，以“一万年太久，只争朝夕”的奋发精神和竞争意识自我激励；体现为坚忍不拔、自强不息、锐意进取的精神状态，有“敢啃硬骨头、敢涉险滩”的闯劲，有“咬定青山不放松”的韧劲，有“生命不息，奋斗不止”的拼劲。

引导学生思考：如何才能真正做到创新？

（三）民族精神与时代精神的辩证统一

民族精神与时代精神紧密关联，都是一个民族赖以生存和发展的精神支撑。一切民族精神都曾经是一定历史阶段中带动潮流、引领风尚、推动社会发展的时代精神。同时，一切时代精神都将随着历史的变迁逐步融入民族精神的长河之中，不断丰富和发展民族精神的时代内涵。弘扬和培育民族精神，必须自觉回应时代的要求，推动民族精神不断革新，推动民族精神创新性发展和创造性转化，从而为当下的实践提供精神力量；弘扬和培育时代精神，必须立足民族精神的根基，接续民族精神的血脉，承接民族精神的基因，使时代精神既面向未来，又不忘本来，始终具有引领民族前行的强大吸引力和感召力。

民族精神和时代精神共同构成了我们当今时代的中国精神。民族精神赋予中国精神以民族特征，是中华民族的精神独立性得以保持的重要保证；时代精神赋予中国精神以时代内涵，是中国精神引领时代前行、拥有鲜明时代性和强大生命力的重要根源。民族精神和时代精神的交融汇通，使得中国精神既具有鲜明的民族性，又洋溢着强烈的时代性，成为中华民族共有的精神家园、奋力实现复兴的强大精神力量。

三、实现中国梦必须弘扬中国精神

实现中国梦，必须弘扬中国精神。中国精神的积极作用是：凝聚中国力量的精神纽带，激发创新创造的精神动力，推进复兴伟业的精神定力。

第二节　爱国主义及其时代要求

一、爱国主义的基本内涵

1. 爱国主义的内涵

爱国主义体现了人们对自己祖国的深厚感情，揭示了个人对祖国的依存关系，是人们对自己家园以及民族和文化的归属感、认同感、尊严感与荣誉感的统一。它是调节个人与祖国之间关系的道德要求、政治原则和法律规范，也是中华民族精神的核心。

2. 爱国主义的要求

爱祖国的大好河山，爱自己的骨肉同胞，爱祖国的灿烂文化，爱自己的国家。

二、新时代的爱国主义

（一）坚持爱国主义和社会主义相统一

在当代中国，爱国主义首先体现在对社会主义中国的热爱。爱国主义与爱社会主义的统一是中国历史发展的必然结果。社会主义制度的建立，为中国的繁荣发展提供了可靠的保障。中国的历史和现实充分证明，中国共产党是高举爱国主义旗帜并躬身实践的光辉典范，是中国特色社会主义事业的坚强领导核心。坚定拥护中国共产党的领导，是中华民族走向伟大复兴、中国特色社会主义事业走向成功的必然要求，也是新时代爱国主义的必然要求。

（二）维护祖国统一和民族团结

在新的时代条件下，弘扬爱国主义精神，必须把维护祖国统一和民族团结作为重要着力点和落脚点。维护和推进祖国统一，是中华民族走向伟大复兴的题中之义。解决台湾问题、实现祖国完全统一，是不可阻挡的历史进程，也是全体中华儿女的共同心愿。

多民族是我国的一大特色，也是我国发展的一大有利因素。各民族共同开发了祖国的锦绣河山、广袤疆域，共同创造了悠久的中国历史、灿烂的中华文化。我国各民族在分布上的交错杂居、文化上的兼收并蓄、经济上的相互依存、情感上的相互亲近，形成了你中有我、我中有你，谁也离不开谁的多元一体格局。

（三）尊重和传承中华民族历史和文化

对祖国悠久历史、深厚文化的理解和接受，是人们爱国主义情感培育和发展的重要条件。中华优秀传统文化是中华民族的精神命脉，其中蕴涵着中华民族世世代代形成和积累的思想营养和实践智慧，是中华民族得以延续的文化基因，也是我们在世界文化激荡中站稳脚跟的根基。

习近平指出："历史是一面镜子，从历史中，我们能够更好看清世界、参透生活、认识自己；历史也是一位智者，同历史对话，我们能够更好认识过去、把握当下、面向未来。"

（四）必须坚持立足民族又面向世界

中国的命运与世界的命运紧密相关。坚持新时代的爱国主义，要求我们正确处理好立足民族与面向世界的辩证统一关系，把弘扬爱国主义精神与扩大对外开放结合进来，既要尊重各国的历史特点、文化传统，尊重各国人民选择的发展道路，从不同文明中寻求智慧、汲取营养，增强中华文明生机活力，又要积极倡导求同存异、交流互鉴，促进不同国度、不同文明相互借鉴、共同进步，共同推动人类文明发展进步。

（1）弘扬新时代的爱国主义，必须立足本民族，维护国家发展主体性。经济全球化是世界经济发展的必然趋势，但不等于全球政治、文化一体化。在经济全球化的条件下，国家仍然是民族存在的最高组织形式，是国际社会活动中的独立主体。只要国家继续存在，爱国主义就有坚实的基础。

（2）弘扬新时代的爱国主义，必须面向世界，构建人类命运共同体。新时代弘扬面向世界的爱国主义精神，意味着我们要有更加宽广的世界胸怀和全球视野，为维护人类共同利益、推动人类文明发展进步提供中国智慧，始终做世界和平的建设者、全球发展的贡献者、国际秩序的维护者。

三、做忠诚爱国者

爱国既需要情感的基础，也需要理性的认识，更需要实际的行动。

（一）维护和推进祖国统一

保持香港、澳门长期繁荣稳定，实现祖国完全统一，是实现中华民族伟大复兴的必然要求，是不可阻挡的历史进程，也是全体中华儿女的共同心愿。

引导同学们正确认识“一国两制”，正确认识香港问题和祖国的统一大业。

（1）推进祖国统一，必须保持香港、澳门长期繁荣稳定。

（2）和平统一符合包括台湾同胞在内的中华民族的根本利益。① 坚持一个中国原则。② 推进两岸交流合作。③ 促进两岸同胞团结奋斗。④ 反对“台独”分裂图谋。

（二）促进民族团结

处理好民族问题、促进民族团结，是关系祖国统一和边疆巩固的大事，是关系民族团结和社会稳定的大事，是关系国家长治久安和中华民族繁荣昌盛的大事。大学生要自觉做民族团结进步事业的建设者、维护者、促进者。

（三）增强国家安全意识

结合“两会”通过的《全国人民代表大会关于建立健全香港特别行政区维护国家安全的法律制度和执行机制的决定》进行讲解。国家安全问题重于一切。

国家安全问题事关国家安危和民族存亡。

1. 确立总体国家安全观

国家安全是指一个国家不受内部和外部的威胁、破坏而保持稳定有序的状态。必须坚持总体国家安全观，坚持国家利益至上，以人民安全为宗旨，以政治安全为根本，以经济安全为基础，以军事、文化、社会安全为保障，以促进国际安全为依托，走出一条中国特色国家安全道路。

2. 增强国防意识

大学生既是社会主义现代化建设的有用人才，也是国防建设的后备人才，必须具有很强的国防观念和忧患意识，自觉接受国防和军事方面的教育训练，关心国防、了解国防、热爱国防、投身国防，积极履行国防义务，成为既能建设祖国又能保卫祖国的优秀人才。

3. 履行维护国家安全的义务

大学生应自觉遵守国家安全法律，履行维护国家安全的法律义务：依照法律服兵役和参加民兵组织，保守国家秘密，为国防建设和国家安全工作提供便利条件或其他协助，在国家安全机关调查了解有关危害国家安全的情况时如实提供有关证据、情况，及时报告危害国家安全行为，不得非法持有、使用专用间谍器材，不得非法持有国家秘密文件、资料和其他物品等。

第三节 让改革创新成为青春远航的动力

大学生富有想象力和创造力，是改革创新的生力军，要在改革创新的实践中奉献祖国、服务人民、实现价值，让改革创新成为青春远航的强大动力。

一、创新创造是中华民族最深沉的民族禀赋

中华民族是富有创新精神的民族。在历史的漫漫长河中，变通求新、因革损益、革故鼎新、与时俱进、与日偕新等思想观念逐渐积淀为中华民族最深沉的民族禀赋。

我国在历史上长期处于世界领先地位，我国思想文化、社会制度、

经济发展、科学技术以及其他许多方面对周边发挥了重要辐射和引领作用，中华文明对世界文明进步作出了巨大贡献，产生了深远影响。究其深层精神根源，就在于中华民族有创新创造这一宝贵的精神传统和民族禀赋。

近代以来，我国逐渐由领先变为落后，一个重要原因就是错失了多次科技和产业革命带来的巨大发展机遇，在世界工业革命大潮中被时代远远甩下。列强侵略、政府腐败，长期战火连绵，动荡不宁、民不聊生，在民族存亡危机之下，我国根本不具备创新创造的基本物质条件和社会文化环境。中华民族在世界工业革命大潮中落后于时代，陷入落后挨打的悲惨境地。中华人民共和国的成立，让古老的中国焕发新生，勤劳勇敢的中国人民在建设自己美好家园的伟大实践中迸发出创新创造的生机活力，在中国共产党的领导下开启了全力追赶时代、勇于引领时代的改革创新大潮。

二、改革创新是时代要求

在当代中国，社会发展离不开改革创新，改革创新是社会发展的重要动力，坚持改革创新是新时代的迫切要求。

（1）创新始终是推动人类社会发展的第一动力。从某种意义上说，创新决定着世界政治经济力量对比的变化，也决定着各国各民族的前途命运。

（2）创新能力是当今国际竞争新优势的集中体现。“在激烈的国际竞争中，惟创新者进，惟创新者强，惟创新者胜。”

（3）改革创新是我国赢得未来的必然要求。抓创新就是抓发展，谋创新就是谋未来。

实施创新驱动发展战略，最根本的是要增强自主创新能力，最紧迫的是要破除体制机制障碍，最大限度地解放和激发科技作为第一生产力所蕴含的巨大潜能，打通从科技强到产业强、经济强、国家强的通道，让改革释放创新活力，让一切创新源泉充分涌流。中国只有通过全面深化改革，才能加快转变经济发展方式，推进经济结构战略性调整，在全社会积极营造鼓励大胆创新、勇于创新、包容创新的良好氛围，把创新驱动的新引擎全速发动起来，为我国经济社会发展提供前所未有的强劲动力。

三、做改革创新生力军

大学生应当以时代使命为己任，把握时代脉搏，迎接时代挑战，增强创新创造的能力和本领，勇做改革创新的实践者，将弘扬改革创新精

	神贯穿于实践中、体现在行动上。 （一）树立改革创新的自觉意识 改革创新，首先要求人们自觉增强改革创新的责任感，树立敢于突破陈规、大胆探索未知、勇于创新创造的思想观念，在实践中有直面困难的勇气，有突破难关的精神，锐意进取，奋力前行。 （二）增强改革创新的能力本领 （1）夯实创新基础。 （2）培养创新思维。 （3）投身创新实践。 **播放视频《这就是中国》（学习强国），引导学生思考：如何才能增强创新的能力与本领？**	
板书设计	第二章　弘扬中国精神 第一节　中国精神是兴国强国之魂 一、重精神是中华民族的优秀传统 二、中国精神是民族精神和时代精神的统一 三、实现中国梦必须弘扬中国精神 第二节　爱国主义及其时代要求 一、爱国主义的基本内涵 二、新时代的爱国主义 三、做忠诚爱国者 第三节　让改革创新成为青春远航的动力 一、创新创造是中华民族最深沉的民族禀赋 二、改革创新是时代要求 三、做改革创新生力军	副板
课堂小结	学习和领会中国精神、爱国主义、民族精神、时代精神的内涵及它们之间的关系，要求大学生在新时代做忠诚的爱国者和改革创新的生力军。切实运用自己所学到的科学文化知识武装自己，积极成为祖国现代化建设的一分子，成为创新洪流中的中流砥柱，不枉自己的精英本色，不辜负祖国的殷切期望。	
作业布置	1. 中国精神的主要内容是什么？ 2. 如何弘扬中国精神？	

第三章　践行社会主义核心价值观

<table>
<tr><td>课　　题</td><td>第三章　践行社会主义核心价值观</td><td>课时</td><td colspan="2">6</td></tr>
<tr><td>教学目的</td><td colspan="4">让学生了解社会主义核心价值观的产生、发展、完善的历程，引导学生深刻认识社会主义核心价值观存在的时代意义及价值，并积极成为社会主义核心价值观的践行者</td></tr>
<tr><td>教学重点</td><td colspan="4">1. 社会主义核心价值观的构建
2. 社会主义核心价值观的时代价值和意义</td></tr>
<tr><td>教学难点</td><td colspan="4">1. 社会主义核心价值观主要内容之间的逻辑关系
2. 如何做一个社会主义核心价值观的积极践行者</td></tr>
<tr><td>课程类型</td><td>理论课</td><td>教学方法</td><td colspan="2">讲授、讨论、翻转课堂</td></tr>
<tr><td>课前准备</td><td colspan="4">多媒体课件及教案</td></tr>
<tr><td>教学过程
及时间分配</td><td colspan="3">主要教学内容</td><td>教学方法运用</td></tr>
<tr><td></td><td colspan="3">【导入语】
人类社会发展的历史表明，对一个民族、一个国家来说，最持久、最深层的力量是全社会共同认可的核心价值观。社会主义核心价值观是当代中国精神的集中体现，凝结着全国人民共同的价值追求。大学生要深刻领会社会主义核心价值观的重要意义和科学内涵，自觉践行社会主义核心价值观，努力成为培育和弘扬社会主义核心价值观最积极、最活跃、最充分的青年先进代表。
插入文章，引导学生阅读弘扬社会主义核心价值观的典型案例，以小案例讲述大道理。
提出问题，引导学生思考：为什么在新时代需要积极践行社会主义核心价值观？</td><td></td></tr>
</table>

第一节　全国人民共同的价值追求

核心价值观，承载着一个民族、一个国家的精神追求，体现了一个社会评判是非曲直的价值标准。只有全社会积极弘扬和践行社会主义核心价值观，才能汇聚起建设社会主义现代化强国和实现中华民族伟大复兴的中国梦的磅礴力量。

讲授与讨论

一、社会主义核心价值观的基本内容

什么是社会主义核心价值观？它是在怎样的背景下提出的？

1. 含义

核心价值观是一个社会中居统治地位、起支配作用的核心理念，也是一个社会必须长期普遍遵循的基本价值准则，具有相对稳定的特点。

社会主义价值观是对社会主义价值的总的看法和最根本观点。

社会主义核心价值观，是指那些在社会主义价值体系中居统治地位、起指导作用、从最深层次科学回答“什么是社会主义”或社会主义本质属性这一根本问题，在马克思主义理论体系中占据核心地位的价值理念。

核心价值观是一定社会形态社会性质的集中体现，在一个社会的思想观念体系中处于主导地位，体现了社会制度、社会运行的基本原则和社会发展的基本方向。

党的十八大提出，要倡导富强、民主、文明、和谐，倡导自由、平等、公正、法治，倡导爱国、敬业、诚信、友善，积极培育和践行社会主义核心价值观。这与中国特色社会主义发展要求相契合，与中华优秀传统文化和人类文明优秀成果相承接，是中国共产党凝聚全党全社会价值共识作出的重要论断。社会主义核心价值观的提出，鲜明确立了当代中国的核心价值理念，生动展现了中国共产党和中华民族高度的价值自信与价值自觉。

社会主义核心价值观和社会主义核心价值体系，两者是紧密联系、互为依存、相辅相成的。社会主义核心价值观是社会主义核心价值体系的精神内核，体现了社会主义核心价值体系的根本性质和基本特征，反映了社会主义核心价值体系的丰富内涵和实践要求，是社会主义核心价值体系的高度凝练和集中表达。

（1）富强、民主、文明、和谐。坚持和发展中国特色社会主义，实现中华民族伟大复兴的中国梦，凝结着中华民族和中国人民对富强、民主、文明、和谐的价值追求。

（2）自由、平等、公正、法治。其反映了人们对美好社会的期望和憧憬，是衡量现代社会是否充满活力且和谐有序的重要标志。

（3）爱国、敬业、诚信、友善。爱国才能承担时代赋予的使命，敬业才能创造更大的人生价值，诚信才能赢得良好的发展环境，友善才能形成和谐的人际关系。

二、当代中国发展进步的精神指引

坚持和发展中国特色社会主义的价值遵循。在全社会大力弘扬社会主义核心价值观，明确中国特色社会主义事业到底追求什么、反对什么，要朝着什么方向走、不能朝什么方向走，坚守我们的价值观立场，坚定中国特色社会主义的道路自信、理论自信、制度自信和文化自信，为社会的有序运行、良性发展提供明确价值准则，保证中国特色社会主义事业始终沿着正确方向前进，是中国特色社会主义的铸魂工程。

提高国家文化软实力的迫切要求。“核心价值观是文化软实力的灵魂、文化软实力建设的重点。这是决定文化性质和方向的最深层次要素。”当今世界，文化越来越成为综合国力竞争的重要因素，成为经济社会发展的重要支撑，文化软实力越来越成为争夺发展制高点、道义制高点的关键所在。文化的力量，归根到底来自凝结其中的核心价值观的影响力和感召力；文化软实力的竞争，本质上是不同文化所代表的核心价值观的竞争。

增进社会团结和谐的最大公约数。历史和现实一再表明，只有建立共同的价值目标，一个国家和民族才会有赖以维系的精神纽带，才会有统一的意志和行动，才会有强大的凝聚力、向心力。

第二节 坚定价值观自信

“一个民族、一个国家，必须知道自己是谁，是从哪里来的，要到哪里去，想明白了、想对了，就要坚定不移朝着目标前进。”这种坚定不移朝着目标前进的精神状态，就是一个民族、一个国家高度自觉自信的状态。

一、社会主义核心价值观的历史底蕴

中华优秀传统文化是涵养社会主义核心价值观的重要源泉，是中华民族的精神命脉。在世界几大古代文明中，中华文明之所以能够没有中断并延续发展至今，一个重要原因就是中华民族有一脉相承的精神追求、精神特质、精神脉络。

培育和弘扬社会主义核心价值观，必须立足中华优秀传统文化。历

史从昨天走到今天再走向明天，不忘本来才能开辟未来，善于继承才能更好创新。坚持历史唯物主义立场，坚持古为今用、推陈出新，有鉴别地加以对待，有扬弃地予以继承；推动中华优秀传统文化创造性转化和创新性发展，激活其生命力，增强其影响力和感召力，把跨越时空、超越国度、富有永恒魅力、具有当代价值的文化精神弘扬起来，把继承优秀传统文化又弘扬时代精神、立足本国又面向世界的当代中国文化创新成果传播出去。

二、社会主义核心价值观的现实基础

习近平指出："一个民族、一个国家的核心价值观必须同这个民族、这个国家的历史文化相契合，同这个民族、这个国家的人民正在进行的奋斗相结合，同这个民族、这个国家需要解决的时代问题相适应。"

中国特色社会主义建设是社会主义核心价值观的实践根据。价值观是在人类认识、改造自然和社会的过程中产生与发挥作用的。不同民族、不同国家由于其自然条件和发展历程不同，产生和形成的核心价值观也各有特点。

中国特色社会主义建设以无可辩驳的事实生动展示了社会主义核心价值观的生机活力。改革开放以来，我们坚持走中国特色社会主义道路，在复杂的国内外形势下，抓住和用好了我国发展的战略机遇期，我国的综合国力、人民的生活水平、国际竞争力和国际影响力都迈上了新台阶，彰显了中国特色社会主义的巨大优越性和强大生命力。

三、社会主义核心价值观的道义力量

真理的力量加上道义的力量后才能行之久远。社会主义核心价值观以其先进性、人民性和真实性而居于人类社会的价值制高点，具有强大的道义力量。

社会主义核心价值观的先进性，体现在它是社会主义制度所坚持和追求的核心价值理念。社会主义制度建立在生产资料公有制的基础之上，消灭了剥削制度，劳动人民成为国家的真正主人，是人类社会迄今为止最先进的社会制度。

社会主义核心价值观的人民性体现在它代表了最广大人民的根本利益，反映了最广大人民的价值诉求，引导最广大人民为实现美好社会理想而奋斗。马克思主义最根本的政治立场，就是始终站在广大劳动人民的立场上，以广大劳动人民的解放为旨归，竭尽全力为人民求福利、谋利益。

社会主义核心价值观的道义力量还源于它的真实性。"名非天造，必从其实。”在人类社会发展进程中，许多统治阶级都曾提出了不少看上去非常美好的价值理念，其中有些在历史上也发挥了很大的积极作用，但由于其阶级和历史局限性，这些美好的价值理念并未能彻底地、真正地实现。民主、自由、博爱等便是资产阶级时刻挂在嘴边的价值主张。

第三节 做社会主义核心价值观的积极践行者

要求学生课前准备自己最喜欢的社会主义核心价值观微电影，并在课堂上进行展播和评述。引导学生加深对社会主义核心价值观的认知。

青年的价值取向决定了未来整个社会的价值取向，而青年又处在价值观形成和确立的时期，抓好这一时期的价值观养成十分重要。正如习近平所指出的：“这就像穿衣服扣扣子一样，如果第一粒扣子扣错了，剩余的扣子都会扣错。人生的扣子从一开始就要扣好。”

一、扣好人生的扣子

大学生在高校生活，少则三到四年，多则九到十年，正处在人生成长的关键时期，知识体系搭建尚未完成，价值观塑造尚未成型，情感心理尚未成熟，需要加以正确引导。这好比小麦的灌浆期，这个时候阳光水分跟不上，就会耽误一季的庄稼。

大学生成长成才和全面发展，离不开正确价值观的引领。当今世界和当代中国都处于大变革之中。这种变革反映到人们的思想观念中，自然会产生多种多样的思想理论和价值理念。

核心价值观的养成绝非一日之功。大学生要坚持由易到难、由近及远，从现在做起，从自己做起，努力把核心价值观的要求变成日常的行为准则，形成自觉奉行的信念理念，并身体力行将其推广到全社会去，为实现国家富强、民族振兴、人民幸福的中国梦凝聚强大的青春能量。

二、勤学修德明辨笃实

1. 勤学

知识是树立社会主义核心价值观的重要基础。大学生要注重把所学知识内化于心，形成自己的见解，专攻博览，努力掌握为祖国、为人民服务的真才实学，让勤于学习、敏于求知成为青春远航的动力。

讨论案例：考试作弊受到法律严惩（结合刑法中的相关法条进行讲解。

《刑法》在第二百八十四条规定：“在法律规定的国家考试中，组织作弊的，处三年以下有期徒刑或者拘役，并处或者单处罚金；情节严重的，处三年以上七年以下有期徒刑，并处罚金”“为他人实施前款犯罪提供作弊器材或者其他帮助的，依照前款的规定处罚”“为实施考试作弊行为，向他人非法出售或者提供第一款规定的考试的试题、答案的，依照第一款的规定处罚”“代替他人或者让他人代替自己参加第一款规定的考试的，处拘役或者管制，并处或者单处罚金”。此规定将于2015年11月1日起正式实施。考生和其他人员违反《刑法》构成犯罪的，将依法追究刑事责任。

案情：

为获取非法利益，被告人李某甲购买设备用于机动车驾驶学员在考试中作弊，被告人李某乙负责教学员如何使用作弊设备，被告人吴某甲、秦某甲、蔡某甲负责联系“客户”。揭阳市揭东区人民法院认为，5名被告人结伙在法律规定的国家考试中，组织作弊，均已构成组织考试作弊罪，均被判刑并处罚金人民币1万元。

2. 修德

“德者，本也。”蔡元培曾经说过：“若无德，则虽体魄智力发达，适足助其为恶。”踏踏实实修好公德、私德，学会劳动、学会勤俭，学会感恩、学会助人，学会谦让、学会宽容，学会自省、学会自律。

3. 明辨

培育和践行社会主义核心价值观，要增强自己的价值判断力和道德责任感，辨别什么是真善美、什么是假恶丑，自觉做到常修善德、常怀善念、常做善举。

讨论案例：微信公众号不是法外之地。

案情：

被告在其微信公众号发布《曝光朋友圈热卖毁容护肤品，请介绍给你的仇人》一文，在没有事实根据的情况下，肆意攻击诋毁原告旗下的面膜产品，严重损害原告的商业信誉和商品声誉，造成原告损失。广州市花都区人民法院判处被告应向原告承担相应的侵权责任，为原告恢复名誉、消除影响。

4. 笃实

道不可坐论，德不能空谈。青年要把艰苦环境作为磨炼自己的机遇，把小事当作大事干，一步一个脚印往前走。滴水可以穿石。只要坚韧不拔、百折不挠，成功就一定在前方等你。

翻转课堂主题：“2019感动中国”人物评选视频。要求：1. 观看视频；2. 谈谈感想；3. 结合自身实际谈谈如何才能更好地做一个社会主义核心价值观的积极践行者。时间10分钟/人。

<table>
<tr><td rowspan="1">板书
设计</td><td>第三章　践行社会主义核心价值观
第一节　全国人民共同的价值追求
一、社会主义核心价值观的基本内容
二、当代中国发展进步的精神指引
第二节　坚定价值观自信
一、社会主义核心价值观的历史底蕴
二、社会主义核心价值观的现实基础
三、社会主义核心价值观的道义力量
第三节　做社会主义核心价值观的积极践行者
一、扣好人生的扣子
二、勤学修德明辨笃实</td><td>副板</td></tr>
<tr><td>课堂
小结</td><td colspan="2">培育和践行社会主义核心价值观，既要目标高远，保持定力、不懈奋进，又要脚踏实地，严于律己、精益求精，将社会主义核心价值观转化为人生的价值准则，勤学以增智、修德以立身、明辨以正心、笃实以为功。</td></tr>
<tr><td>作业
布置</td><td colspan="2">1. 查阅习近平关于社会主义核心价值观的相关论述，学习习近平在北京大学师生座谈会上的讲话——《青年要自觉践行社会主义核心价值观》。
2. 在网络平台查阅社会主义核心价值观践行者的光辉事迹。</td></tr>
</table>

第四章　明大德守公德严私德

<table>
<tr><td></td><td colspan="2">第四章　明大德守公德严私德</td><td>课时</td><td>6</td></tr>
<tr><td>教学目的</td><td colspan="4">使学生了解道德的起源与发展、道德的历史形态；了解社会主义道德的基本要求和原则，自觉自愿地做一个具有良好道德风尚的高层次人才，真正做到向上向善，知行合一。</td></tr>
<tr><td>教学重点</td><td colspan="4">1. 道德的变化发展
2. 吸收借鉴优秀道德成果
3. 社会主义道德的核心和原则
4. 向上向善</td></tr>
<tr><td>教学难点</td><td colspan="4">1. 道德的变化发展
2. 践行优秀道德行为规范，知行合一</td></tr>
<tr><td>课程类型</td><td>理论课</td><td>教学方法</td><td colspan="2">讲授、讨论教学</td></tr>
<tr><td>课前准备</td><td colspan="4">多媒体课件、教案</td></tr>
<tr><td>教学过程及时间分配</td><td colspan="3">主 要 教 学 内 容</td><td>教学方法运用</td></tr>
<tr><td></td><td colspan="3">【导入语】
做一个道德高尚的人，是每一个有志者的愿望和追求。在经济现代化的时代，利益的诱惑越来越多，我们的道德状况也面临越来越严峻的拷问。那么，大学生应该怎样做呢？
大学生是未来建设中国特色社会主义伟大事业的主力军。我国社会主义现代化建设跨世纪发展的历史进程对当代大学生在各方面提出了新的更高要求。为此，大学生要深刻认识社会主义道德及其社会功能、重要意义和作用。在努力提高科学文化素质的同时，还应当努力培养良好的思想道德品质。只有这样，才能成为德才兼备的社会主义事业的建设者和接班人。
公共生活、职业生活与婚姻家庭生活，是人们生活的重要领域，也是个人品德形成的重要领域。大学生应学习和掌握公共生活领域的道德</td><td>讲授

视频</td></tr>
</table>

规范，加强道德修养，注重道德实践，锤炼高尚品格。

大学时期是个体道德意识形成和发展的一个重要阶段，在这个时期形成的道德观念对大学生一生的影响很大。大学生提高自身的道德素质，需要认真学习道德的基本理论，树立正确的道德观，自觉传承中华传统美德和中国革命道德，积极吸收借鉴人类优秀道德成果，遵守公民道德准则，在投身崇德向善的实践中不断提高道德品质。

第一节　道德及其变化发展

一、什么是道德

（一）道德的含义

作为人类社会特有的一种社会现象，道德是人类社会发展到一定阶段的必然产物。准确把握道德的起源和本质，是大学生建立正确道德认知的前提。

“天意神启论”把道德起源归结于上天的命令或者神的旨意，试图以人之外的某种所谓客观意志来说明道德的起源；“先天人性论”把道德的起源或者归结为与生俱来的善性，或者归结为先天存在的良心、理念或精神；“情感欲望论”认为道德起源于人们的情感欲望，是人们为实现情感欲望而形成的行为要求；“动物本能论”则认为道德观念是动物本能的延续，进而把动物基于本能的活动与人类有目的、有意识的活动画上等号。

马克思和恩格斯阐明了自己关于道德的根本观点，主要内容包含在《神圣家族》《德意志意识形态》《反杜林论》《家庭、私有制和国家的起源》《路德维希·费尔巴哈和德国古典哲学的终结》《道德化的批判和批判化的道德》等论著中。马克思和恩格斯为考察道德问题提供了辩证唯物主义和历史唯物主义的科学世界观，并确定了从现实的社会物质生活条件寻求答案的唯一正确的思想方法，从根本上科学地回答了道德的起源等问题。

马克思本人虽然不是道德哲学家，也没有专门写过道德论著，但马克思的著作中却包含丰富的道德思想，对道德问题进行了辩证的思考和深入的批判。关于道德的起源，马克思主义认为，道德作为一种社会现象，属于社会上层建筑和社会意识形态的范畴，必须而且只能从人类的社会关系和社会生活本身去探讨道德的起源。

马克思主义道德观认为，人类社会的实际情况是，“物质生活的生产方式制约着整个社会生活、政治生活和精神生活的过程”。因此，道

设计讨论，主题为“道德的功能与作用”，时间约为 25 分钟	德的起源问题，必须从这一实际出发来认识和把握。 （二）道德的本质 道德属于上层建筑的范畴，是一种特殊的社会意识形态。正确理解道德的本质，应该把握经济基础对道德的决定作用，以及道德在一定条件下对经济基础的能动作用。 道德作为一种实践精神，是特殊的意识信念、行为准则、评价选择等方面的总和，是调节社会关系、发展个人品质、提高精神境界等活动的动力。 二、道德的功能与作用 **引导学生思考：社会为什么需要道德的指引？** 道德作为人类社会生活发展到一定阶段的必然产物，源于人的社会生活需要，又服务于人的社会生活需要。道德在人类社会中居于特别重要的地位，具有特殊的功能和作用。 （一）道德的功能 道德的功能，一般是指道德作为社会意识的特殊形式对于社会发展所具有的功效与能力。道德的功能是多元的，同时也是多层次的。 道德的认识功能是指道德反映社会关系特别是反映社会经济关系的功效与能力。道德的规范功能是指在正确善恶观的指引下，规范社会成员在社会公共领域、职业领域、家庭领域的行为，并规范个人品德的养成，引导并促进人们崇德向善。从道德的特征来说，道德和法律一样，都是通过规范人的行为发挥作用。道德的调节功能是指道德通过评价等方式，指导和纠正人们的行为和实践活动，协调社会关系和人际关系的功效与能力。道德评价是道德调节的主要形式，社会舆论、传统习俗和人们的内心信念是道德调节所赖以发挥作用的力量。 在道德的功能系统中，认识功能、规范功能、调节功能是最基本的功能，此外还有导向功能、激励功能等。 **引导学生思考“榜样的作用”。** （二）道德的作用 道德的作用是指道德的认识、规范、调节、激励、导向、教育等功能的发挥和实现所产生的社会影响及实际效果。道德的作用主要表现在：道德为经济基础的形成、巩固和发展服务，是一种重要的精神力量；道德对其他社会意识形态的存在有着重大的影响；道德通过调整人们之间的关系维护社会秩序和稳定；道德是提高人的精神境界、促进人的自	

我完善、推动人的全面发展的内在动力；在阶级社会中，道德是调节阶级矛盾和对立阶级之间开展阶级斗争的重要工具。

三、道德的变化发展

道德同其他社会意识形态一样，不是千古不变的。迄今为止，人类社会先后经历了五种基本社会形态，与此相适应，出现了原始社会的道德、奴隶社会的道德、封建社会的道德、资本主义社会的道德、社会主义社会的道德。在社会主义社会，有一部分先进分子，还身体力行共产主义道德。每一个社会都有与其经济基础相适应的占统治地位的道德；在同一社会形态中，不同的阶级或人群还会有不同的道德。在阶级社会中，占社会统治地位的道德是统治阶级的道德，而同时存在着的其他阶级的道德则处于从属地位。

第二节　吸收借鉴优秀道德成果

一、传承中华传统美德

传统似江河之水，又似生命之流。传统道德是历史上不同时代人们的行为方式、风俗习惯、价值观念和文化心理的集中体现，是对道德实践经验的提炼总结。中华传统美德是中华优秀文化的重要组成部分。“今天，中华民族要继续前进，就必须根据时代条件，继承和弘扬我们的民族精神、我们民族的优秀文化，特别是包含其中的传统美德。”

（一）中华传统美德的基本精神

引导学生阅读能体现中华传统美德的名篇，感受中国文化的博大及中国人民对传统美德的传承。

重视整体利益，强调责任奉献。推崇“仁爱”原则，注重以和为贵。提倡人伦价值，重视道德义务。追求精神境界，向往理想人格。强调道德修养，注重道德践履。具体表现为：道法自然、天人合一，天下为公、大同世界，自强不息、厚德载物，经世致用、知行合一、躬行实践，仁者爱人、以德立人，以诚待人、讲信修睦，清廉从政、勤勉奉公，俭约自守、力戒奢华。

（二）中华传统美德的创造性转化和创新性发展

重点引导学生认知创造性转化和创新性发展的具体体现及意义。

设计翻转课堂，要求同学们课前准备此课题。通过案例进行比较，深刻认识中华传统美德的创造性转化和创新性发展，并将自己对比的过程及结果在课堂中展现。

中华传统美德作为中国传统道德的精华部分，为今天的道德建设提供了丰富的资源，要在去粗取精、去伪存真的基础上坚持古为今用、推陈出新，努力实现中华传统美德的创造性转化和创新性发展。

弘扬中华传统美德，必须通过科学的分析和鉴别，把其中带有阶级和时代局限性的成分剔除出去，把其中具有当代价值的道德精神发掘出来，总结传统美德中丰富的思想道德资源，对中华传统美德的德目、观点进行新的诠释和激活，结合现代生活赋予其新的时代内涵，努力推动中华传统美德的创造性转化和创新性发展。

在对待传统道德的问题上，要反对两种错误思潮。一种是复古论，认为道德建设的最终目标就是要恢复中国"固有文化"，形成以中国传统文化为主体的道德体系。另一种是虚无论，认为中国传统道德从整体上来说在今天已经失去了价值和意义，必须从整体上予以全盘否定。

二、发扬中国革命道德（重点）

引导学生思考：新时代的中国建设为什么仍然需要我们的大学生传承中国革命道德？

观看视频：2019 年度感动中国人物评选，引导学生寻找英模们传承中国革命道德的范例。

中国革命道德，是对中华传统美德的延续和发展。传承和发扬中国革命道德，是弘扬中华传统美德的应有之义，是加强社会主义道德建设的客观需要，也是激励大学生锤炼优良道德品质的必然要求。

（一）中国革命道德的形成与发展

中国革命道德，是指中国共产党人、人民军队、一切先进分子和人民群众在中国革命、建设、改革中所形成的优秀道德，是马克思主义与中国革命、建设、改革的伟大实践相结合的产物，是中华民族极其宝贵的道德财富。中国革命道德萌芽于五四运动前后，发端于中国共产党成立以后蓬勃发展的伟大工人运动和农民运动，经过土地革命战争、抗日战争、解放战争以及社会主义革命、建设、改革的长期发展，逐渐形成并不断发扬光大。

弘扬中国革命道德，要同弘扬中华传统美德相结合。中华传统美德是中国革命道德的渊源之一，从一定意义上来说，没有中华传统美德的长期发展和丰厚积淀，就不可能有中国革命道德的形成和发展。中国革命道德继承了中国传统道德的精华，摒弃了传统道德的糟粕，是中国优良传统道德的延续和发展，是超越了中华传统美德的时代局限而形成的一种崭新的道德。

（二）中国革命道德的主要内容

中国革命道德具有丰富而独特的内涵，既包括革命道德的原则、要求、态度、修养、风尚等方面，也包括革命理想、革命精神等方面，具有丰富的内容。

中国革命道德还体现在共产党人对自身道德修养的重视方面，把加强个人道德修养看成能够影响革命成败的大事，因而践履中国革命道德的重要环节就是共产党人修身自律、保持节操。具体来说，就是要以中国革命事业为重，严于律己、谦虚谨慎，淡泊名利、清正廉洁，襟怀坦白、光明磊落，始终保持高风亮节，展现出高尚的人格力量。

（三）中国革命道德的当代价值

中国革命道德内容丰富、历久弥新。红船精神、井冈山精神、苏区精神、长征精神、延安精神、西柏坡精神等红色精神中蕴含的革命道德，都是中国共产党领导全体人民实现民族独立、人民解放的精神支撑和思想武器，对于我们走好新时代的长征路，实现中华民族伟大复兴仍然具有极其重要的现实意义。

三、借鉴人类文明优秀道德成果

文明因交流而多彩，文明因互鉴而丰富。人类文化和文明发展进步的过程表明，一种文化能够通过与其他文化交流碰撞和冲突融合而保持其生命力，是实现自我更新和自我发展的重要条件。因此，一个国家或民族的道德进步，既要注意在文明交流中坚守自身优秀道德传统，也要在文明互鉴中积极吸收其他有益道德成果。

借鉴和吸收人类文明优秀道德成果，必须秉承正确的态度和科学的方法。要坚持马克思主义立场、观点、方法，在道德问题上把握好共性和个性、抽象和具体、一般和个别的关系。不同的道德文明体现了各自的生活方式、人生态度、价值信仰和行为方式，但不同民族或国家之间仍然会面临某些共同的问题，形成一些具有共性的道德认识。

第三节　遵守公民道德准则

弘扬社会主义道德，必须坚持以为人民服务为核心、以集体主义为原则，推进社会公德、职业道德、家庭美德、个人品德建设。大学生要自觉讲道德、尊道德、守道德，加强品德修养，锤炼道德品质，努力做到向上向善、孝老爱亲，忠于祖国、忠于人民。

一、社会主义道德的核心和原则（重点）

（一）为人民服务是社会主义道德的核心

为什么人服务是道德的核心问题，决定并体现着道德建设的根本性质和发展方向，规定并制约着道德领域中的所有道德现象。为人民服务是中国共产党人把马克思主义基本原理与中国革命、建设、改革的具体实践相结合的伟大创造。为人民服务，不仅是坚持历史唯物主义的必然要求，是中国共产党践行的根本宗旨，也是社会主义道德观的集中体现，是全体中国人民共同遵循的道德要求。

为人民服务作为社会主义道德的核心，是社会主义道德区别和优越于其他社会形态道德的显著标志。大学生践行为人民服务，就是要弘扬为人民服务的精神，尊重人、理解人、关心人，为人民、为社会多做好事、多作贡献。

（二）集体主义是社会主义道德的原则

集体主义是社会主义道德的原则。在我国，国家利益、社会整体利益和个人利益根本上的一致性，使得集体主义应当而且能够在全社会范围内贯彻实施。长期以来，集体主义已经成为调节国家利益、社会整体利益和个人利益关系的基本原则。

二、社会公德

社会公德与公共生活密切相关，公共生活需要道德规范来约束和协调。社会公德作为社会公共生活中应当遵守的行为准则，在维护公共秩序方面具有重要的作用。大学生应当自觉培养公德意识，养成遵守社会公德的良好行为习惯。

（一）公共生活与公共秩序

（1）相关概念：私人生活，公共生活。

（2）公共生活的发展历程（简介即可）。

（3）当代社会公共生活的特征：①活动范围的广泛性；②交往对象的复杂性；③活动方式的多样性。

（二）公共生活需要公共秩序

1. 人类社会需要秩序

（1）介绍概念：秩序，公共秩序。

（2）探讨：人为何需要秩序，体验其重要性。

	2. 公共生活有序化的重要意义 （1）有序的公共生活是构建和谐社会的重要条件。 （2）有序的公共生活是经济社会健康发展的必要前提。 （3）有序的公共生活是提高社会成员生活质量的基本保证。 （4）有序的公共生活是国家现代化和文明程度的重要标志。 3. 维护公共秩序的基本手段 （1）哪些因素会影响公共秩序？（讨论） **本问题着重在思维上引导学生思考，并非一定要找到答案，学生能说多少是多少，如利益、习惯、不良风气等。** （2）用什么手段维护公共秩序？（讨论） 基本的手段：风俗、礼仪、教规、戒律、道德、法律等。 有力的手段：道德和法律。 （三）公共生活中的道德规范 1. 社会公德及其特点 （1）相关概念：社会公德。 （2）社会公德的特征：① 继承性；② 基础性；③ 广泛性；④ 简明性。 2. 社会公德的主要内容（详细讲解） （1）文明礼貌。 （2）助人为乐。 （3）爱护公物。 （4）保护环境。 （5）遵纪守法。 **探讨：假如由你制定社会公德，你会从哪个角度去思考？现有的社会公德内容可以补充吗？** 3. 社会公德的实践与养成 （1）我国当前社会公德的基本现状：① 好的一面；② 不好的一面；③ 当代大学生的社会公德水平（让学生辩论：好/不好）。 （2）大学生如何践行社会公德规范？（探讨）① 对某些现象的分析，如吐痰现象；② 要践行社会公德规范，自身应如何做？ 4. 网络生活中的道德要求 （1）自身的网络生活及习惯。厘清哪些行为和习惯是不道德行为。 （2）正确的网络生活。	

三、职业道德

（一）相关概念

1. 什么是职业

何为“业”？　业是汉语通用规范一级汉字。此字始见于西周金文，本义一般认为指古代乐器架子的横板，刻成锯齿状，用以悬挂钟、磬等（见下图）。后也指筑墙板和书册的夹板。又引申为学业，进而引申为其他行业、事业，再转指产业。业又表示行为完成，相当于“已经”。

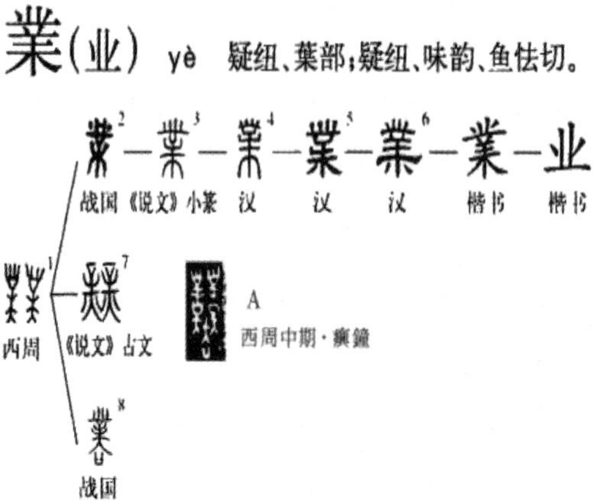

1《四版校补》26页。2、8《金文编》155页。3、7《说文》58页。4《汉印徵》11页。5、6《篆隶表》176页。

职业的通俗表述就是人们所从事的工作，是从业者获取生活来源、扩大社会关系和实现自身价值的重要途径，如教师、医生、工人、律师、会计、营业员、理发师、园艺师等，都是我们常见的职业。

工具意义：谋生的手段（生存）。

目的意义：体现人的社会本质（发展）、实践人生价值的重要舞台（事业）。

大学生在择业过程中，都希望寻求社会地位高、收入待遇好的工作岗位，这是不现实的，是对职业的片面理解造成的。大学生既要考虑职业对于自己生存、养家糊口等方面的重要性，也不能忽视实现和创造社会价值的重要意义。

2. 什么是职业道德

职业道德是指从事一定职业的人在职业生活中应当遵循的具有职业特征的道德要求和行为准则。

	3. 职业道德的基本要求 爱岗敬业、诚实守信、办事公道、服务群众、奉献社会。 职业道德的灵魂是为人民服务，即服务群众、奉献社会。职业道德的核心是爱岗敬业。职业道德的外在要求是诚实守信，办事公道。 公务员：忠于祖国，热爱人民。 技术人员：质量第一，精益求精。 商业服务员：顾客至上，公平交易。 医务人员：防病治病，救死扶伤。 教师：为人师表，诲人不倦。 科技工作者：献身科学、造福人类。 财会人员：遵纪守法，廉洁奉公。 公安司法人员：秉公执法，维护法律尊严。 文艺工作者：传播真与善，塑造美的化身。 涉外人员：维护祖国尊严、坚持友好互惠。 （二）在校毕业生就业形势分析 1. 高校毕业生逐年增多 大学毕业生供给紧缺的时代已经一去不复返，大学生与社会需求之间的关系由“供不应求”转为“供需平衡”，直至“供大于求”，大学生就业市场化，价格机制在就业市场的调节作用越来越大。在社会需求总量增加不大的一段时间内，毕业生层次间挤占岗位的效应将是一个趋强的趋势，毕业生整体求职的成本和时间会扩大和延长，毕业生整体的薪酬水平也会下降。 **引导学生思考：大学生就业困难仅仅是大学生数量增多的问题吗?** 2. 大学生就业困难有观念、体制和结构性矛盾三大因素的影响和制约 其一是观念因素。其二是体制因素。其三是结构性矛盾。这里所说的结构包括学历结构和专业结构。从学历结构来看，同等条件下，学历越高、能力越强，在激烈的求职竞争中，成功的砝码就越重。 （三）树立正确的择业观与创业观 1. 改变旧的就业观念，树立正确的就业观 旧就业观念的影响主要来自于学生、家长、用人单位和社会。就毕业生而言，很多人不是从实际出发，选择最能发挥专长、最能实现自己人生价值的岗位，而是盲目追求大城市、大单位、高工资，认为基层单	

	位待遇低、工作繁琐、辛苦，处理微观的具体事务的时间多，参与宏观管理、决策的机会少，到基层就业对自己来说是大材小用，主观上不愿到基层工作。即便有少数人自愿到基层就业，其目的也仅仅是解决暂时的生活困难，并不是真正想到基层有一番作为。调查中，有的大学生就对笔者说："我本来不想回来，是父母让我回来的。""我是在外面多方努力不成，才迫不得已回来的。"这些说法，反映了大学生们的一种普遍心态。 就家长而言，往往把高考时望子成龙、望女成凤的期待延续、转化为毕业时望子女有一份稳定的、社会地位较高的工作，很多家长对"就业"的理解还停留在计划经济时代"国家分配、有一个固定的岗位、有一份稳定的收入、工资由财政核发"的层面；在子女就业问题上，"等、靠、要"的意识浓，自主择业、主动接受市场挑选的观念淡薄，认为大学毕业生，不需要参加公开招考、招聘和人才交流，不需要到市场上自主择业，国家自会作出妥善的安置；有的家长甚至多次来信来访，要求政府人事部门给子女分配工作。有的家长对子女溺爱，觉得基层条件艰苦、工作辛苦，怕子女消受不了，不愿让子女到基层就业，这种现象在独生子女家庭中比较普遍。还有的家长虚荣心作祟，认为子女在大城市、大单位工作，自己脸上也有光，在基层工作，则感觉低人一等。也有的家长认为，随着企业改制和事业单位人事制度改革的深入，在事业单位，特别是基层事业单位工作，需要承担一定的"风险"，在企业工作则效益差、工资水平低等。这些观念导致家长从心理上不愿让子女到基层就业，客观上造成了"有的人没事干"。 　　就用人单位而言，观念陈旧，导致用人机制落后。一方面，部分用人单位招聘人才，不是从工作需要出发，而是不切实际地提出高学历、高要求，一些同样优秀但学历层次相对较低的人才因此被拒之门外。实际情况是，被聘用的不一定是最合适的，被淘汰的也不一定是不合格的。另一方面，在用人过程中，只能进、不能出，只能上、不能下，缺乏必要的奖勤罚懒的激励竞争机制和优胜劣汰的进出交流机制，造成有的人长期占着岗位而不发挥作用，有的人空有一身才华却没有施展的机会，特别是在一些实行聘用制的事业单位和改制企业，经营管理者的权力没有得到有效的监管和约束，进人唯亲、任人唯亲的现象时有发生，挫伤了干部职工的积极性。就社会而言，计划经济体制的影子还在影响着人们的思维方式和生活习惯，社会对大学生这一特殊的群体认识不足、重视不够，"人才强国"的战略思想还没有深入人心。人才是资源，而且是第一资源，人才资源也要通过市场配置和优化的意识也没有完全形成。	

2. 政府关心大学生就业问题，支持大学生自主创业

第一，教育部等将2007年作为高校毕业生就业工作的全面服务年，要求各地、各高校以学生为本，做好六项服务工作：一是组建全国高校毕业生就业网络联盟，依托网络积极开展网上求职招聘活动；二是围绕落实毕业生面向基层就业的项目，做好服务工作；三是认真细致地做好就业政策咨询和信息服务；四是加强对薄弱学校特别是民办高校、高职院校、新办院校毕业生的服务和对经济贫困、身体残疾、长线专业等有求职困难的毕业生的服务；五是加强监管，切实维护好毕业生的合法权益；六是做好毕业生离校前的各项工作，确保校园稳定。

第二，高校的“一把手工程”已经深入人心。自2003年以来，国家逐步把毕业生就业纳入高校考核的重要指标，突出强调毕业生就业在高校改革和发展中的重要作用，积极倡导并严格要求高校的“一把手”对本校毕业生就业工作负总责，一级抓一级，层层抓落实，不论是在硬件投入还是在软件建设方面都取得了突破性进展。这一方面从制度和机制上保证了高校毕业生就业工作的顺利进行，另一方面有力地推动了高校办学理念的转变和教育教学改革的发展。一些学校已经向学生庄严承诺，只要不过分挑拣，学生不出校门就可以找到工作，这在一定程度上给毕业生“吃了定心丸”。

第三，经济发展势不可挡。解决高校毕业生就业问题，归根结底还得依靠经济的拉动和促进。近年来，中国经济已经成为世界经济增长的“火车头”，这对缓解我国高校毕业生就业压力起到了决定性的作用。我国经济的持续健康快速发展和建设和谐社会、创新型国家，坚持走自主创新道路，将直接拉动和促进高校毕业生就业。同时，经济增长方式的根本转变、经济结构的优化升级和我国工业化、信息化、城镇化、市场化进程的不断加快，将为高校毕业生创造更多施展才华的空间。

第四，基层大有可为。“猛将必拔于卒武，贤相必起于郡县”，自古是之。中共中央办公厅、国务院办公厅下发的《关于引导和鼓励高校毕业生面向基层就业的意见》，从制度层面上固化了高校毕业生面向基层就业的渠道和途径，标志着引导和鼓励高校毕业生面向基层就业进入全面推进的新阶段。这是党中央、国务院从全局和战略的高度作出的一项重大决策，是事关党和国家事业发展、事关青年健康成长、事关和谐社会建设的重要工程，毕业生应抓住机遇，乘势而上，勇于到基层锻炼成长，善于在艰苦、复杂的环境中脱颖而出。

第五，政策环境更加宽松、有力。近年来，围绕推动和促进高校毕业生就业，国家出台了一系列方针政策，为毕业生充分就业提供了制度保障、政策保障和工作保障。例如，在自主择业方面，破除了一切部门

限制和地区限制，毕业生可以在全国范围内自由流动；在自主创业方面，免除了创办企业的有关行政事业性收费项目，并可提供小额贷款资助；在鼓励下基层方面，除给予一定的生活保障外，在落户、职称、考研、考公务员等方面享受优惠政策；在就业服务方面，不仅学校有周到的指导和服务，政府有关部门特别是人才市场、劳动力市场和毕业生就业市场也提供多种公益性服务；在择业期限方面，不仅毕业前可以找，而且毕业后两年内仍可双向选择；在困难救助方面，毕业后可以登记失业，享受失业人员优惠政策，特别困难的还可以申请临时救助，可以得到比如生活救助、医疗救助、司法救助等方面的支持。可以说，现有政策涵盖了毕业生就业的各个方面，基本形成了比较完善的政策框架体系。

3. 规划职业生涯，在实践中锻炼成长

中国有句古话：凡事预则立，不预则废。在当前就业竞争日益激烈的社会背景之下，大学生提前做好职业生涯规划是非常必要的，这将是他们今后走入社会、迈向成功的第一步。

（1）什么是职业生涯规划？

职业生涯规划是指客观认知自己的能力、兴趣、个性和价值观，发展完整而适当的职业自我观念，个人发展与组织发展相结合，在对个人和内部环境因素进行分析的基础上，结合社会职业的要求和社会发展需要，依据现实条件和机会所制订的个性化的实施方案。

（2）大学生如何进行择业与创业生涯规划设计？

这往往受学识、爱好、机遇、学习工作环境等主客观条件的制约。规划的前提要有明确的意识、强烈的愿望：我是谁？我想干什么？我能干什么？我要达到一个什么样的目标？

做好职业生涯规划，应从以下几个方面入手。

第一，正确认识自己，明确自己的职业发展方向。要认真进行自我分析，了解自己的各种特点，如性格、气质、基本能力素质、工作风格、兴趣爱好、价值观念等，确立自己最适合做的、最能做出成绩的职业发展方向。当然，并不是你想干什么就能干什么；你认为自己最适合做的也未必能做出成绩——你自身所具有的优势也许跟别人相比就是劣势；你并不看好自己的某些特点，跟其他人相比，也许就成了显著的优势，能够确立你在某种职业的地位。

第二，职业生涯规划一定要尽早。对于刚进大学的新生来说，自我的人生空间大，个人规划设计的空间也大。尽早进行职业生涯规划，便于自己不断地调整职业目标和发展方向。

第三，要切合实际，了解社会发展的客观需要，根据自己的特点和现实条件，确立自己的职业生涯目标。很多同学设计时满腔激情，但把激情当成了实情，过高地估计了自己的实力，过高地设计目标，一旦目标达不到，挫折感会使人不自信，就会影响更长远目标的实现。

第四，要详细分解目标，制定可操作的短期目标与相应的教育或培训计划。根据你认定的需求，自己的优势、劣势，可能的机遇，来勾画自己长期和短期的目标。

第五，要根据个人需要和现实变化，不断调整职业生涯目标与计划。

职业生涯规划一旦设定，它将时时提醒你已经取得了哪些成绩以及你的进展如何。制订一个明确的实施计划后，一定要根据计划进行。

第六，要培养职业发展需要的知识能力。

（四）自觉遵守职业道德

职业生活是否顺利、是否成功，既取决于个人的专业知识和技能，更取决于个人的职业道德素质。人们在职业活动中的道德状况如何，直接关系着各行各业乃至整个社会的道德状况。大学生是青年人中的佼佼者，要深刻认识提高职业道德素质的重要性，注重这方面的修养和锻炼。

四、家庭美德

引导学生读好书，特别是家庭教育方面的书。

事业成功，往往与美好的爱情和美满的婚姻家庭密切相关。从恋爱到缔结婚姻和建立家庭，是人生需要经历的阶段。注重家庭、注重家教、注重家风，遵守恋爱、婚姻家庭生活中的道德规范，树立正确的恋爱观和婚姻观，处理好复杂的感情和人际关系，有利于大学生的健康成长、顺利成才。

（一）注重家庭、家教、家风

家庭是社会的基本细胞，是人生的第一所学校。不论时代发生多大变化，生活格局发生多大变化，都要重视家庭建设，注重家教、家风。

千千万万个家庭是国家发展、民族进步、社会和谐的重要基点，是人们梦想起航的地方。当代大学生应该积极参与家庭文明建设，推动形成爱国爱家、相亲相爱、向上向善、共建共享的社会主义家庭文明新风尚。

（二）树立正确的爱情观

爱情，纯洁、甜美、幸福的象征，千百年来，它一直是文艺作品中的永恒主题。人们用华美的语言讴歌它、赞美它，把它比作太阳、鲜花、美酒，赋予它美的色彩、诗的意境。爱情是美好的，但爱情本质上不仅仅是浪漫的感情体验，更是一种责任，一种由性爱、理想、义务等多种因素交织在一起的复杂的精神现象，是一个严肃的人生课题。怎样理解爱情，把爱情放在什么位置，奉行什么样的爱情准则，是每一个大学生必须面对和思考的现实问题。

1. 爱情与人生

（1）爱情的本质特征。马克思主义认为，爱情具有自然、社会双重属性，是人的自然性和社会性的统一。

（2）作为人与人之间特定的社会关系，爱情具有以下一些基本特征：第一，爱情具有自主性；第二，爱情具有对等性；第三，爱情具有专一性和排他性；第四，爱情具有持久性；第五，爱情具有道德性。

2. 爱情与学业

对大学生来说，摆正爱情在人生中的位置，正确处理爱情与事业的关系，就是要处理好爱情与学业的关系。在这个问题上我们应有的基本观点是：要分清主次，遵循以学业追求为主的原则；合理安排，营造能够促进学业腾飞的美好爱情生活。

对于青年大学生来说，在时间和精力十分有限的情况下，合理地选择恋爱的时机就显得十分重要。第一，要待到心理发展相对成熟时。第二，要待到人生观相对稳定时。第三，要待到社会阅历相对丰富时。第四，要待到经济相对独立时。

当然，何时恋爱是最合理的，并没有唯一的标准，这与每个人的心理成熟度、理想抱负、择友条件以及所处环境有关，因而是因人而异的。综合各种经验来看，对大多数大学生来讲，恋爱时间以稍晚为宜。

（三）恋爱、婚姻家庭中的道德规范

真正的爱情是一股积极向上的力量，恋人们可以为维护自己在对方眼里真、善、美的形象，不断扬长避短、自我完善，使爱人者与被爱者都日趋崇高。正是如此，法国剧作家莫里哀说："爱情是一位伟大的导师，它教会我们重新做人。"可见，"真正的爱情本身总是一种善"，爱情只有与道德相连，才会生死不渝。

1. 恋爱中的道德规范

恋爱作为一种人际交往，必然要受到道德的约束，正确认识恋爱的道德责任，处理好恋爱关系十分重要。

恋爱中的道德规范主要有：尊重人格平等，自觉承担责任，文明相亲相爱，不能将友谊误当爱情，不能错置爱情的位置，不能片面或功利化地对待爱情，不能只重过程不顾后果，不能因失恋而迷失人生方向。

2. 婚姻家庭生活中的道德规范

家庭美德：尊老爱幼、男女平等、夫妻和睦、勤俭持家、邻里团结。

五、个人品德

个人品德在社会道德建设中具有基础性作用。在现实生活中，社会公德、职业道德和家庭美德的状况，最终都是以每个社会成员的道德品质为基础的。社会公德、职业道德和家庭美德建设，最终都要落实到个人品德的养成上。

（一）个人品德及其作用

个人品德是通过社会道德教育和个人自觉的道德修养所形成的稳定的心理状态和行为习惯，是个体对某种道德要求认同和践履的结果，集中体现了道德认知、道德情感、道德意志和道德行为的内在统一。

个人品德的鲜明特点有：① 实践性；② 综合性；③ 稳定性。

个人品德的作用，表现为以下三个方面：① 个人品德对道德和法律作用的发挥具有重要的推动作用；② 个人品德是个人实现自我完善的内在根据；③ 个人品德是经济社会发展进程中重要的主体精神力量。

（二）掌握道德修养的正确方法

个人品德需要不断地通过道德修养加以提升。道德修养作为人类道德实践活动的重要形式之一，是指个体自觉地将一定社会的道德规范、准则及要求内化为内在的道德品质，以促进人格的自我陶冶、自我培育和自我完善的实践过程。加强道德修养，提升个人品德，应借鉴历史上思想家们所提出的各种积极有效的方法，并结合当今社会发展的需要身体力行。

（1）加强个人道德修养的自觉性。道德修养体现在一个人的世界观、人生观和价值观上，体现在个人的生活和社会交往中，体现在一个人的一言一行上。

高度的自觉性是道德修养的内在要求和重要特征之一。大学生提高道德修养的自觉性的途径有：一是要有进行道德修养的强烈动机；二是应积极主动地进行自我教育、自我约束、自我激励；三是应正确地认识和评价自己，发扬成绩，克服不足。

（2）采取积极有效的道德修养方法。其一，学思并重的方法。其二，省察克治的方法。其三，慎独自律的方法。其四，积善成德的方法。其五，知行统一的方法。

（3）自觉向道德模范学习。

（4）积极参与社会实践。

（三）锤炼高尚道德品格

习近平强调："道德建设，重要的是激发人们形成善良的道德意愿、道德情感，培育正确的道德判断和道德责任，提高道德实践能力尤其是自觉践行能力。"大学生锤炼高尚道德品格，就要在知情意信行等方面加强道德修养，提高道德实践能力，自觉讲道德、尊道德、守道德，自觉明大德、守公德、严私德。

新时代的大学生，要有为国家民族奋斗、为人类事业献身的情怀和担当，不懈追求共产主义的崇高道德信念和高尚道德境界。良好的道德品质对于人们成才立业、维护社会稳定、促进国家经济发展，都有着重要的作用。因此，如何结合社会各方面的力量，帮助人们培养良好的道德品质，显得尤为重要。道德品质培养的具体方法分为道德教育和道德修养。道德教育是社会对个人的道德品质的培养，是社会将外在的道德规范转化为个人的内在道德品质，从而使人们自觉遵守道德规范的方法。因此，道德教育是道德品质培养的外在方法、外在因素。反之，道德修养是个人的自我道德品质培养，是自己对自己的道德品质培养，是个人将社会道德规范转化为自己内在道德品质从而自觉遵守道德规范的方法。因此，道德修养是道德品质培养的内在方法、内在因素。道德教育又可以分为言教、奖惩、身教、榜样四种方法；道德修养则可以分为学习、立志、躬行、自省四种方法。

第四节 向上向善、知行合一

"纸上得来终觉浅，绝知此事要躬行。"高尚道德品格的形成重在实践，贵在坚持。大学生投身崇德向善的道德实践，就要向道德模范学习，培养志愿服务精神，大力弘扬时代新风，强化社会责任意识、规则意识、奉献意识。

一、向道德模范学习

道德模范主要是指思想和行为能够激励人们不断向善且为人们所崇敬、模仿的先进人物。道德模范既包括在一定社会道德实践中涌现的符合特定道德理想类型的人物，又包括人们日常生活中能够近距离感受的具有积极道德影响的人物。学习道德模范的高尚品格和先进事迹，有利于提升全体社会成员的道德素质和社会整体道德水平。大学生要向道德模范学习，崇德向善、见贤思齐，弘扬真善美，传播正能量。

<table>
<tr><td></td><td colspan="2">

二、参与志愿服务活动

志愿服务是指志愿贡献个人的时间及精力，在不求任何物质报酬的情况下，为改善社会、促进社会进步而提供的服务。志愿服务是培育和弘扬社会主义核心价值观的重要载体。我国各地各有关部门把志愿服务与学雷锋活动有机结合，形成了志愿服务的中国特色，促进了志愿服务的制度化、常态化，推动志愿服务队伍规模不断壮大。

三、引领社会风尚

良好的社会风尚是人们在社会道德实践中逐渐形成起来的。大学生投身崇德向善的道德实践，要弘扬真善美、贬斥假恶丑，做社会主义道德的示范者和引领者，促成知荣辱、讲正气、作奉献、促和谐的社会风尚。

大学生应以正确的荣辱观为指导，坚定正确的行为导向，产生正确的价值激励，助推全社会形成知荣明辱的良好道德风尚。

大学生应做到讲正气，在日常生活中就要洁身自好、严于律己，自觉远离低级趣味；积极维护社会公共秩序，抵制歪风邪气，敢于伸张正义、见义勇为，坚决同践踏社会道德风尚的一切行为作斗争。

大学生要用和谐的态度对待人生实践，将崇尚和谐、维护和谐内化为自己的思想意识和行为习惯，推动人与人之间、人与社会之间融洽相处，实现人与自然之间友好共生。

新时代的大学生作为实现中华民族伟大复兴重任的中坚力量，其道德状态和精神风貌在很大程度上影响着整个社会的道德状态和精神风貌。大学生要以高度的主人翁精神，积极参与各种精神文明创建活动，为家庭谋幸福、为他人送温暖、为社会作贡献，不断引领社会风尚，提升道德品质。

</td><td></td></tr>
<tr><td>板书设计</td><td>第四章　明大德守公德严私德
第一节　道德及其变化发展
第二节　吸收借鉴优秀道德成果
第三节　遵守公民道德准则
第四节　向上向善、知行合一</td><td colspan="2">副板</td></tr>
<tr><td>课堂小结</td><td colspan="3">大学生应加深了解道德在各个领域内的具体要求，自觉提升自己的道德素养；了解道德修养的途径与方法，从而有效提高自身的道德水平，真正做到明大德守公德严私德。</td></tr>
<tr><td>作业布置</td><td colspan="3">1. 观看视频《离开雷锋的日子》，写一篇观后感。
2. 在人类历史上有哪些进步优秀的道德传统值得我们吸收和借鉴？</td></tr>
</table>

05

第五章　尊法学法守法用法

<table>
<tr><td>课　　题</td><td colspan="2">第五章　尊法学法守法用法</td><td>课时</td><td colspan="2">12 课时</td></tr>
<tr><td>教学目的</td><td colspan="5">让学生掌握法的定义、宪法的根本法地位。培养学生树立正确的法治观念，学会尊重社会主义法律的权威，让学生了解并掌握我国宪法所规定的公民的基本权利和义务，并清晰地了解权利和义务之间的辩证关系。</td></tr>
<tr><td>教学重点</td><td colspan="5">1. 我国社会主义法律的本质与特征
2. 建设中国特色社会主义法治体系的主要内容</td></tr>
<tr><td>教学难点</td><td colspan="5">1. 宪法的根本法地位
2. 依法履行法律义务和行使法律权利之间的辩证关系</td></tr>
<tr><td>课程类型</td><td>理论课、讨论课</td><td>教学方法</td><td colspan="3">讲授与讨论，影像视频教学</td></tr>
<tr><td>课前准备</td><td colspan="5">多媒体课件、案例、习题、教学视频</td></tr>
<tr><td>教学过程及时间分配</td><td colspan="4">主 要 教 学 内 容</td><td>教学方法运用</td></tr>
<tr><td>组织学生讨论，结合高校出现的相关案件，主题为“当代大学生尊法、学法、守法、用法的重要性和意义”15 分钟</td><td colspan="4">【导入语】
当今中国，法治已经成为党和政府治国理政的基本方式。法治中国建设，对国家富强、民族复兴和人民幸福具有重大意义。大学生学习法律知识，是为了增强法律意识，树立法治观念，培养法治思维，维护法律权威。养成心中有法、自觉守法、遇事找法、解决问题用法、化解矛盾靠法的良好习惯，成为具有较高法律素质的社会主义事业的建设者和接班人，是时代的需求，也是自身的价值所在。
什么是法律权利和法律义务？公民应该享有哪些法律权利和承担哪些法律义务？如何行使自己的权利，承担自己的义务？如何尊重别人的合法权利？当自己的权利受到侵害后如何寻求法律途径保护和救济？滥用自己的权利和违反法定义务后将承担什么样的法律后果？这些都是大学生在现在或今后的生活中会经常遇见的问题。大学生只有树立了正确</td><td>讲授
讨论
视频</td></tr>
</table>

的权利义务观，才能不断提高自己的法律素质和个人修养，妥善处理学习与生活中出现的矛盾和纠纷。

引入案例，引导学生进入讨论，主题为“大学生认真学习法律知识、培养法律素养的现实意义及价值”。要求同学们各抒己见，老师点评。

第一节 社会主义法律的特征和运行

一、法律及其历史发展

（一）法律的含义

（1）法律是由国家创制和实施的行为规范。

（2）法律由一定的社会物质生活条件所决定。

（3）法律是统治阶级意志的体现。

综上所述，可以将法律定义为：法律是由国家制定或认可并以国家强制力保证实施的，反映由特定社会物质生活条件所决定的统治阶级意志的规范体系。

（二）法律的历史发展

法律不是从来就有的，也不是永恒存在的。它随着私有制、阶级和国家的产生而产生，也将随着私有制、阶级和国家的消亡而消亡。从古到今，思想家、法学者提出了有关法起源的各种学说：① 神创说：法是神创造的，是上帝的意志，代表人物如西塞罗、奥古斯丁等。② 暴力说：法是暴力斗争的结果，是暴力统治的产物，代表人物如韩非等。③ 契约说：人类进入政治社会之前处于自然状态，后来为了安全，为了生产发展，人们相互间缔结契约，组成政府，并建立一套共同遵守的规则：法。

马克思主义认为，法是随着生产力、社会经济的发展，私有制和阶级的产生，国家出现而产生的，经历了一个长期渐进的过程。

原始社会是人类社会发展史上第一个初级形态，持续几百万年，当时的生产力水平低下，产品几乎没有剩余，人的力量非常渺小，为了生存，人们只能集体劳动，生产资料公有，劳动产品平均分配，彼此之间处于一种原始的平等、互助的关系。

这个时候，主要是通过人们长期自觉形成的行为模式、习惯调整人们之间的关系。例如，严禁氏族内通婚，相互帮助，实行血族复仇等。在原始社会，以习惯为主的社会规范，体现了全氏族成员的共同利益、意志，依氏族部落领袖的威信、社会舆论和人们的自觉遵守来保证实施。

<table>
<tr><td>组织学生讨论，主题为“法的发展”</td><td>

（三）法的产生过程发展一般规律

随着生产力的发展，产品有了剩余，出现了私有制，社会逐渐分化出奴隶与奴隶主、贵族与贫民，出现阶级剥削。他们之间利益冲突不可调和，原来的习惯也不能调整他们之间的关系了。奴隶主阶级为了维护其统治地位，把自己的意志制定为法，将被统治阶级的活动束缚在一定的范围内，并调整统治阶级内部的矛盾关系、统治者与同盟者之间的关系，由此产生了相对应的法。

法不是从来就有的，其产生、发展经历了很长的过程。法伴随阶级、国家的产生而产生，阶级、国家消灭后，法也就消失了。社会主义法是法的最高类型，共产主义社会没有阶级，也没有法律。

（四）历史类型

法的历史类型指按法律制度赖以存在的经济基础和反映的阶级意志的不同，对人类社会的法所进行的分类。如奴隶社会的法律、封建社会的法律、资本主义社会的法律、社会主义社会的法律。

各阶段的法都是在上一阶段的基础上进一步发展，但有质的飞跃。

二、我国社会主义法律的本质特征

（一）本质

结合 2020 新冠疫情暴发及防控阶段，中国法律的有效保障来进一步阐述其本质特征。用中国法律与西方法律在此疫情中的不同作用做比较。

（1）我国社会主义法律是以工人阶级为领导的广大人民群众的共同意志，体现人民的主体地位及人民的真实需求。与资本主义法律有着本质的区别。

我国国体是人民民主专政，我国的统治阶级是以工人阶级为领导的广大人民，我国法律所体现的意志必然是广大人民的共同意志。（课本上提到“人民”的概念，强调了“共同意志”，认为它是根本利益、整体利益、长远利益的统一。）

（2）我国社会主义法律是上升为国家意志的以工人阶级为领导的广大人民的共同意志。“共同意志”的内容、形式广泛，只有重要的关系社会发展方向、基本秩序的直接相关的内容才有必要上升为国家意志，形成法律，让全社会普遍遵守。

（3）社会主义法律的本质在于由物质生活条件决定，因为社会主义的生产关系决定人们的地位、利益分配。

</td><td></td></tr>
</table>

观看视频： 今日说法	（二）特征 （1）我国社会主义法律体现了党的主张和人民意志的统一。 （2）我国社会主义法律具有科学性和先进性。 （3）我国社会主义法律是中国特色社会主义建设的重要保障。 **结合我国法律，特别是宪法、民法、刑法等部门法的几次重要修订，特别是 2020 年民法典的出台及民事法律的完善来引导学生真正理解我国法律的人民性。** 三、我国社会主义法律的运行 法律的运行是一个从创制、实施到实现的过程。这个过程主要包括法律制定、法律执行、法律适用、法律遵守等环节。我们重点讲述的是立法。 （一）概念 法的创制可以称为“立法”，具体指一定国家机关依照法定职权和程序，制定、修改和废止法律和其他规范性法律文件及认可法律的活动，是将一定阶级的意志上升为国家意志的活动，是对社会资源、社会利益进行第一次分配的活动。 立法有广义、狭义之分。广义上的立法指一切有权的国家机关依法制定各种规范性法律文件的活动，既包括国家最高权力机关及常设机关制定宪法和法律的活动，也包括有权的地方权力机关制定其他规范性法律文件的活动，还包括国务院和有权的地方行政机关制定行政法规和其他规范性法律文件的活动。狭义上的立法仅指享有国家立法权（最高权力机关及常设机关依法制定、修改和废止宪法和法律的活动）。 （二）特点 （1）以国家名义进行的一项国家职能活动，由享有立法权的专门的国家机关行使。 （2）立法是产生具有规范性、国家强制性的普遍行为规则的活动。 （3）立法是以一定的客观经济关系为基础的人们的主观意志活动，且受其他社会因素的影响。 （4）立法是依照法定程序进行的专门活动。 （三）立法体制 包括立法权限的划分、立法机关的设置及立法权的行使等各方面的制度。	

我国是单一制国家，依据我国宪法的规定，我国的立法体制是一元性的立法体制，全国只有一个立法体系，但同时又是多层次的。

（1）全国人大及常委会行使立法权，制定法律。

（2）国务院制定行政法规。

（3）国务院各部委制定部门规章。

（4）省、自治区、直辖市人大及其常委会，以及省会所在市人大及其常委会制定地方性法规。

（5）民族自治地方人大及其常委会、人民政府制定自治条例、单行条例。

（6）省、自治区、直辖市人民政府及较大市人民政府制定地方规章。

（四）立法的指导思想和基本原则

（1）指导思想：马克思列宁主义、毛泽东思想、邓小平理论、“三个代表”重要思想、科学发展观、习近平新时代中国特色社会主义思想。

（2）原则。① 立法法治原则：第一，立法要遵循宪法的基本原则，符合宪法的精神和规定；第二，立法应遵循法定的权限和程序。② 立法民主原则：第一，人民是立法的主人；第二，立法的内容以维护人民的利益为宗旨；第三，立法权限和程序法制化。③ 立法科学化原则：处理好理论与实际的关系；树立和强化法治、民主、科学的立法观念；在立法中运用好现代科学技术。

（五）立法程序

（1）法律议案的提出（立法程序的开始）。

（2）法律案的审议（立法机关对法律案正式进行审查和讨论）。

（3）法律的表决和通过。

（4）法律的公布（主席依据全国人大常委会的决议，公布法律）。

第二节　以宪法为核心的中国特色社会主义法律体系

要求学生课前准备《宪法》电子文档存在电子设备里，引导学生通过阅读法条学习宪法，了解宪法精神和基本内容。

一、宪法

（一）宪法的特征

（1）在内容上，宪法规定一个国家最根本、最重要的问题。

（2）在法律效力上，宪法具有最高法律效力。

（3）在制定和修改程序上，宪法比其他法律更加严格。

（二）我国宪法的地位

（1）我国宪法是国家的根本法，是治国安邦的总章程，是党和人民意志的集中体现。

（2）我国宪法是国家各项制度和法律法规的总依据。

（3）我国宪法规定了国家的根本制度。

（三）宪法的基本原则

1. 党的领导原则

中国共产党是中国特色社会主义事业的领导核心，党的领导是人民当家作主的根本保证。我国宪法对党的领导地位与执政地位的规定，集中体现了党的主张和人民意志的高度统一。

2. 人民主权原则

人民主权是指国家或政府的最高权力来源于和最终属于人民，即国家或政府的最高权力归“民有”，并且这种来源是政府或者国家权力的合法化依据或者前提。

3. 尊重和保护人权原则

人权是指作为一个人所应该享有的权利。

4. 社会主义法治原则

法治是相对于人治而言的概念，基本价值在于限制国家权力、保障人权。其核心思想在于全面推进依法治国，法律面前人人平等，反对任何组织和个人享有法律之外的特权。

5. 民主集中制原则

权力制约原则：权力制约原则是指国家权力的各部分之间相互监督、彼此牵制，以保障公民权利的原则。它既包括公民权利对国家权利的制约，也包括国家权力对国家权力的制约。

（四）我国宪法确立的制度

1. 国体和根本政治制度

国体即国家性质，是国家的阶级本质，是指社会各阶级在国家生活中的地位和作用。人民民主专政是我国的国体。我国宪法规定：“中华人民共和国是工人阶级领导的，以工农联盟为基础的人民民主专政的社会主义国家。”

为了保证人民当家做主，我国宪法规定了人民代表大会制度这项根本政治制度。人民代表大会制度是我国的政权组织形式。政权组织形式，又称政体，是指掌握国家权力的阶级实现国家权力的政权体制，是形成和表现国家意志的方式，或者说是表现国家权力的政治体制。

国体决定政体，政体体现国体。

2. 基本政治制度

（1）中国共产党领导的多党合作和政治协商制度。

（2）民族区域自治制度。

（3）基层群众自治制度。

3. 基本经济制度

中华人民共和国的社会主义经济制度的基础是生产资料的社会主义公有制，即全民所有制和劳动群众集体所有制。社会主义公有制消灭人剥削人的制度，实行各尽所能、按劳分配的原则。国家在社会主义初级阶段，坚持公有制为主体、多种所有制经济共同发展的基本经济制度，坚持按劳分配为主体、多种分配方式并存的分配制度。

二、我国的实体法律部门

（详见教材）

三、我国的程序法律部门

（详见教材）

第三节　建设中国特色社会主义法治体系

一、建设中国特色社会主义法治体系的重大意义

全面推进依法治国的总目标就是建设中国特色社会主义法治体系，建设社会主义法治国家。

（1）中国特色社会主义的本质要求和重要保障。

（2）推进国家治理体系和治理能力现代化的重要举措。

（3）全面推进依法治国的总抓手。

二、建设中国特色社会主义法治体系的主要内容

（1）完备的法律规范体系。

（2）高效的法治实施体系。

（3）严密的法治监督体系。

（4）有力的法治保障体系。

（5）完善的党内法规体系。

三、全面推进依法治国的基本格局

（一）依法治国的含义

中国共产党第十五次全国代表大会对依法治国的含义作了全面、系统和明确的阐述："依法治国就是广大人民群众在党的领导下，按照宪法和法律的规定，通过各种途径和形式管理国家事务，管理经济文化事业，管理社会事务，保证国家各项工作都依法进行，逐步实现社会主义民主的制度化、法律化，使这种制度和法律不因领导人的改变而改变，不因领导人看法和注意力的改变而改变。"

依法治国包括以下含义：

（1）依法治国的主体是广大人民群众。

（2）依法治国的对象是国家的政治、经济、文化、社会事务。

（3）依法治国的标准是宪法和法律。

（4）依法治国的宗旨是保证国家各项工作都依法进行，实现社会主义民主的制度化、法律化。

（5）依法治国的方式是人民群众在党的领导下，依法通过各种途径和方式治理国家，确保依法治国沿着正确的方向进行。

（二）我国社会主义法治国家实现的标志

（1）形成完备的社会主义法律体系。

（2）宪法和法律具有最高的权威。

（3）实现"民主的法制化"和"法制的民主化"。

（4）国家的权力监督和制约机制的形成和良性循环。

（5）依法行政和依法司法制度得到有效保障。

（6）在行政和司法活动中普遍地尊重、保护和实现人权。

（7）国家的法律秩序稳定，违法犯罪现象得到有效的控制，人民安居乐业，生活幸福。

（三）全面推进依法治国的基本格局

"科学立法、严格执法、公正司法、全民守法"十六字方针，展现了全面推进依法治国的基本格局。

第四节　坚持走中国特色社会主义法治道路（重点）

法治理念是理性化的法治观念，是指导人们进行法治实践的思想基础、基本原则和价值追求。

一、坚持中国共产党的领导

引导学生正确认识党的领导与法治之间的逻辑关系以及必须在法治进程中坚定不移地坚持党的领导地位的必要原因。

《加强党对全面依法治国的领导》是2018年8月24日习近平总书记在中央全面依法治国委员会第一次会议上的讲话文章。文章指出党的十八大以来，我们党提出一系列全面依法治国新理念新思想新战略，明确了全面依法治国的指导思想、发展道路、工作布局和重点任务。

2019年2月16日，第4期《求是》杂志发表《加强党对全面依法治国的领导》。文章强调，全面依法治国具有基础性、保障性作用，在统筹推进伟大斗争、伟大工程、伟大事业、伟大梦想，全面建设社会主义现代化国家的新征程上，要加强党对全面依法治国的集中统一领导，坚持以全面依法治国新理念新思想新战略为指导，坚定不移走中国特色社会主义法治道路，更好发挥法治固根本、稳预期、利长远的保障作用。

当前，我国正处于实现“两个一百年”奋斗目标的历史交汇期，坚持和发展中国特色社会主义更加需要依靠法治，更加需要加强党对全面依法治国的领导。党中央决定成立中央全面依法治国委员会，是贯彻落实党的十九大精神、加强党对全面依法治国集中统一领导的需要，是研究解决全面依法治国重大事项重大问题、协调推进中国特色社会主义法治体系和社会主义法治国家建设的需要，是推动实现“两个一百年”奋斗目标、为实现中华民族伟大复兴中国梦提供法治保障的需要。要健全党领导全面依法治国的制度和工作机制，继续推进党的领导制度化、法治化，把党的领导贯彻到全面依法治国全过程和各方面，为全面建成小康社会、全面深化改革、全面从严治党提供长期稳定的法治保障。

党的十八大以来，党中央对全面依法治国作出一系列重大决策，提出一系列全面依法治国新理念新思想新战略，明确了全面依法治国的指导思想、发展道路、工作布局、重点任务。一是坚持加强党对全面依法治国的领导；二是坚持人民主体地位；三是坚持中国特色社会主义法治道路；四是坚持建设中国特色社会主义法治体系；五是坚持全面依法治国、依法执政、依法行政共同推进，法治国家、法治政府、法治社会一体建设；六是坚持依宪治国、依宪执政；七是坚持全面推进科学立法、严格执法、公正司法、全民守法；八是坚持处理好全面依法治国和以德治国的辩证关系；九是坚持建设德才兼备的高素质法治工作队伍；十是坚持抓住领导干部这个“关键少数”。这些新理念新思想新战略，是马克思主义法治思想中国化的最新成果，是全面推进依法治国的根本遵循，必须长期坚持，不断丰富发展。

二、坚持人民主体地位

党的十八大提出了夺取中国特色社会主义新胜利的八条基本要求，即八个“必须坚持”。习近平同志指出，这些基本要求“是最本质的东西”，它们“表明我们党对中国特色社会主义规律的认识达到了新水平”，它们“进一步回答了在新的历史征程上怎样才能夺取中国特色社会主义新胜利的基本问题”。八条“基本要求”的第一条，是“必须坚持人民主体地位”。为什么“坚持人民主体地位”在党的理论和实践中具有如此重要的地位？

推荐阅读：田心铭：《为什么“必须坚持人民主体地位”是首要的基本要求？》（2012 年 12 月 25 日 16：26 来源：红旗文稿），全文略。

三、坚持法律面前人人平等（略）

四、坚持依法治国和以德治国相结合

推荐阅读易中天《中华史——百家争鸣》第六章之“德治还是法治”，引导大学生思考在新时代中国坚持依法治国和以德治国相结合的时代意义。

五、坚持从中国实际出发

对中国模式的正确认知。中国模式就是中国特色社会主义道路。中国模式是社会主义一般原则和中国特色社会主义道路的统一，是对中国实际的最好诠释。

推荐观看视频：张维为的《这就是中国》。引导学生思考从中国实际出发的时代价值及意义。

第五节　培养法治思维

引入案例，讲解法治思维的含义及大学生树立法治思维的重要性。

一、法治思维及其内涵

（一）法治思维的含义与特征

法治思维是指以法治价值和法治精神为导向，运用法律原则、法律规则、法律方法思考和处理问题的思维模式。

（二）法治思维的基本内容

法律至上、权力制约、公平正义、权利保障、正当程序。

1. 法律至上

作为国家根本大法，宪法具有最高的权威性，是所有法律的基础，是所有人的行为的基础，是所有社会公共事务的基础。所谓人民主权至上，就是人民主权、人民意志、人民利益凌驾于任何个人、阶层、集团、党派的意志、利益和权力之上。法律至上原则是法治的核心。那么，法律至上是什么呢？简要地说，法律至上就是法律最高，就是宪法至上，就是人民主权至上。所谓法律最高，即法律具有最高的权威，人人受法律的支配，人人只受法律的支配。法律不仅支配着每一个人，而且统治、管理着整个社会，把全部的社会生活都纳入一个制度化、规范化、法律化的框架之中，所有的人、组织、团体，所有的行为、事务都遵守、适用已知的法律、法律原则、法律规范。任何违背人民主权、人民意志、人民利益的法律都是虚伪、虚假的，最终必将为人所抛弃。法律至上实质上是指体现、反映、凝聚人民主权、人民意志、人民利益的法律，高于任何个人、任何集团、任何党派的意志、利益、权力，高于只体现、凝聚个人、集团、党派意志、利益、权力的法律。我们遵循法律至上原则，就是坚持法律的最高性，坚持宪法的至上性，坚持人民主权的至上性。

2. 权力制约

国家权力是人民所赋予的，因此权力运行必须受到有效的制约与监督。权力制约原则可以概括为职权由法定、有权必有责、用权受监督、违法受追究四项要求。

3. 公平正义

公平正义是指社会的政治利益、经济利益和其他利益在全体社会成员之间的合理、公平分配和占有。一般来讲，公平正义主要包括权利公平、机会公平、规则公平和救济公平。

4. 权利保障

法律的重要使命就是充分尊重和保证人权，不得以任何借口侵犯人权。人权的法律保障包括宪法保障、立法保障、行政保护和司法救济。宪法保障是人权保障的前提和基础。

5. 正当程序

程序具有独立的价值和意义。人们应当通过正当程序追求实体公正的结果。只有按照正当程序处理问题，处理结果才具有公信力和权威性。违反正当程序处理问题，往往会导致实体不公正的处理结果。正当程序具有中立性、参与性、公开性、时限性等基本特征。

二、尊重和维护法律权威

（一）法律权威的含义

法律权威是指法律在社会生活中的作用力、影响力和公信力，是法律应有的尊严和生命。

（二）尊重法律权威的重要意义

法律权威是指在社会规范之中法律具有应有的神圣不可侵犯的性质，必须得到有效的贯彻实施。任何人无论地位如何、职务多高都没有超越法律的特权。我国宪法规定："国家维护社会主义法制的统一和尊严。一切法律、行政法规和地方性法规都不得同宪法相抵触。一切国家机关和武装力量、各政党和各社会团体、各企业事业组织都必须遵守宪法和法律。一切违反宪法和法律的行为，必须予以追究。任何组织或者个人都不得有超越宪法和法律的特权。"

其意义在于防止冤案错案的发生，提高司法的公正性，提高司法人员素质，与国际接轨，实现法治社会。这是时代进步的象征。

（1）是社会主义法治观念的核心要求和建设社会主义法治国家的前提条件。

（2）对于推进国家治理体系和治理能力现代化、实现国家的长治久安极为重要。

（3）是实现人民意志、维护人民利益、保障人民权利的基本途径。

（4）是维护个人合法利益的根本保障。

（三）尊重法律权威的基本要求

（1）信仰法律。

（2）遵守法律。

（3）服从法律。

（4）维护法律。

三、怎样培养法治思维（注意它们之间的内在逻辑联系）

（1）学习法律知识。

（2）掌握法律方法。

（3）参与法律实践。

（4）养成守法习惯。

（5）守住法律底线。

第六节　依法行使权利与履行义务

一、法律权利与法律义务

（一）法律权利

“权利”一词早在欧洲文艺复兴时就已经出现。马克思认为，权利的产生、发展与实现，都必须以一定的社会经济条件为基础，即“权利绝不能超出社会的经济结构以及由经济结构制约的社会的文化发展”。强调社会的物质生活条件对权利的制约和决定作用是马克思主义权利观与其他权利观的根本区别。

（二）法律义务

与权利相对应，是指政治上、法律上、道义上应该承担的责任。

作为：义务人积极实施的行为。

不作为：义务人不得实施某种行为。

（三）法律权利与法律义务的关系

权利和义务的关系是一致的、不可分割的，两者之间是互动的关系。没有义务，权利便不再存在；没有权利，便没有义务存在的必要。同时，权利和义务，又是为权力所保障的。作为法律所规定的权利的实现，当然离不开义务的履行。实质上，在此过程中，也是权力作用的结果。

从法学理论的角度来讲，权利与义务的关系主要有以下四点。第一，法律关系中的对应关系。这种对应关系是指任何一项法律权利都有相对应的法律义务，二者是相互关联、对立统一的。正如马克思指出的：“没有无义务的权利，也没有无权利的义务。”第二，社会生活中的对等关系。这主要表现在权利义务的总量是大体相等的。如果权利的总量大于义务的总量，有的权利就是虚设的；如果义务总量大于权利总量，就有特权。第三，功能上的互补关系。法律权利的享有有助于法律义务的积极履行。在许多情况下，不主张权利，义务人就不去履行义务。法律义务也是法律责任，义务规范要求的作为与不作为要令行禁止。法律主体如果都能这样对待义务，就必然有助于权利的实现，建立起良好的秩序。第四，价值选择中的主从关系。在任何类型的法律体系中，都是既有权利又有义务的。这样，才能通过法律对人们的社会行为进行调整。

二、依法行使法律权利

依法救济权利（详见教材）：

	（1）司法救济。 （2）行政救济。 （3）政治救济与社会救济。 （4）自力救济。 尊重他人权利（详见教材）： （1）是公民权利意识的重要内容。 （2）既是一项法律义务，也是一项道德义务。 （3）不尊重他人的合法权利，就会丧失自己的权利。 三、依法履行法律义务 （一）公民应履行的基本法律义务（结合宪法的相关规定） （1）维护国家统一与全国各民族团结的义务。 （2）遵守宪法和法律的义务。 （3）维护祖国安全、荣誉和利益的义务。 （4）依法服兵役的义务。 （5）依法纳税的义务。 （二）违反法定义务应当承担的法律责任 （根据本章节的内容，适当结合《民法典》的出台讲解中国特色社会主义法治道路的建设及法治建设的时代价值和意义。）	
板书设计	第五章　尊法学法守法用法 第一节　社会主义法律的特征和运行 一、法律及其历史发展 二、我国社会主义法律的本质特征 三、我国社会主义法律的运行 第二节　以宪法为核心的中国特色社会主义法律体系 一、宪法 二、我国的实体法律部门 三、我国的程序法律部门 第三节　建设中国特色社会主义法治体系 一、建设中国特色社会主义法治体系的重大意义 二、建设中国特色社会主义法治体系的主要内容 三、全面推进依法治国的基本格局 第四节　坚持走中国特色社会主义法治道路 一、坚持中国共产党的领导 二、坚持人民主体地位	

板书设计	三、坚持法律面前人人平等 四、坚持全面推进依法治国和以德治国相结合 五、坚持从中国实际出发 第五节　培养法治思维 一、法治思维及其内涵 二、尊重和维护法律权威 三、怎样培养法治思维 第六节　依法行使权利与履行义务 一、法律权利与法律义务 二、依法行使法律权利 三、依法履行法律义务
课堂小结	重点了解我国的社会主义法律体系，掌握宪法的根本法地位，清楚意识到我国现阶段实行全面推进依法治国的必然性和必要性。树立社会主义法治观念，培养法治思维模式，积极维护社会主义法治权威。当代大学生作为祖国未来发展的栋梁，应牢固树立社会主义法治观念，致力于和谐社会的建设与发展。了解了权利与义务之间的辩证统一关系，认识到法律权利的履行与法律义务的承担是相辅相成的。
作业布置	1. 如何理解我国宪法的地位和基本原则？ 2. 如何理解中国特色社会主义法治体系的主要内容？ 3. 大学生如何培养法治思维？请联系实际谈谈你的看法。

第三编

形势与政策

壮丽 70 年　奋斗新时代

课题	壮丽 70 年　奋斗新时代	课时	4 课时
教学目标	1. 了解的内容：近代史上列强给近代中国带来的深重灾难；中国革命在中国共产党的领导下，以马克思主义为指导，取得了胜利；社会主义道路的初步探索；改革开放后，开创了有中国特色的社会主义；中国特色社会主义进入新时代，中华民族迎来了从站起来、富起来到强起来的伟大飞跃，迎来了中华民族伟大复兴的光明前景。 2. 熟悉的内容：中国的社会主义改造和建设奠定根本政治前提和制度基础；实行改革开放，开创、推进和发展中国特色社会主义；70 多年来我国取得的举世瞩目的成就；新时代实现中华民族伟大复兴取得的成就。 3. 识记的内容：中华人民共和国成立 70 多年来经济建设的奇迹，政治发展道路越走越宽广的表现，社会主义文化繁荣兴盛的局面，生态文明建设的成就。 4. 运用的内容：中国特色社会主义是党和人民胜利前进的光辉旗帜，是国家富强、民族振兴、人民幸福的必由之路。中国共产党是中华民族的脊梁，是中国人民的主心骨，是我们各项事业取得胜利的根本保障。人民群众是国家和社会的主人，是历史的创造者，是推动社会历史前进的决定性力量。 5. 拓展的内容：紧密结合中华人民共和国成立 70 多年的辉煌历史征程，懂得珍惜中国共产党领导中国人民进行革命、建设、改革的历史，提高运用科学的历史观和方法论分析和评价历史问题，辨别历史是非和社会发展方向的能力。增强中国特色社会主义的道路自信、理论自信、制度自信、文化自信；进一步树立“只有社会主义才能救中国，只有中国特色社会主义才能发展中国”的信念，坚定不移地坚持和发展中国特色社会主义。		
教学重点	1. 中华人民共和国成立 70 多年来的伟大征程 2. 中华人民共和国成立 70 多年来我国取得的举世瞩目的成就 3. 中华人民共和国成立 70 多年来的宝贵启示		

<table>
<tr><td>教学难点</td><td colspan="4">1. 正确阐释中国共产党为什么“能”，马克主义为什么“行”，中国特色社会主义为什么“好”等重大问题</td></tr>
<tr><td>课程类型</td><td>讲授课</td><td>教学方法</td><td colspan="2">讲授法、互动法、讨论法</td></tr>
<tr><td>课前准备</td><td colspan="4">教材、多媒体、PPT</td></tr>
<tr><td>教学时间及分配</td><td colspan="3">主 要 教 学 内 容</td><td>教学方法运用</td></tr>
<tr><td>导入新课
3 分钟</td><td colspan="3">【导入新课】
同学们，我们今天要一起来学习中华人民共和国成立 70 多年的辉煌历史，请同学们看两组图片：（PPT）
课件展现两组图片：
第一组：老贵阳中华北路　　现在高楼林立的贵阳中华北路。
第二组：鸦片战争前吸食鸦片的中国人　　面带笑容精神饱满锻炼的中国人
看了这两组图片，我们看到了新旧两个中国。
【导入语】
中华人民共和国成立以来的 70 年，在人类历史长河中只是短暂一瞬，在中华民族发展史上也是弹指一挥间，却深刻地改变了中华民族和中国人民的命运。我们的祖国从来没有像今天这样欣欣向荣、蒸蒸日上，我们的民族从来没有像今天这样扬眉吐气、自信满怀，我们的人民从来没有像今天这样幸福安康、意气风发。今天，我们和同学们一起来学习中华人民共和国成立以来的这段历史，来回忆过去，展望未来。</td><td></td></tr>
<tr><td>20 分钟</td><td colspan="3">第一章　艰辛探索 铸就辉煌历史
一、中华人民共和国的成立开始了辉煌的历史征程
播放视频：《开国大典》。
中华人民共和国的成立，实现了中国从几千年封建专制向人民民主的伟大飞跃，宣告中国人民当家作主的时代已经到来，具有五千多年文明历史的中华民族从此进入了发展进步的历史新纪元。
中华人民共和国成立以来的历史，是中国各族人民在中国共产党的领导下，为实现中华民族伟大复兴，开辟新纪元、走上新道路，经过艰辛探索、艰苦奋斗，开创新局面的历史；是万众一心、奋发图强、积极进取，</td><td></td></tr>
</table>

<table>
<tr>
<td>在讲解过程中将一化三改的思维导图进行展示，便于学生理解</td>
<td>沿着社会主义的康庄大道，探索、开创、坚持和发展中国特色社会主义，进行经济建设、政治建设、文化建设、社会建设、生态文明建设并取得辉煌成就的历史。

1. 社会主义改造完成，社会主义制度在中国确立

播放视频：《百年中国》片段：中华人民共和国成立时物价飞涨。
提问：请同学们思考一下，面对这样一种局面，中华人民共和国应该怎样面对？
引导学生思考，中华人民共和国首先要做的是稳定物价，恢复国民经济。
中华人民共和国成立之初，摆在中国共产党面前的是一个千疮百孔的烂摊子，生产萎缩，物价飞涨，失业严重，民生困苦。中国共产党和人民政府开展了稳定物价的斗争和统一全国财政经济的工作。到 1950 年 3 月，物价即基本稳定，治愈了旧中国无法医治的顽症，解除了人民过了几十年的因物价飞涨而带来的痛苦生活，使国家和国营经济掌握了市场的主导权；初步建立起集中统一的国家财政管理体制，以利于统一调度全国的财力、物力。到 1952 年底，国民经济得到全面恢复和初步发展。
提问：国民经济稳定之后应该做什么呢？
引导学生思考：为何稳定国民经济后就要发展经济？
随着国民经济的恢复，集中力量进行经济建设被突出地提上了党和国家的议事日程。而进行经济建设，首先要把中国从一个落后的农业国变为一个先进的工业国，实现国家的工业化。从 1953 年开始的发展国民经济的第一个五年计划，把优先发展重工业作为建设的中心环节，中国近代以来无数志士仁人梦寐以求的工业化建设从此大规模地开展起来。
随着实践的发展和经验的积累，1953 年正式提出党在过渡时期的总路线，明确规定：要在一个相当长的时期内，逐步实现国家的社会主义工业化，并逐步实现国家对农业、对手工业和对资本主义工商业的社会主义改造。当时，对这条总路线的内容有过一种通俗的解释：“好比一只鸟，它要有一个主体，这就是发展社会主义工业；它又要有一双翅膀，这就是对农业、手工业和私营工商业的社会主义改造。”这里所要表达的意思是再清楚不过的：主要的任务是实现国家工业化；而为了实现国家工业化，就必须进行社会主义改造，全面确立社会主义的基本制度。
到 1956 年，随着社会主义改造的基本完成，中国进入社会主义社会。中国已经胜利地完成了从新民主主义到社会主义的过渡，社会主义基本制度在中国得到了全面的确立。社会主义改造的胜利，为中国全面进行社会主义建设奠定了基础，开辟了道路。农业和手工业由个体所有制变为社会主义的集体所有制，私营工商业由资本主义所有制变为社会主义所有制，这就使社会生产力从旧的生产关系的束缚中解放出来，为在社会主义条件</td>
<td>互动法

互动法</td>
</tr>
</table>

20 分钟 **在这一点的讲授中，将采用时间轴的形式在 PPT 上显示，以时间为线索进行讲解，以便学生有清晰的历史脉络认知**	下取得比资本主义更快更好的现代化发展速度铺平了道路。新民主主义革命的胜利，社会主义基本制度的建立，为当代中国一切发展进步奠定了根本政治前提和制度基础。 2. 独立探索符合国情的社会主义道路 在社会主义基本制度确定以后，如何在中国建设社会主义，是党面临的一个崭新课题。在中国这样的社会历史条件下建设社会主义，没有先例，犹如攀登一座人迹未至的高山，一切攀登都要披荆斩棘、开通道路。刚开始，我们只能学习苏联经验，但在实践中我们党很快察觉到苏联模式的局限，提出要以苏为鉴，独立探索适合中国国情的社会主义建设道路。 在不长的时间里，我国社会就发生了翻天覆地的变化，建立起独立的比较完整的工业体系和国民经济体系。 “一五”期间，我国的工业建设史上，接连实现了许多具有历史意义的零的突破。与此同时，我国大力推进农田水利建设，改善了农业生产条件。 **播放视频《红旗渠》片段，使学生体会当时人民建设社会主义的热情和决心。** 教育和科学文化事业有了很大发展，不仅培养了一大批专业人才，而且独立研制出“两弹一星”，极大地提高了中国的国际地位；人民生活迈上了新台阶，人民的文化素质和健康水平也有了明显提高。凡此种种，积累起在中国这样一个社会生产力水平十分落后的东方大国进行社会主义建设的重要经验。 二、实行改革开放，开创、推进和发展中国特色社会主义 1. 历史的伟大转折 邓小平在千头万绪中抓住决定性环节，从端正思想路线入手进行拨乱反正，旗帜鲜明地反对“两个凡是”的错误观点，支持和领导开展真理标准问题的讨论。1978 年 12 月召开的党的十一届三中全会，重新确立了解放思想、实事求是的思想路线，停止使用“以阶级斗争为纲”的错误提法，确定把党的工作重点转移到社会主义现代化建设上来，作出实行改革开放的重大决策，实现了党的历史上具有深远意义的伟大转折。 1979 年 4 月召开的中共中央工作会议，提出对国民经济实行“调整、改革、整顿、提高”的方针，坚决纠正前两年经济工作中的失误，认真清理过去在这方面长期存在的“左”倾错误影响。经过两年的努力，经济形势较快好转，国民经济的主要比例关系渐趋合理，长期存在的积累率过高和农业、轻工业严重滞后的情况有了根本改变。1978 年到 1982 年，工农业总产值年均增长 7.3%。1982 年，农民的人均纯收入达到 270 元，比十一届三中全会前增加了一倍；城市职工家庭人均可用于生活费的收入达到	

500元，比十一届三中全会前增加了38.3%。

2. 走自己的道路，建设有中国特色社会主义

1982年9月中国共产党第十二次全国代表大会召开。邓小平在开幕词中提出："把马克思主义的普遍真理同我国的具体实际结合起来，走自己的道路，建设有中国特色的社会主义。"这是总结党的长期历史经验得出的基本结论，成为新时期指引全党和全国人民前进的基本口号。

中共十二大以后，经济体制改革全面展开。随着农村经济的发展，大批富余劳动力逐渐从土地上转移出来，从事工业和加工业，使乡镇企业异军突起，成为农村经济的龙头，给农村经济的发展注入了新的生机和活力。

1984年10月，中共十二届三中全会通过《关于经济体制改革的决定》。使经济体制改革以城市为重点全面展开，在一些方面取得重要进展：所有制结构突破单一公有制结构，形成以公有制为主体、多种经济成分共同发展的局面；国有企业的经营自主权逐步扩大，所有权和经营权适当分离；改革高度集中的计划管理体制，经济杠杆在国家宏观调控中的作用明显增强。

3. 社会主义初级阶段理论和党的基本路线的提出

1987年10月中国共产党第十三次全国代表大会召开。大会比较系统地阐述了关于社会主义初级阶段的理论，完整地概括了中国共产党在社会主义初级阶段"一个中心、两个基本点"的基本路线，制定了下一步经济体制改革和政治体制改革的基本任务和奋斗目标。

随着改革开放的不断深入，邓小平对经济发展战略的思考不断趋于成熟。中共十三大正式制定了社会主义现代化建设"三步走"的战略部署：第一步，实现国民生产总值比1980年翻一番，解决人民的温饱问题，这个任务已经基本实现；第二步，到20世纪末，使国民生产总值再增长一倍，人民生活达到小康水平；第三步，到21世纪中叶，人均国民生产总值达到中等发达国家水平，人民生活比较富裕，基本实现现代化。"三步走"发展战略及相关政策的制定，进一步解决了中国现代化建设的目标、步骤等关系全局的重大问题，对中国未来几十年的发展具有深远的影响。中共十一届三中全会以来的实践历程，正是"三步走"现代化建设宏伟蓝图逐步变为现实的过程。

4. 建立社会主义市场经济体制

播放歌曲：《春天的故事》片段。

提问：这首歌曲里面包含对邓小平哪两件功绩的歌颂？

1992年1月18日至2月21日，邓小平先后视察武昌、深圳、珠海、上海等地，发表重要谈话。邓小平强调，革命是解放生产力，改革也是解

放生产力。不坚持社会主义，不改革开放，不发展经济，不改善人民生活，只能是死路一条。他指出，改革开放胆子要大一些，敢于试验。看准了的，就大胆地试，大胆地闯。判断的标准，应该主要看是否有利于发展社会主义社会的生产力，是否有利于增强社会主义国家的综合国力，是否有利于提高人民的生活水平。

邓小平指出，计划多一点还是市场多一点，不是社会主义与资本主义的本质区别。计划经济不等于社会主义，资本主义也有计划；市场经济不等于资本主义，社会主义也有市场。计划和市场都是经济手段。社会主义的本质，是解放生产力，发展生产力，消灭剥削，消除两极分化，最终达到共同富裕。

邓小平的南方谈话，在重大历史关头科学地总结了十一届三中全会以来党的基本实践和基本经验，明确回答了长期困扰和束缚人们思想的许多重大认识问题，对整个社会主义现代化建设事业产生了重大而深远的影响。

1992 年 10 月 12 日至 18 日，中国共产党第十四次全国代表大会召开。大会明确提出，我国经济体制改革的目标是建立社会主义市场经济体制。社会主义市场经济，是同社会主义基本制度结合在一起的，就是要使市场在社会主义国家宏观调控下对资源配置起基础性作用。大会要求，围绕社会主义市场经济体制的建立，抓紧制定总体规划，有计划、有步骤地进行相应的体制改革和政策调整。大会还要求全党抓住机遇，加快发展，集中精力把经济建设搞上去。以邓小平南方谈话和中共十四大为标志，改革开放和现代化建设事业进入从计划经济体制向社会主义市场经济体制转变的新阶段，由此打开了中国经济、政治、文化发展的崭新局面。

从 1994 年起，按照建立现代企业制度的总体思路推进国有企业改革，并选择 2700 多家国有企业进行公司制、股份制改革的试点。同时，大力推进财政、税收、金融、外贸、外汇、计划、投资、价格、流通、住房和社会保障等方面的体制改革，使市场在资源配置中的基础性作用明显增强，市场经济体制中的国家宏观调控体系框架初步建立，为国民经济和社会发展注入了新的活力。

播放视频：纪录片《我们一起走过》第二集片段。

5. 开创全面改革开放的新局面，中国特色社会主义走向 21 世纪

党的十三届四中全会以后，以江泽民为主要代表的中国共产党人，团结带领全国各族人民，坚持党的基本理论、基本路线，加深了对什么是社会主义、怎样建设社会主义和建设什么样的党、怎样建设党的认识，积累了治党治国新的宝贵经验，形成了“三个代表”重要思想。在国内外形势十分复杂、世界社会主义运动出现严重曲折的严峻考验面前，捍卫了中国特色社会主义，确立了社会主义市场经济体制的改革目标和基本框架，确

7 分钟	立了社会主义初级阶段的基本经济制度和分配制度，开创全面改革开放的新局面，推进党的建设新的伟大工程，成功地把中国特色社会主义推向 21 世纪。 党的十六大以后，以胡锦涛为主要代表的中国共产党人团结带领全党全国各族人民，坚持以邓小平理论和“三个代表”重要思想为指导，根据新的发展要求，深刻认识和回答了新形势下实现什么样的发展、怎样发展等重大问题，形成了科学发展观，抓住重要战略机遇，在全面建设小康社会进程中推进实践创新、理论创新、制度创新，强调坚持以人为本，全面协调可持续发展，形成中国特色社会主义的总体布局，着力保障和改善民生，促进社会公平正义，推动建设和谐世界，推进党的执政能力建设和先进性建设，成功在新的历史起点上坚持和发展了中国特色社会主义。 6. 开辟新时代，奋力实现中华民族伟大复兴 经过长期努力，“中国特色社会主义进入了新时代”，这是习近平总书记在党的十九大报告中对我国发展所处的历史方位作出的重大政治判断。 进入新时代，我国发展到新的历史起点上。如今，中国经济总量大致相当于日本的 2.5 倍、德国的 3.3 倍、英国的 4.7 倍、意大利的 6.1 倍、加拿大的 7.4 倍……中国经济成就举世瞩目。如今，深化党和国家机构改革、实现乡村振兴战略等一连串重大改革连续推出，养老保险基金由中央调剂，深化学前教育改革等改革探索陆续推开……一幅风生水起、蹄疾步稳的改革画面跃然如见。 进入新时代，我国社会主要矛盾已经发生转化。经过长期发展，我国社会生产力水平和社会生产能力都有了很大提高，长期存在的经济短缺和供给不足状况已经发生根本性转变，人民群众的需求已超出物质文化的范畴和层次。人民日益增长的美好生活需要和不平衡不充分的发展之间的矛盾，反映了我国发展的新变化，也对整个国家和社会发展提出新的更高的要求。 进入新时代，随着经济实力和中国力不断提升，中国日益走近世界舞台中央，同世界各国交融、互动显著增强。截至 2019 年 3 月，我国已同 124 个国家和 29 个国际组织签署共建“一带一路”合作文件，“一带一路”日益成为造福各国人民的重要国际公共产品。 进入新时代，我们比历史上任何时期都更加接近中华民族伟大复兴的目标。社会主义事业是在承前启后中向前推进的，中华民族伟大复兴的梦想只有在接续奋斗中才能实现。党的十九大对我国发展提出了更高的奋斗目标，形成了从全面建成小康社会到基本实现现代化再到全面建成社会主义现代化强国的战略安排，发出了实现中华民族伟大复兴中国梦的最强音。	

<table>
<tr>
<td>15 分钟</td>
<td>
<h2>第二章　砥砺奋进 谱写壮丽史诗</h2>
70 多年的砥砺奋进，我们的国家发生了翻天覆地的变化。无论是在中华民族历史上，还是在世界历史上，这都是一部感天动地的奋斗史诗。
一、经济建设创造奇迹
1. 经济总量连上台阶
中华人民共和国成立初期，中国几乎是世界上最贫穷的几个国家之一。1952 年，我国的国内生产总值（GDP）仅为 679 亿元。改革开放以来，我国经济快速发展，1986 年突破 1 万亿元，2000 年突破 10 万亿元大关，超过意大利成为世界第六大经济体。近 3 年，我国的 GDP 连续跨越 70 万亿元、80 万亿元、90 万亿元大关。按不变价计算，2018 年的 GDP 比 1952 年增长 175 倍，人均 GDP 由 1952 年的 119 元升到 2018 年的 64 644 元，增长约 542 倍。（相关数据通过 PPT 图表展示）
2 经济结构，协调性逐步增强
播放视频：中华人民共和国成立 70 多年来迈向工业制造大国，全球制造业第一，工业增加值增长近千倍。
2013 年，我国主要工业品供给实现了从严重依赖进口到满足世界需求的历史性跨越。按照国际标准工业分类，在 22 个大类中，我国在 7 个大类中名列第一，钢铁、水泥、汽车等 220 种工业产品居世界第一位。以钢产量为例，2018 年我国钢材产量为 11.1 亿吨，比 1948 年增长了 8503 倍。
70 多年来，我国产业结构也逐步优化，从落后的农业国发展成为世界制造业大国并正向服务业主导型经济转变。（相关数据通过 PPT 图表展示）
经济结构出现的重大变化，意味着过去几年我们促进产业结构转型升级取得阶段性成果，也意味着中国进入了一个从高速增长阶段转向高质量发展的历史性“窗口期”。随着从高速增长向高质量发展迈进，中国经济正在开启新的时代。
3. 基础设施建设实现跨越式发展
中华人民共和国成立初期，我国铁路营业里程仅为 2.18 万千米，还不到印度的一半，基础设施和基础产业薄弱，严重制约工业生产发展和人民生活的改善。截至 2018 年年末，我国铁路营业里程已达 13.1 万千米，比 1949 年增长 5 倍；其中高速铁路达 2.9 万千米，占世界高铁总量 60% 以上，成为世界上高铁里程最长、运输密度最高、成网运营场景最复杂的国家。（相关数据通过 PPT 图表展示）
</td>
<td>互动法</td>
</tr>
</table>

分享资料：世界大桥高度前100名榜单发布，40座桥梁来自贵州。

提问：同学们你们都来自贵州的各个区市县，大家来谈一下自己家乡的高桥。

通过学生的自述，使学生了解我国的基础设施建设实现跨越式发展，并且就发生在我们身边，我们能够直接感受得到。

4. 科技事业稳步向前，不断取得新突破

中华人民共和国成立初期，我国科技发展水平落后，科研人员和机构短缺，全国科技人员不超过5万人，专门科技机构仅有30多个。经过70年发展，我国科技创新能力显著提高，主要创新指标进入世界前列，已成为具有全球影响力的科技大国。（相关数据通过PPT图表展示）

党的十八大以来，我国在载人航天、探月工程、量子科学、探海探测、超级计算、卫星导航等诸多领域取得重大成果，创新驱动发展战略成效不断显现。（相关数据通过PPT图表展示）

近些年，中国科技创新成绩斐然，从基础科学到应用技术，众多创新成果正惠及世界人民。中国科技创新逐渐进入与世界先进水平跟跑、并跑和领跑并存的状态，“我们需要中国”“和中国一起做”也逐渐成为国际科技界的流行语。

5. 对外开放成就举世公认

中华人民共和国成立到改革开放前，我国对外贸易规模小，贸易伙伴少，基本处于封闭半封闭状态。改革开放以来，我国对外经贸合作的深度和广度不断拓展。对外贸易规模持续扩大。（相关数据通过PPT图表展示）

如今的中国经济，正像一片生机盎然的广阔森林，体量大、底子实、韧性足、质量高、潜力好，既经得起外部世界的风吹雨打，也能沐浴合作共赢的灿烂阳光。

二、政治发展道路越走越宽广

一个国家实行什么样的政治制度，走什么样的政治发展道路，必须与这个国家的国情和性质相适应。中华人民共和国成立以来特别是改革开放以来，我们党团结带领人民在发展社会主义民主政治方面取得了重大进展，成功开辟和坚持了中国特色社会主义政治发展道路，为实现最广泛的人民民主确立了正确方向。进入新时代，中国特色社会主义政治发展道路越走越宽广，人民当家作主的体制体系越来越健全，社会主义民主制度展现出更加旺盛的生命力。

1. 人民代表大会制度日益完善，焕发出新的活力

1953年，中国老百姓第一次领到选民证，参加人民代表选举投票率

20 分钟	达 85.88%，近三亿人参加选举。1954 年 9 月召开的第一届全国人大一次会议，制定颁布了经由 1.5 亿人参加讨论的《中华人民共和国宪法》。这是一部真正体现人民民主精神的宪法。自 1954 年 9 月普选了一届全国人大代表以来，人大代表的广泛性不断增强，结构也更加优化。十一届全国人大代表中，首次有了农民工代表，一线工人和农民代表也大幅增加，每个少数民族都有自己的代表。 据统计，党的十八大以来的 5 年间，人大代表深入基层、深入群众、了解民情、反映民意、集中民智，共提出议案 2366 件、建议 4.14 万件，内容涵盖经济、教育、卫生等领域。全国人大常委、国务院各部委对这些议案建议非常重视，并全部办结。全国人大及其常委会每年通过的法律，绝大多数均曾有人大代表提出过相应的议案。(相关数据通过 PPT 图表展示) 从选举到履职，从立法到监督，70 多载的风雨历程中，人民代表大会制度不断巩固完善，并深深根植于中国大地，显示出强大的生机与活力。 2. 人民政协制度效能独特，优势日益彰显 中国共产党领导的多党合作和政治协商制度作为我国一项基本政治制度，是中国共产党、中国人民和各民主党派、无党派人士的伟大政治创造，是从中国土壤中生长出来的新型政党制度。与中外新旧政党制度比较，这一制度具有广泛性、民主性、科学性、优越性，是当之无愧的“伟大政治创造”。 1949 年，人民政协与新中国一同诞生，并开创了中国共产党执政、民主党派参政的民主新局面。70 多年来，人民政协已成为中国各民主党派参政议政、团结合作的重要场所，成为各级党委、政府凝聚力量、广集民智、实行科学民主决策的重要渠道。不同党派、民族、宗教、派别、阶层的代表人士通过政协这个渠道充分表达意见，在经过协商达成共识后，最终反映在党和政府制定的方针政策中。 改革开放 40 多年间，全国政协提案总数达 13.7 万件，每一次建言献策都关系国计民生，每一次参政议政都影响未来发展。高质量打赢脱贫攻坚战、加强网络环境下知识产权保护、增进民营小微企业“获得感”，治水下好“一盘棋”……围绕着人民群众关心的一个个重大问题，政协委员们“建言建在需要时、议政议到点子上、监督监在关键处”。70 年的实践生动表明，我国社会主义民主是维护人民根本利益的最广泛、最真实、最管用的民主。 3. 民族区域自治制度为各族人民当家作主提供保障 1949 年 9 月，中国人民政治协商会议通过的《中国人民政治协商会议共同纲领》规定，中国境内各民族一律平等，在建立单一制统一的多民	

	族国家的同时，各少数民族聚居地实行民族区域自治，设立自治机关并行使自治权。 这标志着“民族区域自治”作为解决中国民族问题的一项政治制度正式确立，并写进了 1954 年宪法及以后的每一部宪法。目前，我国有 44 个聚居地实行了民族区域自治，建立了 155 个民族自治地方。 民族区域自治制度实行以来，国家不断加大扶持力度，我国民族地区经济加快发展，基础设施条件有了很大改善，各族群众生活条件发生了翻天覆地的变化，生活水平有了质的飞跃，教育、文化、医疗、卫生事业得到全面发展。如今，我国已经形成了各民族平等互助、各地区协调发展的良好格局。民族地区各民族群众与全国人民一道，正在向全面建成小康社会的宏伟目标挺进。 4. 基层民主自治不断迈出实质性步伐 基层群众自治制度是我国的一项基本制度。自 1980 年 2 月广西壮族自治区宜山地区出现第一个自治村民自发选举产生的村委会以来，我国村民自治政策逐步得到加强和改善，逐步法制化、规范化。与此同时，城镇社区公共事务的民主决策形式也日益丰富。从社区居民会议到社区论坛，从协商议事会到社区听证会……城镇社区群众的民主意识和参与意识在不断增强。以 1989 年颁布的《居民委员会组织法》为起点，全国 10 万多个社区居委会普遍进行了 5 次以上的换届选举。广大城乡群众依法直接进行民主选举、民主决策、民主管理和民主监督，对所在的基层组织的公共事务和公益事业实行民族自治，已经成为当代中国最直接、最广泛的民主实践。 5. 中国特色协商民主向广泛、多层、制度化发展 习近平总书记指出：“有事好商量，众人的事情由众人商量，是人民民主的真谛。”协商民主作为中国社会主义民主政治中独特的、独有的、独到的民主形式，是在中国共产党领导下，人民内部各方面围绕改革发展稳定重大问题和涉及群众切身利益的实际问题，在决策之前和决策实施之中开展广泛协商，努力形成共识的重要民主形式。中华人民共和国成立 70 多年来，中国特色协商民主已形成政党协商有作为、政府协商有进展、政协协商有创新、立法协商有亮点、基层协商有推进、社会协商有探索的局面，为建立和完善中国特色社会主义制度提供了重要保障，为坚持和发展中国特色社会主义政治制度体系提供了重要路径，为推进国家治理体系和治理能力现代化提供了重要支撑，为世界政治文明发展作出了重要贡献。 中华人民共和国 70 多年民主政治发展的历程告诉我们，中国式民主是植根我国历史文化、符合中国国情、借鉴人类政治文明成果开辟的政治	互动讨论法 法 （互动 法讨 论法）

	发展道路，不是简单套用马克思主义经典作家设想的“模板”，不是延续中国传统政治的“母板”，不是其他社会主义实践的“再版”，也不是西方民主的“翻版”，而是经过长期探索、反复比较、实践验证的“新版”。在前进征途中，必须坚定不移地走中国特色政治发展道路，继续推进社会主义民主建设，发展社会主义政治文明。 三、社会主义文化繁荣兴盛 中华人民共和国成立 70 多年来，我们党始终代表中国先进文化的前进方向，坚定自觉加强社会主义文化建设，走出一条中国特色社会主义文化发展道路。 1. 核心价值观凝心聚力 党的十八大提出“三个倡导”，从国家、社会、公民三个层面，把社会主义核心价值观概括为“富强、民主、文明、和谐，自由、平等、公正、法治，爱国、敬业、诚信、友善”24 个字。党的十九大把培养担当民族复兴大任的时代新人作为培育和践行社会主义核心价值观的着眼点。可以说，社会主义核心价值观犹如高高飘扬的旗帜，指明社会主义文化繁荣兴盛的前进方向，成为当代中国坚定文化自信的价值引领。 **讨论：当代大学生怎样践行社会主义核心价值观?** 青年的价值取向决定了未来整个社会的价值取向，而青年又处在价值观形成和确立的时期，抓好这一时期的价值观养成十分重要。这就像穿衣服扣扣子一样，如果第一粒扣子扣错了，剩余的扣子都会扣错。人生的扣子从一开始就要扣好。“凿井者，起于三寸之坎，以就万仞之深。”青年要从现在做起、从自己做起，使社会主义核心价值观成为自己的基本遵循，并身体力行大力将其推广到全社会去。 **播放视频：老兵张富清：请带我去人民英雄纪念碑献一束花。** 学雷锋志愿服务在大江南北蔚然成风，与文明城市、文明家庭等创建活动共频共振。社会主义核心价值观浸润于社会生活方方面面，像空气一样无所不在、无时不有。从身边的好人凡人善举，到时代楷模的身先士卒；从一座城市的好人频出，到一个社会的崇德尚善，亿万人民以实际行动印证着“人民有信仰，国家有力量，民族有希望”。 2. 中华优秀传统文化创造性转化、创新性发展 任何一个民族现有的文化都不是凭空产生的，而是优秀文化的传承延续和丰厚积淀。我国文化遗产资源不断得到传承和保护。特别是近年来，我们树立和落实“保护好文物就是保护历史”的理念，推动我国文化传承、文物保护工作取得显著成就（相关数据通过 PPT 图表展示）。一件件弥足	**讨论法**

20 分钟	珍贵的文物资源，一处处历史厚重的文化遗产，让人们记得历史沧桑，看得见岁月痕迹，留得住文明根脉。 **拓展：图片展示贵州的非物质文化遗产。** 近年来，按照习近平总书记关于“让收藏在禁宫里的文物、陈列在广阔大地上的遗产、书写在古籍里的文字都活起来”的要求，我们推进实施中华优秀传统文化传承工程，中华优秀传统文化正在更加鲜活地走进人们的生活。《中国诗词大会》《我在故宫修文物》等大批优秀文化电视节目火爆荧屏，唤起人们对传统文化的热忱与关注。传承发展中华优秀文化的特色实践遍地开花，江苏坚持“旅游+文化”融合发展战略，贵州利用“非遗”技艺助推脱贫攻坚，各地加强古城、古镇、古村活态保护等，充分展示了中华优秀传统文化的旺盛活力和独特价值。在新时代，中华优秀传统文化展现出新的时代风采。 3. 文化事业和文化产业蓬勃发展 经过中华人民共和国 70 多年，特别是改革开放 40 多年的投入和建设，我国文化事业取得长足进步。（相关数据通过 PPT 图表展示） 全国文化、文物系统博物馆、纪念馆自 2008 年起开始向社会免费开放，为丰富群众文化活动提供了有力支撑。此外，随着广播电视村村通、文化信息资源共享、农家书屋等重大文化惠民工程深入实施，公共文化服务能力和普惠水平不断提高，群众性文化活动日益丰富。目前，中央、省、市、县、乡、村六级公共文化服务体系确立。全国群众文化机构，每年开展活动近 200 万次，服务群众近六亿人次。 经过改革开放 40 多年的发展，我国文化产业从无到有，不断成长壮大。1979 年，广州东方宾馆开设国内第一家音乐茶座，成为中华人民共和国文化市场兴起的标志。2002 年，党的十六大报告厘清文化事业和文化产业的关系，双轮驱动的文化体制改革拉开序幕，党的十八大以来，现代化文化产业体系加快构建，供给侧结构性改革持续深化，一批文化企业和品牌做强做大，文化产业发展质量和效益不断提升。（相关数据通过 PPT 图表展示） 随着文化产品和服务的生产、传播、消费的数字化、网络化进程加快，新的文化业态应运而生。以网络演出、网络动漫、网络音乐、网络游戏、网络视频、网络文学等为代表的新型文化业态成为文化产业发展的新动能和新增长点，“互联网+文化”成为文化产业发展的重要趋势。（相关数据通过 PPT 图表展示） **提问：随着网络化进程加快，同学们平时都是怎么利用网络的？**	讨论法

	4. 文化“走出去”步伐不断加快 改革开放以来，随着中国与世界的融合不断加深，我国文化走出去的步伐不断加快，国际传播能力实现了大幅提高，中华文化的国际影响力和国家文化软实力得到提升。（相关数据通过 PPT 图表展示） 如今国外学习、使用汉语的人越来越多，已超过 1 亿人。截至 2016 年年底，我国国际广播电台在全球拥有 101 家海外整频率播出电台，每天播出近 3000 小时节目，覆盖 50 多个国家的首都或主要城市约 5 亿人口；在海外建有近 100 个机构和 4115 个听众俱乐部，汉语覆盖全球 98%以上的受众。（相关数据通过 PPT 图表展示） 中华人民共和国走过的 70 多年，是我国文化建设长足发展的 70 多年，也是中华文化影响力不断扩大的 70 多年。展望新时代新征程，我们将坚定地向着文化强国目标迈进，在民族复兴之路上必将迎来中华文化繁荣兴盛。 四、让百姓有更多获得感 **讨论：同学们一起来说一说年夜饭，你们祖辈的年夜饭和我们的年夜饭有何变化？** 1. 学有所教 教育强则国家强，教育心则民族兴。2009 年初，教育部“扫盲教育处”被取消了。曾任扫盲教育处处长的王岱表示，此举并非意味着国家不重视扫盲工作，而是我们的文盲快扫完了。这句看似轻松的话语背后揭示的是国家为推动教育事业发展立下的不朽功勋。中华人民共和国成立之初，中国适龄儿童入学率不到 20%，初中入学率仅为 60%，80%以上人口是文盲。农村的文盲率更是高达 95%以上，有的地方甚至十里八村都找不出一个识字的人。 **播放视频：纪录片《我们走在大路上片段》：夫妻识字歌，让学生感受中华人民共和国成立初期的教育状况，今昔作对比。** 如今，我国教育总体发展水平进入世界中上行列。2017 年，小学学龄儿童入学率达 99.9%，初中阶段毛入学率为 83.5%，九年义务教育巩固率达 93.8%，15 岁及以上人口平均受教育年限达 9.6 年，劳动年龄人口平均受教育年限达 10.5 年。职业教育以“中国特色、世界水平”为目标，每年为各行各业输送近 1000 万技术人才。在载人航天、量子通信等高端科技领域，一个又一个标志性的成果震惊世界，一批以“中国特色、世界一流”为核心的世界一流大学和一流学科正在逐步形成。由大向强，中国吹响了建设世界教育强国的冲锋号。	

<table>
<tr>
<td>20分钟</td>
<td>
2. 劳有所得

中华人民共和国成立以前，我国经济凋敝、民不聊生，城镇劳动力处在普遍失业的状态。1949年，全国城镇就业人口有1533万人，城镇失业者高达474.2万人，失业率达23.6%。70年来，党和政府审时度势，及时调整就业政策并逐步完善就业管理体制，从计划经济时代“统包统配”的就业制度，到20世纪90年代“劳动者自主择业、市场调节就业、政府促进就业”的就业方针，再到党的十八大以来“劳动者自主就业、市场调节就业、政府促进就业和鼓励创业”的新时代就业方针，就业困难局面得到有效化解。

（我国的就业率相关数据通过PPT图表展示）瑞士洛桑国际管理学院发布的《2017年度世界竞争力报告》显示，在全球最具竞争力的经济中，中国从2016年的第25位跃升至18位，而“就业”表现在全球63个经济体中名列首位。

3. 病有所医

中华人民共和国成立初期，全国只有医疗卫生机构3670个，医疗床位8.5万张，卫生技术人员55万人。医疗设备极其简陋，医疗技术水平低下，居民医疗保障缺乏，大病小治、小病不治的现象较为普遍。

现在，情况发生了翻天覆地的变化。当前，城镇职工基本医疗保险、城镇居民基本医疗保险、新型农村合作医疗参保人数超过13亿人，城乡居民大病保险推进实施，疾病应急救助制度全面建立。从2012年至今，大病保险已累计赔付资金超过3000亿元。此外，我国医疗卫生机构总数达99.7万个，医疗卫生机构床位达840万张，卫生技术人员达952.9万人（PPT图表展示）。居民人均预期寿命从中华人民共和国成立时的35岁上升到77岁，孕妇产妇死亡率从1500/10万下降到18.3/10万，婴儿死亡率从200‰下降到6.1‰。国际权威医学期刊《柳叶刀》对全球195个国家和地区医疗质量和可及性排名显示，1995年，我国位列第110名，2016年提升至48名，是全球上升幅度最大的国家之一。

4. 老有所养

1999年我国65岁及以上老年人口占总人口比例首次超过7%，标志着我国进入人口老龄化社会。从1999年到2017年的18年间，我国60岁以上老年人口净增1.1亿，2017年新增老年人口超过1000万。

为缓解人口老龄化压力，近年来，党中央、国务院加强顶层设计，从出台《关于加快发展养老服务业的若干意见》到印发《关于全面放开养老服务市场提升养老服务质量的若干意见》，各地区各部门持续加大政府资金投入，为养老服务提供了良好的硬件支持。截至目前，全国各类养老服
</td>
<td></td>
</tr>
</table>

	务机构和设施达 16.38 万个；各类养老服务床位达 746.3 万张；全国养老机构以内设医疗机构签约服务等不同形式提供医疗服务的比例达 93%；高龄津贴制度已实现全国省级层面全覆盖。老年人安全感、幸福感日益增强。 5. 住有所居 中华人民共和国成立初期，我国住房资源十分短缺，住房来源大多依靠统筹安排现有住房，或者合理分配新建住房，一些城市的人均住房居住面积甚至不到 2 平方米。改革开放前夕，全国 190 个城市人均住房面积仅 3.6 平方米，缺房户占城市总户数的近一半。随后，全国多个城市进行了住房改革的实践性探索，如停止福利分房，发展住房市场；租购并举，完善住房供应体系等。近 5 年来，我国棚户区住房改造 2600 多万套，农村危房改造 1700 多万户，上亿人喜迁新居。2016 年，我国居民人均住房面积达 40.8 平方米。随着居住面积的不断扩大，人们对自身的居住品质的要求越来越高，住宅小区绿化率、社区文化等逐渐成为居住的重要标准。70 年来，从“居者忧其屋”到“居者有其屋”，再到“居者优其屋”，百姓的居住梦正照进现实。 6. 弱有所扶 消除贫困、改善民生、实现共同富裕，是社会主义的本质要求。70 年来，我国贫困人口从占世界总数的 40%左右减少到 1660 万人，7 亿多贫困人口成功脱贫，占同期全球减贫人口总数的 70%以上，成为全球最早实现联合国千年发展目标中减贫目标的发展中国家。国际知名杂志《经济学人》撰文点赞：“中国是世界减贫事业的英雄。” “鳏寡孤独废疾者皆有所养”，这是中国古人所倡导的“大道之行”。党的十八大以来，我国陆续出台了关于农村留守儿童关爱保护、困境儿童保障、残疾人社会救助等政策，落实了困难残疾人生活补贴和重度残疾人护理补贴制度等。目前，全国 76.9 万名留守儿童中，89.5%落实了监护责任，登记落户 12.5 万名，1.2 万名返校复学。全国初步形成以家庭赡养为基础，养老机构和互助幸福院为依托、农村老年协会参与、乡镇敬老院托底保障的农村养老服务供给格局。近 5 年来，超过 500 万贫困残疾人口摆脱贫困、残疾人“两项补贴”制度在全国范围内实现全覆盖，2100 万人次残疾人从中受益。 中华人民共和国成立以来的 70 年，是中国人民生活从短缺走向充裕、从贫困走向小康的 70 年。看得见、摸得着的变化让人民群众拥有实实在在的获得感、幸福感和安全感。	讨论法 互动法

<table>
<tr><td>15分钟</td><td>

五、生态文明建设进入快车道

中华人民共和国成立70多年来，我们从“盼温饱”到“盼环保”，从“求生存”到“求生态”，生态环境在生活幸福指数中地位不断凸显。为了不断满足人民日益增长的优美生态环境需要，我国持续加大力度开展了一系列具有根本性、长远性、开创性的工作，推动我国生态环境保护发生历史性、转折性、全局性变化，天更蓝、山更绿、水更清不断展现在世人面前。

1. 战略地位不断提升

不可否认，我们在处理人与自然发展与生态环境的关系时，走过弯路。中华人民共和国成立初期，我们急于摆脱贫穷落后，对发展与资源环境的关系考虑不周、重视不够。曾有人把钢铁厂冒出来的黑烟比喻成“黑色牡丹”。人们认为“黑色牡丹”处处“盛开”，是富裕和现代化的象征。当时社会生产力还比较落后，生态破坏程度较低，环境问题还不是那么突出，环保意识尚处于萌芽状态。

进入改革开放新时期，我国环保事业逐渐步入正轨，一系列重大环保举措相继实施。进入新世纪，我们对环境问题的认识更加深刻，积极探索环境保护之路，先后出台一系列关于环境保护的法律法规，采取一系列重大举措推进可持续发展，推动环境保护取得很大成绩。

党的十八大以来，以习近平同志为核心的党中央把建设美丽中国摆在前所未有的高度，把生态文明建设纳入中国特色社会主义“五位一体”总体布局，把坚持人与自然和谐共生纳入新时代坚持和发展中国特色社会主义基本方略，把污染防治纳入三大攻坚战，以最坚定的决心、最严格的制度、最有力的举措，推动我国生态文明建设不断迈上新台阶。

2. 法律法规不断完善

保护生态环境必须依靠制度、依靠法治。我国生态环境保护中存在的突出问题大多同体制不健全、制度不严格、法治不严密、执行不到位、惩处不得力有关。只有充分发挥法治的保障作用，让法律“长出牙齿”，才能保证党中央关于生态文明建设决策部署落地生根见效，才能让群众望得见山、看得见水、记得住乡愁。

改革开放40多年来，我国共制定环保法律13部，资源保护与管理法律20余部，生态环保行政法规30余部，基本形成了以环境保护为主导，覆盖大气、水、土壤、核安全等方面的法律法规体系。特别是党的十八大以来，我们加快推进生态文明顶层设计和制度体系建设，相继出台《关于加快推进生态文明建设的意见》《生态文明体制改革总体方案》，制订了40多项涉及生态文明建设的改革方案，从总体目标、基本理念、主要原

</td><td></td></tr>
</table>

<table>
<tr>
<td>10 分钟</td>
<td>
则、重点任务、制度保障等方面对生态文明建设进行全面系统部署安排。全国人大常委会、最高人民法院、最高人民检察院对环境污染和生态破坏界定入罪标准，加大惩治力度，形成高压态势。污染治理力度之大、制度出台之频繁、监管执法尺度之严、环境质量改善速度之快前所未有。

3. 制度的生命力在于执行

对任何地方、任何时候、任何人，凡事需要追责的，必须一追到底，决不能让制度成为“没有牙齿的老虎”。以中央环境保护监察制度为例，建得好、用得好，敢于动真格，不怕得罪人，咬住问题不放松，成为推动各地区各部门落实生态环境保护责任的硬招实招。2019 年 6 月 13 号，生态环境部就 2018—2019 年秋冬季大气污染综合治理问题约谈保定、洛阳等 6 市政府。约谈指出，这些城市推进蓝天保卫战力度有所放松，部分重点任务没有完成，部分出现反复，部分问题出现反弹，大气污染治理工作滞后，要求 6 市对照问题科学制订整改方案。

4. 环境质量不断改善

随着绿色发展理念深入人心，发展方式加快转变，生态治理持续推进，美丽中国的绿色底色一天天愈发清新养眼，我们源自生态环境的获得感、幸福感、安全感显著增强。

自 2013 年我国实施《大气污染防治行动计划》以来，环境空气质量形势总体向好，达标城市数量和优良天数有所增加。同 2013 年相比，2017 年全国 338 个地级及以上城市可吸入颗粒物(PM 10)平均浓度下降 22.7%，平均优良天数比例达 78%，全国重点地区 PM 2.5 平均浓度下降 30%以上，我们不再“霾头苦干，创造灰黄”。

在学习通上分享案例：《塞罕坝：茫茫荒原见证绿水青山之变》。

讨论：大家一起来说一说自己家乡的变化。

70 多年来，我们一直为建设一个山川秀美的中国而不懈努力；展望未来，美丽中国的图景更加令人憧憬。我们相信，在习近平生态文明思想的指引下，全国上下一心，持之以恒地推进生态文明建设，驰而不息，久久为功，就一定能把我们伟大的祖国建设得更加美丽，为子孙后代留下天更蓝、山更绿、水更清的优美环境。

<h2>第三章　深刻启示 引领前行之路</h2>
中华人民共和国走过波澜壮阔的 70 多年伟大征程，党的领导取得了举世瞩目的辉煌成就。人们不禁要问，是什么促成了“中国奇迹”？是什么催生了“中国震撼”？站在历史的大舞台上，我们放眼世界、放长眼光，
</td>
<td></td>
</tr>
</table>

不难发现成功蕴含的逻辑、奇迹背后的密码。

一、中国特色社会主义是党和人民胜利前进的光辉旗帜，是国家富强、民族振兴、人民幸福的必由之路

道路决定命运，道路就是党的生命。我们党和人民在长期实践探索中，坚持独立自主走自己的路，取得革命、建设、改革伟大胜利，开创和发展了中国特色社会主义，从根本上改变了中国人民和中华民族的前途命运。世界社会主义 500 年波澜壮阔的历史进程告诉我们：中国特色社会主义是科学社会主义理论逻辑和中国社会发展历史逻辑的辩证统一，是历史的结论、人民的选择。

15 分钟

中华人民共和国成立后，以毛泽东为主要代表的中国共产党人，团结带领全国各族民经过长期浴血奋战，完成了新民主主义革命，建立了中华人民共和国，确立了社会主义基本制度，完成了中华民族有史以来最广泛而深刻的社会变革。在探索过程中，虽然经历了严重挫折，但党在社会主义革命和建设中取得的独创性理论成果和巨大成就，为在新的历史时期开创中国特色社会主义提供了宝贵经验。

“把马克思主义的普遍真理同我国的具体实际结合起来，走自己的道路，建设有中国特色的社会主义，这就是我们总结长期历史经验得出的基本理论。”1982 年，邓小平在谋划改革开放的蓝图时这样说。以党的十一届三中全会为转折点，党开始了建设社会主义的新探索。沿着这条路，中国实现了从一穷二白、物资极度匮乏、产业百废待兴到阔步走向繁荣富强、成为世界经济增长引擎的跨越。习近平总书记指出：“今天之中国，同新中国成立以前之中国相比，同鸦片战争以后之中国相比，有天壤之别啊！”同欧美一些国家受困于金融危机、债务危机相比，同一些发展中国家陷入发展陷阱相比，从西北非一些国家政治动荡、社会混乱相比，我国发展可以说是风景这边独好。事实雄辩地证明，中国特色社会主义这条路走得通、走得对、走得好。

近年来，国内外有些舆论提出中国现在搞的究竟还是不是社会主义的疑问，有人说是“资本社会主义”，有人干脆说是“国家资本主义”“新官僚资本主义”。这些都是完全错误的。我们始终坚持了中国特色社会主义道路、中国特色社会主义理论体系、中国特色社会主义制度，坚持了党的十八大提出的夺取中国特色社会主义新胜利的基本要求。习近平总书记指出：“这些都是在新的历史条件下体现科学社会主义基本原则的内容，如果丢掉了这些，那就不成其为社会主义了。”

15 分钟

放眼世界，一个国家实行什么样的主义，关键要看这个主义能否解决这个国家面临的历史性课题。在中华民族积贫积弱、任人宰割的时期，各

种主义和思潮都进行过尝试，资本主义道路没有走通，改良主义、自由主义、社会达尔文主义、无政府主义、实用主义、民粹主义、工团主义等也都“你方唱罢我登场”，但都没有能解决中国的前途和命运问题。马克思列宁主义、毛泽东思想引导中国人民走出了漫漫长夜，建立了中华人民共和国，是中国特色社会主义使中国快速发展起来了。

历史和现实都告诉我们，中国特色社会主义，既是当代中国大踏步赶上时代、引领时代发展的康庄大道，又是我们开辟未来的根本保证。2019年中华人民共和国成立70年；2020年全面建成小康社会；2021年，中国共产党成立100周年……这些重要的时间节点，标志着中国开启了圆梦复兴的新征程。

二、中国共产党是中华民族的脊梁，是中国人民的主心骨，是我们各项事业取得胜利的根本保障

辛亥革命之前，太平天国运动、洋务运动、戊戌变法、义和团运动、清末新政等都未能取得成功。辛亥革命之后，尝试过君主立宪制、帝制复辟、议会制、多党制、总统制等多种形式，各种政治势力及其代表人物纷纷登场，终究无法改变近代中国的命运。

在中国人民顽强前行的伟大斗争中，中国共产党诞生了。自成立之日起，中国共产党就以实现中国人民当家作主和中华民族伟大复兴为己任。从南昌起义、秋收起义到二万五千里长征，从井冈山、延安到星星之火燃遍全国……中国共产党带领全国人民彻底推翻了帝国主义、封建主义、官僚资本主义三座大山，建立了人民当家作主的中华人民共和国，亿万中国人民从此成为国家和社会的主人。马克思、恩格斯在《共产党宣言》中指出：“共产党人不是同其他工人政党相对立的特殊政党。他们没有任何同整个无产阶级利益不同的利益。”中国共产党是中国工人阶级的先锋队，同时是中国人民和中华民族的先锋队。这样的性质使得我们党能够摆脱以往一切政党受阶级利益束缚的历史局限，做其他政党不愿做、不想做、不能做，也做不了、做不好的事。

中华人民共和国成立后，中国共产党带领全国各族人民不仅在旧中国一穷二白的基础上逐步建立起独立的比较完整的工业体系和国民经济体系，并在改革开放以来创造性地建立了社会主义市场经济体制，社会生产力得到快速发展，经济总量跃居世界前列，主要工业品供给实现了从严重依赖进口到满足世界需求的历史性跨越，综合国力不断提升，百姓的获得感不断增强。美国有线电视新闻 CNN 前驻华首席记者迈克曾感慨地说，中国只用了几十年的时间，就把英国和美国在工业革命时期需要100年才能完成的使命完成了，极大地改善了中国人民的生活，仅凭这一点他就要

“给中国共产党打一个高分”。

无论是在革命战争年代，还是在和平发展时期，如果没有中国共产党，我们的国家、我们的民族不可能取得今天这样的成就，也不可能具有今天这样的国际地位。历史和人民选择中国共产党领导中华民族伟大复兴事业是正确的。

中国特色社会主义进入新时代，完成伟大事业必须靠党的领导。习近平总书记指出：“我们党在不同历史时期，总是根据人民意愿和事业发展需要提出富有感召力的奋斗目标，团结带领人民为之奋斗。”今天，全面建成小康社会，胜利在望，“两个一百年”的蓝图已呈现笔墨饱满的细节。我们要紧紧扭住这个总任务，坚定不移、锲而不舍干下去。

三、改革开放是一场新的伟大革命，是发展中国、赢得主动、走向世界、面向未来的根本途径和强大动力

1978 年 12 月，在党和国家面临何去何从的重大历史关头，党的十一届三中全会作出把党和国家工作重心转移到经济建设上来、实行改革开放的历史性决策。从那时以来，中国共产党人和中国人民以一往无前的进取精神和波澜壮阔的创新实践，不断战胜前进道路上的各种罕见的艰难险阻，推动中国经济实力、综合国力、人民生活水平不断跨上新台阶。

改革开放 40 多年伟大实践雄辩地证明，改革开放是决定当代中国命运的关键抉择，是当代中国发展进步的活力之源，是党和人民事业大踏步赶上时代的重要法宝，是实现中华民族伟大复兴的必由之路。没有改革开放，就没有中国的今天，也没有中国的明天。这是一条正确之路，正是改革开放这场新的伟大革命，让我们成功开辟出中国特色社会主义道路，不断推动了社会主义制度的自我完善和发展，让社会主义中国巍然屹立在世界东方。这是一条强国之路，正是改革开放极大解放和发展了社会生产力，使我们稳居世界第二大经济体位置，迎来了从站起来、富起来到强起来的伟大飞跃，迎来了实现中华民族伟大复兴的光明前景。这是一条富民之路，正是改革开放，让 7 亿多贫困人口成功脱贫，形成了世界上最大规模的中等收入群体，人民生活从短缺走向充裕、从贫困走向小康。

“改革开放这场中国的第二次革命，不仅深刻改变了中国，也深刻影响了世界！”这是对当代中国、当今世界最富洞察的揭示，是中国人民最自信、最豪迈的宣言。今天，站在历史的关头，推进改革开放面临复杂程度、敏感程度、艰巨程度前所未有。因循守旧没有出路，畏缩不前必将坐失良机。在前进道路上要进一步解放思想、进一步解放和发展社会生产力、进一步解放和增强社会活力，在更高起点、更高层次、更高目标上推进全

面深化改革，将改革开放进行到底。

四、人民群众是国家和社会的主人，是历史的创造者，是推动社会历史前进的决定性力量

上下五千年波澜壮阔的中华民族发展史是中国人民书写的，博大精深的中华文明是中国人民创造的，历久弥新的中华民族精神是中国人民培育的，中华民族迎来了从站起来、富起来到强起来的伟大飞跃，是中国人民奋斗出来的。从书写历史到创造文明，再到培育精神、实现飞跃，一个大写的中国在伟大的人民手中蓬勃生长、巍然屹立、阔步前行。

纵观历史，中国共产党之所以能够发展壮大，中国特色社会主义之所以能够不断前进，正是因为依靠了人民。谋划发展，最了解实际情况的，是人民群众；推动改革，最大的依靠力量，也是人民群众。改革开放在认识和实践上的每一次突破和发展，改革开放中每一个新生事物的产生和发展，改革开放每一个方面经验的创造和积累，无不来自亿万人民的实践和智慧。遇到任何困难和挑战，只要有人民的支持和参与，就没有克服不了的困难，就没有越不过去的坎，就没有完成不了的任务。毛泽东指出：“人民，只有人民，才是创造世界历史的动力。”

密切联系群众是我们党最大的政治优势，脱离群众是我们党执政后的最大危险。中华人民共和国成立 70 多年的历史，就是一部我们党和国家坚持和贯彻党的群众路线，一切为了群众、一切依靠群众，从群众中来、到群众中去，把党的正确主张和国家的意志变为群众的自觉行动的生动历史；就是一部我们党同人民群众血肉相连、生死相依、患难与共的历史。人民是历史的创造者，是决定党和国家前途命运的根本力量。

我们要坚持党的群众路线，始终保持党同人民的血肉联系，始终接受人民群众的批评和监督，心中常思百姓疾苦，脑中常谋百姓富民之策，使我们党永远赢得人民群众的拥护和信任，使我们的事业拥有不绝的力量源泉。

在新时代，我们面临的挑战和问题依然严峻复杂，党面临的“赶考”远未结束。习近平指出：“时代是出卷人，我们是答卷人，人民是阅卷人。”我们要完成执政的历史使命，实现既定的奋斗目标，必须坚持人民主体地位，坚持把人民拥不拥护、赞不赞成、高不高兴、答不答应作为衡量一切工作得失的根本标准，坚持立党为公、执政为民，践行全心全意为人民服务的根本宗旨，把党的群众路线贯彻到治国理政的全部活动之中，把人民对美好生活的向往作为奋斗目标，依靠人民去创造历史伟业。

<table>
<tr><td>板书
设计</td><td>壮丽 70 年　奋斗新时代
第一章　艰辛探索 铸就辉煌历史
一、中华人民共和国的成立开始了辉煌的历史征程
二、实行改革开放，开创、推进和发展中国特色社会主义
第二章　砥砺奋进 谱写壮丽史诗
一、经济建设创造奇迹
二、政治发展道路越走越宽广
三、社会主义文化繁荣兴盛
四、让百姓有更多获得感
五、生态文明建设进入快车道
第三章 深刻启示 引领前行之路
一、中国特色社会主义是党和人民胜利前进的光辉旗帜，是国家富强、民族振兴、人民幸福的必由之路
二、中国共产党是中华民族的脊梁，是中国人民的主心骨，是我们各项事业取得胜利的根本保障
三、改革开放是一场新的伟大革命，是发展中国、赢得主动、走向世界、面向未来的根本途径和强大动力
四、人民群众是国家和社会的主人，是历史的创造者，是推动社会历史前进的决定性力量</td></tr>
<tr><td>作业
布置</td><td>1. 中华人民共和国成立 70 多年来，我国取得了哪些举世瞩目的成就？
2. 是什么促成了“中国奇迹”，是什么催生了“中国震撼”？</td></tr>
</table>

第四编

贵州省情

课　　题	第一章　特殊的地理环境		课时	4
教学目的	要求掌握贵州的地貌、气候、河流、土壤、植被等自然环境要素的特点；重点掌握贵州的生物、能源、矿产及自然风光四大自然资源的优势；掌握贵州大生态战略行动，深刻理解“践行人与自然和谐共生理念”。			
教学重点	1. 贵州自然地理环境组合 2. 贵州的生物、能源、矿产及自然风光四大自然资源的优势 3. 贵州大生态战略			
教学难点	1. 贵州自然历史、地质结构 2. 丰富的自然资源			
课程类型	讲授、启发式讨论	教学方法	讲授、图示、讨论	
课前准备	多媒体课件及文案、图片、视频准备			

教学过程及时间分配	主要教学内容	教学方法运用
展示贵州地形图和贵州大桥建设导入 5分钟 讨论 10分钟，引起学生学习探讨兴趣	**以视频导入后，引导学生先讨论对贵州的印象。** 这里是自然资源的宝库，也是冬无严寒、夏无酷暑，风光独特的旅游地。贵州特殊的地貌、气候环境和地质构造条件，孕育了丰富的自然资源。一是有种类繁多的生物资源。贵州多种类型的土地资源与多种类型的气候资源相结合，有利于多种生物的繁衍生长。二是有多种矿产资源。丰富的煤炭资源与水能资源组合在一起，形成了煤水结合、水火电互济的能源资源优势。 这里冬无严寒、夏无酷暑，温暖湿润。全省大部分地区年平均气温在 10 °C ~ 20 °C。冬季最冷的 1 月，大部分地区在 3 °C ~ 6 °C；夏季最热的 7 月大部分地区在 22 °C ~ 26 °C。在 2006 年中国避暑旅游城市排行榜上，贵阳市名列第一，获“中国避暑之都”称号；六盘水市名列第六，号称“凉都”。 这里瀑布、溶洞、天生桥、石林、峡谷、溶泉、森林等星罗棋布，珠	图示法 讨论法 启发式讲解法

视频展示 贵州自然 环境 15 分钟 20 分钟	联璧合地组合在一起，似一幅幅彩墨画卷，令人目不暇接，流连忘返。 贵州地貌以高原山地为主，平均海拔在 1107 米，是一个海拔较高、纬度较低、喀斯特地貌典型发育的山区。贵州地势西高东低，自中部向北、东、南三面倾斜，呈三级阶梯分布。第一级阶梯平均海拔 1500 米以上；第二级阶梯海拔 800～1500 米；第三级阶梯平均海拔 800 米以下。贵州地势起伏较大。从面上来看，最高地区是西部的威宁，平均海拔 2166 米；最低地区是东部的玉屏，平均海拔 541 米。两地相差 1625 米。再从点上来看，最高点在赫章县的韭菜坪，海拔 2901 米；最低点在黎平县水口河出省处，海拔只有 148 米。最高点与最低点海拔相差 2753 米。 一、贵州地貌的特征和类型 贵州的地貌特征表现为喀斯特地貌典型发育。喀斯特地貌出露面积为 10.91 万平方千米，占全省总面积的 61.9%。贵州的地貌类型主要以高原山地、丘陵和盆地三种基本类型为主。其中 92.5%的面积为山地和丘陵，山间小盆地仅占 7.5%。境内山脉众多，层峦叠嶂，绵延纵横，是一个典型的山区。北部有大娄山，主峰娄山关，海拔 1444 米，地势险要。东北部有武陵山，主峰为梵净山，海拔 2572 米，生态系统发育良好。西部有乌蒙山，最高峰是贵州屋脊韭菜坪，海拔 2901 米。石林与草场交相辉映。中部有苗岭，主要山脉雷公山，海拔 2178 米，森林茂密，溪水透明，拥有多种国家濒危、珍稀植物。 二、贵州气候条件的优势 贵州具有冬无严寒、夏无酷暑的宜人气候条件。 从气温来看，贵州属于亚热带范围，年平均气温在 15 °C 左右，不冷不热，十分宜人。南部、东部和北部河谷地带是高温区，年平均气温 20 °C；西北部地势较高地带为低温区，年平均气温 12 °C；海拔 2400 米以上地区，年平均气温在 8 °C 以下，这也反映了贵州山地气候的特点。贵州的气温变化幅度较小。最热月七月的平均气温在 22 °C～26 °C，最冷月一月的平均气温在 3 °C～6 °C，年变化幅度不过 20 °C 左右。贵州也曾经出现过极端气温，最高气温曾经出现在铜仁，为 42.5 °C；最低气温曾经出现在威宁，是−15.3 °C。但这是多年中极少的现象。 从降水来看，贵州年降水量在 850～1600 毫米，属于湿润地区。雨水最多的地方是苗岭南坡的晴隆、丹寨和武陵山的东南坡，降水量在 1300 毫米以上；降水量最少的是赫章县，也不少于 850 毫米。这说明贵州雨量充沛。贵州雨季为每年 4 月到 5 月上旬，自东向西到来，6～7 月雨量最大，这时正是高温季节，对农作物生长十分有利。	讲解法 气温图 展示

25 分钟	再从日照来看，贵州具有阴雨多、日照少的独特天气。年日照时数在1050～1800小时。在时空分布上，日照西部多、东部少，最少的在北部大娄山区。一年中夏季日照时数最多，春季次之，冬季最少。年相对湿度高达70%以上，而且一年四季没有什么变化。 三、贵州主要河流水系的特点 贵州的河流主要有八大水系，分属两大流域。苗岭以北属于长江流域，有牛栏江横江水系、乌江水系、赤水河綦江水系和沅江水系四大水系。苗岭以南属于珠江流域，也有四大水系，它们是南盘江水系、北盘江水系、红水河水系和都柳江水系。重点掌握以下河流水系的特点。 1. 乌江水系 乌江干流是长江上游右岸的最大支流，发源于贵州威宁县盐仓镇的香炉山，境内长889千米，流域面积6.68万平方千米，占全省总面积的37.9%，是贵州最大的河流。乌江源流称三岔河，自西向东流经毕节地区、六盘水市、安顺市，在织金和黔西交界处与北来的六冲河汇合后称为乌江，自西向东流至思南县后转向北流，在重庆市的涪陵汇入长江。乌江水系水量和水力资源都十分丰富。年来水量549亿立方米，与黄河水量相当。乌江具有水力发电梯级开发的有利条件，先后建成乌江渡、东风、普定、洪家渡、引子渡、索风营等大中型水电站，并进行了乌江渡扩能，构皮滩大型水电站在建。另外，乌江景色十分秀丽，山清水秀，景色优美，具备良好的旅游开发条件。乌江流域流经贵州开发较早、人口稠密、经济较发达的地区，乌江水系的开发对贵州的发展具有十分重要的意义。 2. 赤水河綦江水系 主要位于贵州省的北部，包括赤水河、桐梓河和綦江上源松坎河。赤水河是长江右岸的一级支流，发源于云南省威信县雨河乡，干流进入贵州西部毕节市后成为川黔界河，流经金沙县、习水县、赤水市后，在四川合江汇入长江。贵州境内长299千米，流域面积1.14万平方千米。主要支流有二道河、桐梓河、习水河。多年平均径流量55.3亿立方米。赤水河地处滇、黔、川三省交界处，具有“生态河”“美酒河”“历史河”的美誉。流域内有国家级桫椤自然保护区、赤水国家重点风景名胜区和竹海国家森林公园等；国酒茅台酒、习酒、郎酒等中国名酒都产于河流两岸。此外，还有中国工农红军四渡赤水的革命遗迹。 3. 南、北盘水系红水河江水系 南盘江是珠江干流西江的上源，发源于云南省沾益马雄山，流经滇、黔、桂交界处的三江口后，成为黔、桂两省区的界河，至望谟县的蔗香乡	展示水系分布图和水利工程分布图

20 分钟	与北盘江汇合后称为红水河。干流在贵州境内长 263 千米，主要支流有黄泥河和马别河。流域内水量和水力资源都很丰富。多年平均径流量 52.1 亿立方米。已建成天生桥一、二级水电站。 北盘江是珠江干流西江上游左岸的一级支流，发源于云南省宣威市板桥乡西南，自西向东，经宣威至都格进入贵州，再折向东南往茅口、盘江桥，至望谟县的蔗香乡与南盘江汇合。干流在贵州境内长 352 千米，主要支流有拖长江、乌都河、麻沙河、大田河、可渡河、月亮河、打邦河、红辣河等。流域内水量十分丰富，水能及矿产资源也较丰富，环境优美。多年平均径流量 121 亿立方米。已建成响水水电站。流域内有世界闻名的黄果树瀑布、龙宫等自然景观。 南、北盘江汇合后称为红水河，自西向东在黔、桂交界处流过 106 千米后折向东南进入广西。贵州境内流域面积 1.60 万平方千米，主要支流有蒙江和六洞河。红水河流域有丰富的水量和水力资源。多年平均径流量 89.1 亿立方米。与广西已合作修建龙滩水电站。 四、贵州土壤的耕作条件 在贵州的各类土壤中，黄壤面积最大，其次是石灰土，最少的是水稻土。贵州土壤的耕作条件具有以下特点。 1. 山地丘陵多、平坝地小，宜林地广、耕地少 贵州山地面积占全省土地总面积的 61.7%，丘陵面积占全省土地总面积的 30.8%，山间平坦坝地面积仅占全省土地总面积的 7.5%，是我国唯一的一个没有平原的省份。贵州坡度在 6 度以下，集中连片、面积 1 万亩以上的耕地大坝 47 个，其耕地面积只占全省耕地总面积的 1.4%。全省土地总面积中，农用地占土地总面积的 86.78%。其中，耕地占农用地面积的 29.47%；园地占农用地面积的 0.78%；林地占农用地面积的 51.81%；牧草地占农用地面积的 10.51%；其他农用地占农用地面积的 7.42%。这种土壤条件，加上人口增多，非农业用地扩大，耕地面积不断缩小，使得贵州人均耕地面积远低于全国平均水平。 2. 耕地质量较差，中低产田土面积大 贵州耕地不仅面积小，且质量不高。土地平均坡度 21.5 度，坡度大于 25 度的土地占贵州土地面积的 35.07%，35 度以上陡坡占贵州土地面积的 8.65%。在全省耕地中，土层较厚、肥力较高、水利条件较好的一等耕地仅占 22%；土层不厚、土质偏黏、肥力中等、水利条件较差的中等地占 42%；土层浅薄、肥力较低、坡度较大、水土流失严重、无水利条件保证的三等耕地占 36%。中、下等耕地占了耕地总面积的 80%左右，而且其中还有 21%	展示贵州石漠化照片和贵州西部的影视片

40 分钟	左右是不宜耕耕地。 3. 喀斯特土地面积大，生态脆弱，耕地后备资源不足 贵州喀斯特地貌发育是其基本特征。由碳酸盐类岩石组成的土地，坚硬、抗风化能力强，决定了成土速率低、土层浅薄，植被一旦被破坏，水土流失严重，土地石漠化程度高。而且碳酸盐类岩石在受水溶蚀的情况下，易使地块破碎，固体物质中的钙、镁还易随水流失，从而导致贵州土壤生态环境脆弱，恢复发展困难。 4. 林牧地质量不均，分布欠平衡 在贵州的林牧用地中，一等地占 17%，二等地占 33%，三等地占 25.3%，四等地占 23.8%。其中，林业用地主要集中在黔东南自治州，其次是铜仁和遵义，毕节和六盘水最少。草地主要集中在黔东南、黔南、遵义和毕节，其次是铜仁和安顺，六盘水和贵阳最少。 五、贵州在生物、能源、矿产、旅游等方面的自然资源优势 贵州自然历史悠久，地质结构复杂，形成了类型复杂、组合多样、地方特色鲜明的丰富自然资源，特别是在生物、能源、矿产、旅游四大方面最具优势。 1. 种类繁多、具有广泛利用价值的生物资源 从植物资源来看，2018 年，贵州的森林覆盖率达 57%，高于全国 21.66% 的平均水平。活立木总蓄积量达 3.1 亿立方米。森林资源的分布以黔东南最多，其次是黔南。贵州的草地资源有优良牧草 2500 余种，有各类草山草坡 427.02 万公顷，约占全省面积的 24.3%。草地最多的是黔南和黔东南。贵州农作物品种丰富，栽培的粮食作物、油料作物、纤维植物和其他经济作物近 6000 个品种，形成了许多优良品种和土特产品。贵州药用植物资源有 4000 余种，占全国中草药品种的 80%，是全国四大中药材产区之一。珍稀名贵药用植物有珠子参、三尖杉、扇蕨、冬虫夏草、鸡枞、艾纳香（天然冰片）等 6 种，此外还有天麻、石斛、杜仲、厚朴、吴萸等 30 多种具有“地道中药材”美称的药用植物资源。在贵州的野生经济植物资源中，工业用的约 600 余种，食用的约 500 余种，还有可供绿化、美化环境及有观赏价值的园林植物约 240 余种，具有抗污染能力的环保植物 40 余种。贵州有 74 种珍稀植物被列入国家珍稀濒危保护植物名录，属于国家一级保护的植物有伯乐树、贵州苏铁、辐花苣苔、宽叶水韭、贵州水韭、单性木兰、珙桐、光叶珙桐、梵净山冷杉、银杉、异形玉兰金花、掌叶木、云南穗花杉、红豆杉、南方红豆杉 15 种，属于国家二级保护的植物有 59 种。 从动物资源来看，贵州有饲养性的畜禽 30 多种，也形成了许多地方	播放贵州自然资源音影资料片，穿插讲解和介绍

优良品种。有野生动物及珍稀动物 1000 余种，被列入国家珍稀保护动物的就有 87 种。其中，国家一级保护动物有黔金丝猴、黑叶猴、华南虎、云豹、豹、白鹳、黑鹳、黑颈鹤、中华秋沙鸭、金雕、白肩雕、白尾海雕、白颈长尾雉、白头鹤、蟒等 15 种；国家二级保护动物有 72 种，主要有穿山甲、黑熊、水獭、大灵猫、小灵猫、林麝、红腹雨雉、白冠长尾雉、红腹锦鸡等。

2. 煤水结合、水火电互济、优势突出的能源资源

在水能资源方面，贵州河网密度大，河流坡度陡，天然落差大，产水模数高，水能资源十分丰富。水能蕴藏量为 1874.5 万千瓦，居全国第六位，其中可开发量达 1683.3 万千瓦，占全国总量的 4.4%。按单位面积占有量计，每平方千米就有 1069 瓦，是全国平均水平的 1.5 倍，排名全国第 3 位。贵州水能资源的特点是：分布均，造价低，发力高，区位优。水能资源主要集中在乌江、南盘江、北盘江、清水江、赤水河上，这四江一河的水位落差集中的河段多，开发条件优越，水能蕴藏量和可开发容量占全省的 80%。

在煤炭资源方面，贵州成煤地质条件好，贵州煤炭资源理论蕴藏量高达 2400 亿吨。截至 2018 年，全省煤炭保有储量达 747.84 亿吨，居全国第 5 位，超过南方 12 省（区、市）煤炭资源储量的总和，素以“江南煤海”著称。在全省 88 个县（区、市、特区）中，有 74 个县（区、市、特区）产煤，含煤面积占全省总面积的 40%以上。煤种有气煤、肥煤、焦煤、瘦煤等炼焦用煤和无烟煤、褐煤、贫煤等非炼焦用煤，具有储量大、煤种全、埋藏浅、分布聚、含硫低、组合好的特点。煤炭资源分布相对集中在六盘水市和毕节地区，在煤种上又构成各具特点的能源优势，可供建设功能、性质不同的煤炭生产基地。

贵州除煤炭、水能资源外，还有生物能、天然气（主要是煤成气和气田成气）、铀矿等。煤成气是一种煤源潜力巨大的能源，贵州煤成气包括聚煤气和煤层气两部分。据初步计算，全省煤层气资源量为 3.15 万亿立方米，总储量居全国前列，重点分布在六盘水、织纳、黔北三个煤田。

3. 组合态势良好、开发前景广阔的矿产资源

贵州成矿地质条件好，矿产资源种类繁多，门类齐全，储量丰富，分布广泛，是著名的矿产资源大省。截至 2018 年底，全省已发现矿产 137 种，其中有 88 种探明了储量，有 54 种保有储量排名全国前 10 位。排在第 1 位的有锰矿、汞矿、重晶石、饰面用灰岩、化肥用砂岩、砖瓦用砂岩、玻璃用灰岩、光学水晶等；排在第 2 位的有冶金用砂岩、陶瓷用砂岩、饰面用辉绿岩、硫铁矿；排在第 3 位的有钒矿、磷矿石、稀土、铸型用砂岩、

溶炼水晶等；第 4 位有铝土矿、锑矿、化工用白云岩等。

（1）铝土矿。贵州铝土矿质佳量大，是中国铝土矿重要产区之一。铝土矿保有储量达 4.10.36 亿吨，居全国第 4 位。集中分布在贵阳、清镇、修文、遵义一线，以清镇、修文最多。贵州铝土矿以质量优良而著称，铝硅比多在 6 以上，超过 8 的大约占四分之一。铝土矿石中还含有可供综合利用的镓资源。

（2）磷矿。贵州磷矿资源十分丰富，是中国磷矿产区之一。磷矿保有储量 42.13 亿吨，居第 3 位。其中，五氧化二磷含量大于 30%的富矿约占全国富磷矿总量的 44%，成为华夏之冠。分布广泛，主要集中在开阳、瓮安、福泉、织金等县，且露头矿多，具有大型矿山强化开采的有利条件。贵州已建成全国最重要的磷矿石及磷化工基地，长期向国内 20 多个省（区、市）提供优质产品。

（3）重晶石。贵州重晶石资源丰富，分布广泛，质量良好。全省有 30 多个县已勘探发现重晶石，保有储量高达 1.27 亿吨，占全国重晶石保有储量的三分之一，居全国之冠。主要分布在东部地区的天柱、黄平、施秉、麻江等县。贵州重晶石硫酸钡含量多在 90%以上，且有害杂质低，是全国著名的重晶石产地。

（4）黄金。贵州是全国首次发现“卡林型”“红土型”金矿最多的省份。保有储量为 489.98 吨，居全国第 7 位。产地有 21 处，主要分布在黔西南的大片区域和黔东南、黔南等 10 多个县。现年产黄金逾 10 万两，成为新兴的黄金生产省区。

（5）水泥原料。贵州是中国沉积岩分布最广泛的地区，石灰岩和页岩、砂岩等水泥原料资源十分丰富，储量达 16 亿吨以上，而且矿石质量优良，氧化钙含量一般都大于 50%，有害杂质含量低，多为一、二级品。分布十分广泛，有 41 个县、市都有分布，并以大中型规模为主，产地多在省内铁路和公路干线及城镇附近，便于运输和开采。

4. 独特优美的自然风光资源

贵州环境独特，地貌类型多样，自然风光神奇秀美，山水景色千姿百态，溶洞景观绚丽多彩，野生动物奇妙无穷，山、水、洞、林、石交相辉映，浑然一体。其自然风光资源的特点如下。

第一，瀑布与峡谷景观多而壮丽。全省有瀑布和峡谷景观 1000 多处。其中，著名的瀑布有黄果树瀑布群、赤水十丈洞瀑布群和中洞瀑布等；著名的峡谷有马岭河峡谷、乌江三峡、六广河七峡、关岭花江大峡谷、黄平飞云大峡谷、开阳南江峡谷等。

第二，洞穴类型多、数量大、洞景美。全省长度大于 2000 米的洞河有 1000 多条，旱洞数量更多。著名的有织金洞、龙宫、天河潭、晴隆大厂石膏巨晶洞、修文多缤洞、兴义飞龙洞、铜仁九龙洞等。

第三，河湖、泉水景观多，水质良好，景色美。贵州地表水和地下水都十分丰富，形成了许多景色优美的河流、湖泊、岩溶泉和温泉等，具有良好的旅游和疗养价值。著名的有赤水河、杉木河、红枫湖、百花湖、万峰湖、草海、息烽温泉、剑河温泉等。

第四，山奇石秀，山石景观多。贵州既有高大雄伟、森林苍翠的梵净山、雷公山等，又有磅礴低吟、恬静祥和的万峰林等山景，还有各具特色的石林景观数十处。有旱地石林、水上石林、高山石林、洼地石林、灰白色石林、黑褐色石林。著名的有黄果树天星桥石林、银滩石林、修文回水石林、奢香石窗石林、兴义泥凼石林等。

第五，森林美景多。贵州山多林茂，森林景观多而秀丽。著名的森林美景有梵净山林海、习水原生林、茂兰喀斯特原始森林、大方百里杜鹃、赤水竹海以及安顺九龙山、赤水燕子岩、遵义凤凰山、三都瑶人山、贵阳长坡岭、水城玉舍、龙里龙架山、雷山雷公山、独山紫林山、瓮安朱家山等 28 个国家级森林公园，目前贵州各级森林公园 97 个，国家级森林公园、生态公园、林木（花卉）公园有 30 个。

2018 年，贵州有黄果树、马岭河峡谷、赤水、荔波樟江、织金洞、舞阳河、龙宫、红枫湖、都匀斗篷山—剑江、九洞天、九龙洞、黎平侗乡、紫云格凸河穿洞、平塘、榕江苗山侗水、石阡温泉群、沿河乌江三峡、翁安江界河 18 个国家级风景名胜区，有梵净山、茂兰、习水中亚热带常绿阔叶林、雷公山、赤水桫椤、草海、麻阳河黑叶猴、宽阔水、长江中上游珍稀鱼类、石阡佛顶山、大沙河 11 个国家级自然保护区，有赤水竹海、赤水燕子岩、黔西百里杜鹃、安顺九龙山、遵义凤凰山、遵义大板水、三都瑶人山、贵阳长坡岭、水城玉舍、雷山雷公山、习水、黎平、独山紫林山、瓮安朱家山、黄平㵲阳河、赫章、毕节、都匀青云湖、兴仁仙鹤坪、龙里龙架山、正安九道水等 28 个国家森林公园，有关岭古生物化石、兴义贵州龙、织金洞、绥阳双河洞、平塘、六盘水乌蒙山等 9 个国家地质公园，有荔波锥状喀斯特、赤水丹霞、施秉白云岩喀斯特、梵净山 4 个世界自然遗产地。

六、贵州人与自然和谐共生的生态文明建设

1.“生态优先，绿色发展”为指引的贵州发展之路

山地公园省，最美贵州绿。贵州的山地和丘陵占到全省面积的 92.5%，处处是青山绿水、处处是美景佳画，“公园省”的美称更是享誉全球。境内有荔波喀斯特、赤水丹霞、施秉云台山、铜仁梵净山 4 处世界自然遗产地，是中国拥有世界自然遗产地数量最多的省份；有梵净山、茂兰两个联

45 分钟	合国人与生物圈保护区网络成员，有世界著名的黄果树大瀑布，有草海湿地、加榜梯田、百里杜鹃、千户苗寨、万顷茶海等美不胜收的自然景观。 贵州森林覆盖率高达 57%，生境类型复杂，生物多样性丰富。现已查明有脊椎动物 1053 种，其中有黔金丝猴、黑叶猴等国家一级重点保护野生动物 16 种；有野生维管束植物 8400 多种，其中有梵净山冷杉、珙桐等国家一级保护植物 18 种。动植物种数分别名列全国第 3 位和第 4 位，是野生动物的乐土、野生植物的天然基因库。 贵州坚持“创新、协调、绿色、开放、共享”的新发展理念，全力推进大生态战略行动，牢牢守好发展和生态两条底线，以绿为本，走出了一条生态环境保护与经济社会发展共赢的新路，成为践行人与自然和谐共生理念的鲜活范例。 2. 人与自然和谐共生的贵州实践 第一，积极培育人与自然和谐共生的发展理念。贵州世代相传的民族文化中就包含着敬畏自然、顺应自然的朴素思想，根植着热爱自然、尊重自然的良好行为习惯，锦屏文书揭示了清水江流域青山常在、绿水长流、产业长兴的贵州生态人文智慧。 贵州始终将培育人与自然和谐相处的生态文明理念作为首要任务，充分挖掘利用民族文化、科普文化、山地文化、古树文化、动植物文化等优势资源，依托自然保护区、风景名胜区、森林公园、湿地公园、地质公园、植物园、动物园等，广泛开展生态文化普及教育。积极开展生态公民培育，实施了“物种 100 贵州智慧”“水墨黔乡 66 个贵州生态地标”项目，用最通俗易懂的声音讲述自然物种的鲜活故事。 贵州全力打造生态文明贵阳国际论坛，汇聚世界各国政产学研有识之士，致力于人与自然和谐共生的理论创新和实践探索。设立了“贵州生态日”，让生态元素成为多彩贵州新符号。发起了“美丽中国·跨界科考”活动，开启“人人都是参与者、人人都是贡献者”的全民科普生态知识、全社会参与生态保护、各行业支持保护区所在地可持续发展的跨界科考创新模式。以“林业让生命更美好”为核心主题，加强林业文化传播，培育林业文化品牌，发展林业文化产业。 第二，积极构建人与自然和谐共生的空间格局。坚持山水林田湖草生命共同体理念，多为生态“留白”，多给自然“种绿”，不断完善主体功能区布局。 着力实施《贵州主体功能区规划》，编制实施国家重点生态功能区产业准入负面清单。划定生态保护红线面积为 45 900.76 平方千米，占全省面积 26.06%，形成“一区三带多点”的生态保护红线格局。大力推进自然保护地体系建设，自 1978 年建立第一个自然保护区以来，40 年来，贵州	展示生态建设成就图片

自然保护区建设走过了从无到有、从有到优的历程。目前全省有世界级自然保护地 5 处、各类国家级自然保护地 113 处，其中世界自然遗产地 4 处、国家级自然保护区 11 处、国家级湿地公园 45 处、国家级森林公园 30 处、国家级地质公园 9 处、国家级风景名胜区 18 处。加入世界生物圈保护区网络成员 2 个、中国生物圈保护区网络成员 8 个。扎实推进生态屏障建设，以退耕还林、天然林保护、石漠化综合治理等重大生态修复工程为带动，持续深入实施绿色贵州建设行动计划，五级干部带头深入开展全民义务植树，全省森林覆盖率从中华人民共和国成立初期的 9%到改革开放初期的 14.5%，增长至 2018 年年底的 57%；近五年累计完成造林面积 3402.35 万亩，森林质量不断提升，长江、珠江上游生态屏障得到进一步厚植，生态功能更加趋于完备。

第三，积极探索人与自然和谐共生的生产方式。坚持走生态优先、绿色发展新路，努力实现百姓富、生态美共赢目标。

持续发出“多彩贵州拒绝污染”的时代强音，强力打好污染防治“五场战役”，扎实推进“双十工程”，在全国率先实施磷化工企业“以渣定产”，全域取缔网箱养鱼。县城以上城市空气质量优良天数比率保持 97%以上，主要河流出境断面水质优良率保持 100%。大力实施数字经济、旅游经济、绿色经济倍增计划和传统产业提质、新兴产业突破、绿色农产品“泉涌”“千企引进”“千企改造”等工程，发展生态利用型、循环高效型、低碳清洁型、节能环保型四型绿色产业，绿色经济占地区生产总值比重超过 40%。旅游产业持续井喷，入黔游客、旅游总收入年均增长 30%以上。大力发展林业生态产业，全省经济林面积达到 2738 万亩，建设各级森林公园 97 个、湿地公园 54 个、森林康养基地 72 个，全省林业产值突破 3000 亿元，森林资源活立木价值超过 5000 亿元，森林生态系统服务功能价值突破 8000 亿元。

第四，积极健全人与自然和谐共生的制度体系。坚持用最严格的制度、最严密的法治保护生态环境。

建立并严格执行生态文明绩效评价考核制度，开展生态补偿机制等改革，在全国率先开展自然资源资产离任审计改革试点，颁布生态文明建设促进条例，生态环境保护立法和司法实践走在全国前列。构建五级党政领导主抓、主干、主责的河长体系，实现各类水域河长制全覆盖，全面取缔自然河道网箱养鱼，9 个市（州）中心城市集中式饮用水源水质达标率稳定在 100%。连续五年开展森林保护“六个严禁”执法专项行动，查处各类林业案件 39 678 件。陆续颁布《贵州省森林防火条例》《贵州省湿地保护条例》等 22 部地方性法规，为保护生态环境提供了法律保障。

<table>
<tr><td></td><td>
3. 百姓富、生态美的多彩贵州新未来
人类是自然生态系统中的重要组成部分，人类的生存与发展、人类文明进步都离不开自然的馈赠。历史上一些地区人类文明的消失，都是无节制索取和破坏生态环境遭受自然报复的结果。贵州省委、省政府始终坚定不移走生态优先、绿色发展之路，走发展与保护共赢之路，还自然以宁静、和谐、美丽，努力实现百姓富、生态美多彩贵州新未来。
第一，让生命回归自然。通过十大生态修复工程，构建以国家公园为主体的自然保护地体系，保护和修复生态系统的原真性和完整性。在国家公园和各类保护地之间建设生态廊道，连通生态断点，形成全省山水林田湖草自然生态系统一张巨网、一个系统、一个生命共同体，促进生态系统正向演替，实现旗舰物种回归自然。
第二，让生产顺应自然。森林是陆地生态系统的主体，林业是利用太阳能和地能创造生态资本和绿色财富的产业，有着巨大而持续的市场需求，是规模最大的绿色循环经济体。依托良好的生态环境、丰富的森林资源，大力发展绿色经济，培植林业种养殖、林产品加工、林下经济、森林旅游、森林康养等特色优势产业，培育“十大林业产业基地”，打造林业产业集群，构建林业绿色金融体系，深化林业“三变”改革，推动生产方式、生活方式、思维方式的变革，进一步释放林业生产力，把林业生态资源变成绿色经济财富，走出一条“绿水青山就是金山银山”的绿色发展新路，助推贵州实现绿色转型、绿色赶超、绿色跨越。
第三，让生活融入自然。继续大力倡导绿色低碳的生活方式和消费模式，让尊重自然成为一种共识、保护自然成为一种习惯、节约资源成为一种自觉、享受生态成为一种时尚。大力开展森林城市、森林小镇、森林村寨、森林人家创建活动，到 2020 年，力争 9 个市州所在地中心城市全部建设成国家级森林城市，同时建成一批省级森林城市、森林乡镇、森林村寨、森林人家。加快建设森林步道，让人类走进森林、贴近自然、享受生态。打造各类生态家园，探索建设现代林业生态智能综合体，构建人与自然和谐共生新模式。
</td><td></td></tr>
<tr><td>板书
设计</td><td colspan="2">
第一章　特殊的地理环境
一、贵州地貌的特征和类型
二、贵州气候条件的优势
三、贵州主要河流水系的特点
四、贵州土壤的耕作条件
五、贵州在生物、能源、矿产、旅游等方面的自然资源优势
六、贵州人与自然和谐共生的生态文明建设
</td></tr>
</table>

课堂 小结	贵州地理环境独特，山地丘陵面积 92.5%，是全国唯一没有平原支撑的省份，喀斯特地貌出露面积 10.91 万平方千米。贵州属亚热带湿润季风气候，冬无严寒夏无酷暑，降水丰沛，河流众多。贵州因属高原山地，耕地质量较差，土壤肥力不足。 贵州自然资源丰富，矿产资料、能源资源、生物资源、旅游资源的组合态势良好，是一个资源大省。 贵州在大生态战略的指导下，走以“生态优先，绿色发展”为引领的发展之路，培育绿色文化，守牢“两条底线”，坚持生态优先，绿色发展，加快形成绿色发展方式和生活方式，形成人与自然和谐共存，推动贵州经济高质量发展。
作业 布置	1. 试说出贵州喀斯特典型发育的地貌特征。 2. 贵州有哪些主要生物资源、能源资源、矿产资源、自然风光资源？ 3. 简述目前贵州守牢“两条底线”为指导的生态系统保护的情况。